KB070419

인성교육

| 손승남 · 김권욱 · 이수진 공저 |

나를 찾는 삶
조화로운 삶
더불어 사는 삶

학지사

머리말

교육은 인간을 인간답게 기르기 위한 과업이다. 교육의 대상인 인간을 어떻게 가르치고 기르느냐의 문제는 교육학의 핵심 과제에 속한다. 물론 교육이 대상으로 하는 인간은 다양한 능력을 지닌 존재로 파악된다. 인간의 능력은 관점에 따라 여러 가지 방식으로 구분해 볼 수 있으나, 대체로 인지적·정의적·신체적 영역을 두루 포괄한다고 말할 수 있다. 교육을 어떻게 정의하든지 간에 교육은 이러한 인간능력의 조화로운 발달과 밀접한 관련을 맺고 있다.

교육이 이렇듯 다양한 인간능력의 조화로운 발달을 촉진하는 데 기여해야 함에도 불구하고, 이제껏 교육은 근대화-산업화-정보화의 과정에서 지식중심의 편향된 방향으로 진행되어 왔다. 서구에서는 이성주의나 지식중심주의의 교육이 주를 이루어 왔고, 우리 사회 역시 그 틀을 벗어나지 못했다. 특히 우리의 경우 과거제도와 같은 전통적인 구습이 남아 있는 상태에서 과학기술을 숭상하는 서구적 실증주의가 수용되면서 주지주의 풍토가 우리 교육을 지배하게 되었다. 그 대표적인 예로서 입시제도는 경쟁을 조장하고, 교육을 수단시하는 분위기를 조성하여 교육의 본래 목적인 인간의 전면적인 발달을 저해해 왔다. 이러한 입시 위주의 교육으로 인한 교육적 파행과 폐해는 다양하게 나타나고 있다. 입시 중압으로 인한 자살, 가출, 청소년 비행, 학교폭력, 집단 따돌림 등은 이 중 몇 가지 예에 불과하다.

우리 사회에서 인성의 문제는 비단 학교 현장에서만 국한되어 일어나는 현상은 아니다. 최근 들어 부모의 아동학대가 나날이 늘고 있고, 심지어는 친부모, 계부, 계모에 의한 자녀의 살인이 연일 뉴스의 머리글을 장식하고 있는 실정이다. 이러한 참혹한 상황에서 삶을 죽이는 교육에서 벗어나 삶을 되살리기 위한 근본 처방으로서 인성교육은 다시금 지금-여기를 살고 있는 우리 시대의 새로운 화두로 떠오르고 있다.

우리 사회에서 인성교육에 대한 본격적인 담론이 시작된 것은 1995년 문민정부의 5·31 개혁안이 발표되면서부터다(교육개혁위원회, 1995). 이때의 문제의식은 크게 두 가지였다. 하나는 해방 이후 입시 위주 교육에서 빚어진 단편적·도구적 지식교육에서 벗어나야 한다는 각성이다. 다른 하나는 학교폭력과 같은 학교를 둘러싼 병리학적 문제에 대한 대안 모색이다. 그 방안이 '실천 위주의 인성교육 강화' 대책이었다. 하지만 이 개혁안은 인성과 인성교육에 대한 근본적 개념 규명도 하지 않은 채 섣부른 실천만을 구호로 부르짖는 꼴이 되고 말았다. 그 이후에 문제 상황이 개선되기보다는 오히려 더 악화되었기 때문이다.

인성교육이 다시 교육의 전면에 등장한 것은 학교폭력이 기승을 부리던 이명박 정부 시기 교육과학기술부에서 '학교폭력근절 종합대책'(2012. 2. 6.)을 발표한 이후부터다. 이 대책의 가장 큰 특징은 학교생활의 대부분을 차지하는 교과교육을 통한 프로젝트형 인성교육을 도입한 것이다. 즉, 인성과 밀접한 연관이 있는 국어·도덕·사회 교과에서 직접 인성을 가르치겠다는 발상이다. 학교에서 가르치는 교과를 통해서 인성을 교육하겠다는 기본 아이디어는 박근혜 정부에서도 그 기조가 유지되었다(양정실, 조난심, 박소영, 장근주 은지용, 2013). 그 이후 인성을 교과목으로 가르치는 것도 부족하여 2015년 세계 최초로 「인성교육진흥법」을 제정하여 시행하기에 이르렀다.

하지만 위에서 아래로 내려오는(top-down) 인성교육 대책은 교육에 종사하는 사람들에게 부담감과 짐을 안겨 주고 있는 게 사실이다. 오히려 지금이야말로 실행, 처방이나 대책을 강구하기 전에 인성교육의 근본 물음에 대한 숙고가 필요한 시점이 아닐까. 인성과 인성교육이 도대체 무엇인지를 물어야 할 것이다. 사회의 병리현상을 모두 인성교육의 부재 탓으로 돌리는 풍토 역시 따져 보아야 한다. 또한 인성이 법안 시행을 통하여 가르쳐질 수 있는지도 검토해 보아야 한다. 이 모든 문제는 인성 혹은 인성교육의 개념 정립 및 방향 설정과 관련된 근본적인 물음이기도 하다.

인성은 다양한 의미에서 파악될 수 있다. 인성에 상응하는 영어 단어에는 우선 'character'와 'personality'가 있다. 인성의 의미가 다양한 만큼 인성교육 개념도 다양한 관점에서 정의되고 있다.

'character'는 특성, 특질, 특색, 인격, 기질, 품성, 명성, 평판을 두루 포괄하며, 일반적으로 연극에 등장하는 인물의 성격을 나타낼 때 널리 쓰이는 개념이다. 독일어 'Charakter'도 영어의 개념과 거의 흡사하게 쓰이며, 독일에서는 인성교육을 대개 'Charakterbildung'이라고 부른다. 독일어 'Mentalitäten'도 심성, 정신 상태, 성향, 기질을 나타내며, 인성 개념과 유사하게 쓰인다.

'personality'는 개성, 성격, 인격, 인물, 인간성, 인간 존재와 같은 여러 뜻을 동시에 지니고 있다. 이는 불어의 'personnalité'가 인격, 개성, 인물로 통용되는 것과 흡사하다. 불어에서 인성검사를 'test de personnalité'로, 인성의 구조화를 'structuration de la personnalité'로 표기하는 것을 보면 'personnalité'가 인성의 실제적 의미로 쓰이고 있음을 엿볼 수 있다. 하지만 인성을 '인간의 본성'이라는 의미에서 'nature de l'homme'로 파악하는 용례도 찾을 수 있다. 이렇듯 서구의 인성 개념에 개인주의적 관점이 강하며, 타인에게 비치는 모습이나 내적인 것이 표출된 상태와 밀접한 연관이 있다는 점에서 외재적인 특성을 엿볼 수 있다.

동양에서는 인성을 인간의 본성으로, 그 본성을 타고난 것으로 보는 점에서 유교, 불교, 도교를 막론하고 대체로 의견의 일치를 보인다(강선보, 박의수, 김귀성, 송순재, 정윤경, 2008). 이 중 인성교육 담론에 가장 영향을 미친 사람은 유가의 맹자일 것이다. 그가 인간의 본성을 사단으로 규정하고, 타고난 선성을 천리에 합치시켜 나가는 것을 교육의 출발점으로 보기 때문이다. 불가에서는 인성의 본질로 불성(佛性)을 든다. 불성이란 모든 생명의 근원으로서 텅 빈 가운데에서 고요하되(空寂), 또렷또렷하여 일체를 밝게 아는(靈知) 능력이다(강선보 외, 2008: 269). 불성을 닦는 자는 비교와 구분을 넘어선 존재자의 절대적 자유의 경지를 추구한다. 도가에서 인성이란 인위(人爲)가 부가되지 않은 인간의 본원적 자연성을 뜻한다. 갓난아기의 순진무구함에서 찾을 수 있듯이 무위자연(無爲自然)의 삶이야말로 도가에서 꿈꾸는 이상이다. 이러한 동양의 인성에 대한 생각에서 읽을 수 있는 것은 인성을 존재론적으로 나와 타인, 나와 자연, 나와 우주를 연결하는 하나의 고리로 파악하며, 그와 같은 관계적 자아를 실현하기 위해서 부단한 수양과 수련을 강조한다는 점이다. 동양에서 인성교육 담론의 핵심이 언제나 자기 수양과 맞닿아 있음은 우연이 아니다. 그렇게 수양해서 노달하게 될 인간상이 성인, 군자, 선비, 도인, 보살인 것이다.

그렇다면 인성의 사전적 의미는 무엇인가? 국립국어원 표준국어대사전(2016)에서 인성교육의 바탕이 되는 인성, 성격, 인격의 개념을 톺아 볼 필요가 있는데, 이는 삶의 실제에 인성교육, 성격교육, 인격교육이 착종되면서 자주 혼란이 빚어지기 때문이다.

우선, 인성은 사람의 성품, 즉 사람의 성질이나 됨됨이를 뜻한다. 나아가, 각 개인이 가지는 사고와 태도 및 행동 특성을 의미하기도 한다. 예를 들어, 인성개발과 인성 검사는 두 번째 특성을 잘 보여 준다. 한편, 인성과 유사하게 사용하는 '심성'은 타고난 마음씨를 나타낸다. 이렇게 본다면 심성교육은 인성교육의 한 차원을 지칭하는 개념임을 알 수 있다.

다음으로, 성격은 개인이 가지고 있는 고유의 성질이나 품성(품격과 성질)을 아우르는 말이다. 어떤 사물과 현상의 본질이나 본성을 지칭하는 의미로도 쓰인다. 인간의 성격을 학문적으로 탐구하는 심리학에서는 성격을 '환경에 대하여 특정한 행동 형태를 나타내고, 그것을 유지하고 발전시킨 개인의 독특한 심리적 체계'로 규정한다. 인간의 성격은 각 개인이 가진 남과 다른 자기만의 행동 양식으로, 선천적인 요인과 후천적인 영향에 의하여 형성된다.

끝으로, 인격은 사람으로서의 품격, 즉 사람된 바탕과 타고난 성품을 의미한다. 인격 수양과 형성, 탁월한 인격의 소유자, 상호 인격 존중과 같이 일상에서 사람됨의 징표로 사용되는 경우가 많다. 하지만 인격 개념은 보는 관점에 따라서 의미가 다채롭게 쓰인다. 법률적으로는 권리 능력이 있고 법률상 독자적 가치가 인정되는 자격을 의미하나, 「형사법」에서는 신체적 특성을 제외한 인간의 정신적·심적 특성의 전체를 가리킨다. 사회(학)에서는 공동생활의 주체로서의 독립적 개인을 말하고, 심리학에서는 개인의 지적(知的)·정적(情的)·의지적(意志的) 특징을 포괄하는 정신적 특성으로, 개인이 자기 자신을 유일한 지속적 자아로 생각하는 작용이다. 종교적으로 인격은 신에 대하여 인간이 갖춘 품격을 이르는 말이며, 철학에서는 도덕적 행위의 주체가 되는 개인, 즉 자기결정적이고 자율적 의지를 가지며, 그 자신이 목적 자체가 되는 개인을 이른다.

이렇듯 인성과 인성교육은 개념적으로 의견이 분분하여 하나의 정설을 내세우기란 쉽지 않다. 다만 인성 관련 개념을 종합적으로 검토하여 공통적으로 발견되는 몇 가지 요소를 추출해 볼 수 있다. 이때 종래의 방식대로 인간의 정의적 측면만을 지나치게 강조하는 정서교육이나 심성교육 차원에서 근시안적으로 인성교육을 좁게 다루는 것은 지양해야 한다. 오히려 인성교육은 인간능력의 조화로운 발달을 뜻하는 전인교육이나 인간성 함양을 목적으로 삼는 인간교육의 관점에서 폭넓게 다루어져야 한다.

이 책은 통합적 의미에서 인성교육에 접근하려는 하나의 시도다. 인성교육은 무릇 자신의 삶을 사랑하며, 타인을 이해하고 배려하며, 소외받은 자의 삶에 적극 참여·연대할 수 있는 능력을 길러 줌과 동시에, 민주사회의 건전한 구성원으로서 소양을 갖추기 위한 민주시민교육, 세계화 시대에 필요한 소양과 자질을 갖게 하는 세계시민교육을 총체적으로 담아내야 한다. 고도의 지식사회와 예측불허의 위기사회로 치닫는 문명사적 전환기에 인성교육의 방향도 결국 나와 타인, 사회와 국가, 나아가 인류와 우주의 차원으로까지 확대되지 않으면 안 되기 때문이다.

이 책은 크게 3부로 구성되어 있다. 제1부 '나를 찾는 삶'에서는 인문학을 통한 삶의 지혜, 인생과 꿈의 설계, 상담과 심리 여행을 통한 자기 내면의 탐색, 몸과 마음의 문제를 다룬다. 제2부 '조화로운 삶'에서는 양심, 행복, 소통, 감정이라는 키워드를 통해서 나 자신과 나를 둘러싼 타인과 어떻게 조화를 이루며 행복한 삶을 영위해 나갈 것인가를 탐구한다. 제3부 '더불어 사는 삶'에서는 나를 넘어선 보다 넓은 세계 안에서의 감사와 나눔, 민주시민 및 세계시민 교육, 갈등 상황 해결, 생명 및 생태 교육의 문제를 포괄적으로 다룬다.

우리는 이 책의 각 장에서도 이론과 실제의 조화를 이루고자 하였다. 이 중 하나를 예로 들자면, 제8장 '감정을 다스리는 힘'은 우선 전체가 이론과 실행으로 나뉘어 있다. 이론에서는 인성교육에서 감정이 왜 중요한지, 그 내용이 무엇인지, 감정에서 가장 중요한 화와 분노를 어떻게 다루어야 할지를 진지하게 논의하고 있다. 그런 다음 실제 사례를 통해서 감정을 조절하는 방법을 상호 학습하도록 기획하였다. 예를 들어, 감정 읽고 표현하기(사진, 그림과 걱정인형 활용), 공감하기 연습(친구들과 파트너 되어 연습하기), 분노조절 전략 배우고 연습하기(분노를 시각화하고 다스리기)의 방법을 구체적으로 제시하였다.

2015년 「인성교육진흥법」이 발효된 이후 인성교육이 교육계의 중심에 자리를 잡았으나 정작 현장의 교육 관련 종사자들의 고민은 여전히 인성교육이 무엇이며, 어떻게 해야 할 것인지 방향을 잡지 못한 채 허둥지둥하는 정향(orientation) 상실이다. 이런 상황에서 인성교육의 왕도는 없으며, 내가 하는 교육방법이 모두 다 인성교육이라는 비전문적인 태도는 자칫 인성교육을 더욱 나쁜 상황으로 몰고 갈 수도 있다. 이제라도 인성과 인성교육에 대한 올바른 개념 정립과 방향 설정이 필요하며, 구체적인 대안과 방법을 통해서 더디더라도 한 걸음씩 실천에 옮겨 나가야 할 것이다.

이 책이 나오기까지 순천대학교 ACE사업단에서는 'Together 인성교육 모델 연구 및 교과목 개발' 프로젝트를 개발하여 우리가 인성교육에 천착할 수 있는 좋은 계기를 제공해 주었다. 자칫 사장될 수도 있었던 연구결과를 흔쾌히 출간할 수 있도록 물심양면 도움을 주신 학지사의 김진환 사장님과 설승환 과장님께도 이 자리를 빌려 심심한 감사의 말씀을 드린다. 배워서 가르치고, 가르치면서 배워 좀 더 온전한 책으로 거듭나게 할 것을 약속드리면서, 독자들의 아낌없는 질정을 바란다.

2017년 봄
저자 일동

차 례

제1부 나를 찾는 삶

제2부 조화로운 삶

제 **1** 부

나를 찾는 삶

인성교육은 나를 찾으려는 노력에서 시작된다. 자아의 탐색 과정에서 인류의 지혜가 녹아 있는 인문학은 우리에게 도움을 줄 수 있다. 인문학이 '사람의 무늬'를 탐구한 결실이라고 본다면, 문학과 사학, 철학을 기반으로 하는 인문학적 사유는 우리의 삶을 좀 더 깊고 넓게 바라볼 수 있는 혜안을 길러 줄 것이다. 하지만 삶의 지혜가 담겨 있는 보고(寶庫)라도 우리가 직접 책을 읽고, 몸소 느끼지 않는다면 아무런 소용이 없다.

보다 직접적인 통로로 나를 찾아 정신적 여행을 떠날 수도 있다. 이는 '나는 누구인가'라는 물음을 던지고 그 근원으로까지 캐들어 가는 방법이다. 나 혼자만의 사유가 벽에 부딪칠 때 동서양의 지혜에 조용히 귀를 기울여 보는 것도 나쁘지 않다. 동양의 유교, 불교, 도교의 자아에 대한 생각과 서양의 정신분석에서 말하는 자아를 비교해 보는 것도 흥미로울 것이다. 자아탐색과 집단적 토의를 통해 우리는 점차 자신만의 고유한 가치관을 세우고, 삶의 비전을 설정하는 힘을 얻게 될 것이다.

인성이 영어로 'character'인 점은 인성과 성격이 불가분의 관계에 있다는 것을 의미한다. 나를 안다는 것은 나의 성격을 안다는 것과 무관하지 않다. 심리학 분야에서는 오래전부터 나를 아는 방법으로서 성격을 파악할 수 있는 객관적 검사 도구를 개발하여 활용해 왔다. MBTI나 에니어그램과 같은 심리검사를 통해 나의 성격유형을 알아본다면 우리는 나 자신을 이해하는 것은 물론이거니와 타인을 이해하는 데서도 많은 도움을 받을 수 있다.

동양 및 우리 전통에서는 인성교육의 기본이 수신(修身)에 있었다. 여기서 몸은 비단 영어의 'body'를 의미하는 것이 아니라 몸과 마음을 아우르는 총체적 개념이다. 인성교육에서 몸과 마음의 조화를 새삼 강조하는 것은 둘 사이의 부조화로 인해 현대인이 온갖 신체적·정신적 질환에 시달리고 있기 때문이다. 몸이 건강하지 못하고, 마음이 편안하지 못한 상태에서 올바른 인성이 길러지기 힘들다. 몸과 마음을 수련하는 다양한 방법 중에서도 호흡과 명상은 기본이 되며, '몸살림'이나 '마음챙김'과 같은 수련 방법도 심신의 조화를 가져다주는 데 많은 도움을 줄 것이다.

제1장
인문학을 통한 삶의 지혜

1. 왜 인문학인가

인문(人文)이 원래 '사람의 무늬와 결'이라면 그것이 밖으로 드러날 때 '문화'가 되며, 내면으로 향할 때 사람의 '인격'이 된다. 인문학은 인간의 삶과 문화, 인격과 수양을 아우르는 학문이다. 우리가 인문학을 필요로 하는 이유는 그것이 인간다운 삶을 이끌어 주는 원동력이 될 뿐만 아니라 인격의 고양과 문화의 융성에 주춧돌이 되기 때문이다.

인간은 문화를 창조할 뿐만 아니라 자신의 인격을 스스로 형성해 나가는 존재다. 사람됨이나 인격은 저절로 길러지는 것이 아니라 부단한 교육의 결실로 완성된다. 여타의 다른 동물에 비해 인간은 스스로 자기 자신을 위해 노력해야 한다. 또한 자신을 보다 자유로운 인간으로 키워 내기 위한 노력을 게을리해서는 안 된다. 이 과정에서 인간이 인간다운 인간이 되는 데 필수적인 요소가 바로 인문학이다. 인문학을 통해 쌓아 올린 교양은 인간의 자유를 드높여 주는 열쇠가 될 뿐만 아니라 자신의 존재를 한 단계 높이 끌어올리는 자기 고양의 원천이 될 수 있다.

그렇다면 급변하는 현대사회에서 인문학이 절실한 이유는 무엇인가? 여러 가지 관점에서 인문학의 필요성을 설명할 수 있겠으나, 여기서는 다음의 세 가지 관점에서 기술해 본다.

첫째, 세계화와 인문학의 연관성이다. 전 지구적으로 세계화·국제화가 진행될수록 국가 간의 장벽이 허물어지고, 각 개인은 이제 세계시민으로 살아가야 한다. 지구화(globalization)란 국내의 국제화와 해외 진출이라는 두 가지 의미를 갖는다. 국내의 국제화는 한편으로는 사고, 의식, 문화, 행동의 변화와 다른 한편으로는 기술, 제품, 제도, 정보체계 및 국가 사회 전반의 변화를 포함한다. 또한 국제화는 해외 생산, 판매, 유통 거점의 확보와 해외 투자 확대와 같은 해외 진출을 의미하기도 한다. 지구촌 시대의 세계 시민적 교양은 글로벌한 안목을 키우는 것으로서 국가 간의 문화적 이질성을 받아들이고, 서로 다른 문화를 이해하며, 정의로운 사회의 창조와 같은 인류의 공동선을 실현하는 데 필수불가결하다. 세계적 기준에 자신의 눈높이를 맞추고, 다른 민족과 국가와 협력하여 살아가기 위한 언어, 예절, 소양 등을 기르는 일이 글로벌 시대에 더욱 요청된다. 이때 인문학은 차이와 다양성을 포용할 수 있는 상호 문화 이해의 안목을 길러 주는 데 도움을 줄 수 있다. 더구나 중국 및 동남아 사이의 국가들에서 노동력이 대거 유입되면서 우리 사회도 어느덧 다문화사회로 진입하고 있다. 문화, 언어가 다른 인종·민족과 더불어 살아가기 위해서는 그 어느 때보다도 '차이 인정'과 '다양성 존중'의 가치가 중요해진다. 인문학이 올바른 사고와 가치관 형성에 기여하는 한 다문화사회에서 그 위상은 더욱 커질 수밖에 없다.

둘째, 지식사회와 인문학의 연관성에 주목할 필요가 있다. 지식 혹은 정보사회와 인문학은 일견 서로 잘 어울리지 않는 것처럼 보인다. 하지만 정보통신(IC)과 문화기술(CT)의 결합으로 전통과 문화 자체가 상상을 초월한 고부가가치를 창출하게 되면서 인문학의 경제적 가치는 새롭게 주목받고 있다. IT 최고

전문가였던 스티브 잡스(Steve Jobs)가 디지털 기술이 인문학의 도움을 받아 더욱 스마트해질 수 있음을 입증한 이래로 정보, 통신, 경영 및 산업계에서도 인문학의 열풍은 거세게 불고 있다. 삼성을 포함한 대기업에서조차 신입 사원 선발에서 인문학을 필수 사항으로 제시하고 있으며, 기업의 최고경영자(CEO)들도 창조경영을 목표로 인문학 공부에 매진하고 있다. 지식정보사회에서 가장 중요한 것은 하드웨어가 아니라 콘텐츠다. 특히 인문학적 상상력에 바탕을 둔 문화적 콘텐츠가 문화산업을 선도할 것이라는 인식이 확산되면서 음반, 영상, 드라마, 영화, 광고 등 실용적 인문학 영역들이 급부상하고 있다. 인문학의 전통 영역인 문학·역사·철학의 좁은 울타리를 벗어나 문화의 경제적 효용성을 적극적으로 인식하면서 인문학의 효용과 가치는 더욱 높아질 전망이다.

셋째, 왜곡된 우리 교육현실에 대한 반성으로부터 인문학의 관심이 커지고 있다. 인문 숭상의 전통이 남아 있던 시대에 적어도 인문적 소양으로서 문·사·철에 대한 지식은 물론 시·서·화와 같은 능력과 소양을 '사람됨'의 가치로 높이 추앙해 왔다. 하지만 산업화를 축으로 한 근대화 과정에서 실용적인 지식과 기능적인 기술이 그 자리를 대신하면서 인문적 가치와 소양은 여지없이 무너져 내렸다. 급속한 근대화 이후 학교정책, 인재양성정책이 입시 위주의 교육에 휘둘리면서 교육의 본래적 가치를 실현하지 못하였다. 입시 위주의 교육이란 어떤 교육인가? 그것은 교육이 곧 시험과 등가물로 간주되는 교육이다. 시험은 원래 교육의 선발과 분배의 원칙에서 나온 것인데 우리 교육은 왜곡된 선발제도로 학생들의 삶을 망치고 있다. 단 한 번의 평가로 한 사람의 일생을 결정해 버리는 제도도 문제이지만 평가 자체도 결코 정당하다고 볼 수 없다. 사지선다형의 객관식 평가방식으로 학생의 지식을 평가하고, 교육의 과정보다는 결과에 치중한다. 학생들은 온통 머리의 숙련에만 몰두하게 된다. 인격 형성과 교양 함양이라는 교육의 본래 목적은 안전(眼前)에도 없다.

이런 암기와 주입 위주의 교육에서는 지식과 기술의 '모방'과 '복사'에 급급한 나머지 인식의 원천과 근원적 이유에 대한 물음을 던질 여유가 없다. 이런 현실에서 창조적 지식의 창출이나 창의적 아이니어의 발전을 기대하기란 더욱 힘들다. 학교의 기형적 교육성장은 외적으로는 경제 부흥과 국가 발전을 가져왔을지 몰라도 내적으로는 고차적 지식의 창출과 창의적 경쟁력 함양과 같은 질적 도약에서는 적지 않은 문제점을 안고 있었다.

국가적 차원에서 '홍익인간'이라는 교육이념이 존재함에도 불구하고 교육의 실제는 그와는 정반대로 행해져 왔다. 교육의 목적이 널리 인간을 이롭게 하는 데 있는 것이 아니라 자신의 입신과 가문의 명예를 드높이는 데 있다고 해도 과언이 아닐 정도로 우리 사회에는 맹목적인 교육적 경쟁과 이기주의가 만연해 있다. 그 이면에는 우리 국민이 가지고 있는 교육열이 도사리고 있다. 사실 적당한 교육열은 필요하고, 국가적으로 도움이 된다. 하지만 우리는 그 도가 너무 지나치다는 데 문제가 있다. 왜, 무엇 때문에 교육을 시켜야 하는지도 모른 채 아이들을 오직 공부로 몰아가는 데 문제의 심각성이 있다.

교육은 어떤 것의 수단으로서 가치를 지니기 이전에 그 자체의 고유한 가치를 지닌다. 교육은 본디 인간다운 인간을 기르기 위하여 존재한다. 삶의 소중함을 일깨우고, 인생의 의미를 생각하게 하고, 인간의 참 가치를 가르치는 데 교육의 진정한 목적이 있다. 그럼에도 불구하고 교육의 지나친 도구화와 수단화로 인해 우리는 그동안 교육의 본질적 가치를 잃어 왔다. 이렇듯 역사의 질곡 속에서 사람들은 점차 '교양' 부재의 직업교육이 어떤 결과를 초래하는지, 입시 위주의 지식교육이 어떤 인간을 양산하는지를 보면서 그에 대한 근본적인 원인을 생각하면서 인문학은 다시금 주목을 받고 있다. 인문학은 수단으로서의 학습이 아니라 진정한 배움과 삶을 위한 공부로의 인식 전환을 가져다준다.

2. 인문학의 영역

인문학은 대개 문학, 역사, 철학을 위주로 구성된다. 인문학의 내용을 살펴보기 위해서는 리버럴 아츠(liberal arts)에 대한 이해가 선행되어야 한다. 인문학은 고대 그리스와 로마 시대에서부터 형성된 역사와 전통이 깊은 학문으로 리버럴 아츠의 발달과 밀접한 관련이 있다.

고대 그리스에서 리버럴은 노예와 대립되는 자유민을 뜻하는 계급적 의미를 지니고 있었다. 육체노동을 주로 하는 노예와 달리 자유민은 그 노동에서 나오는 잉여 가치를 토대로 여유와 여가를 누린 집단이다. 리버럴 아츠는 바로 고대 사회에서 자유민이 누렸던 학문이나 교과를 지칭하는 개념이었다.

고대 로마 이후 리버럴 아츠는 3학과 4과와 같이 학문이나 교양의 기초로 자리를 잡아 가게 된다. 마침내 중세시대에 대학이 생기면서 교양교과목으로 정착하게 되고 교양교육과 전공교육이라는 대학교육의 양대 기둥을 형성하게 된다. 하지만 고대와 중세에 인문학이 문·사·철로만 이루어진 것은 아니다. 오히려 문법, 수사학, 논리학이나 대수, 기하, 천문학, 음악과 같이 그 당시 유용한 학문들로 구성되어 있었다. 대학의 교양과 인문학의 중심에는 항상 철학이 있었음을 상기할 필요가 있다. 예나 지금이나 사고의 확장과 논리적 훈련은 삶의 필수적인 요소로 중요시되었던 것이다.

오늘날 인문학을 배우고 가르치는 인문교육은 이과교육 혹은 직업교육 개념과는 구별되며, 주로 인문교과, 즉 문학, 역사, 종교, 철학 등의 고전이 지닌 교육적 가치를 중시한다. 하지만 현대사회에서 자유인이 갖추어야 할 것으로 전통적 의미의 인문적 소양만으로 인문교육을 제한하는 것에 대한 비판적 시각도 적지 않다. 인문교육은 궁극적으로 인간다움이 무엇이며, 왜 그래야 하는가를 묻는 끊임없는 반성적 성찰의 과정이다(이석우, 1998: 421). 좀 더 확대된 관점에서 특정한 인문학 종사자뿐만 아니라 모든 사람이 살아가는 데 두루 널리 필요한 학문이 인문학이며, 누구나 그러한 인문교육을 받아야 한다는 주장이 공감을 얻고 있다.

자유인문학은 생활의 유용성을 겨냥하는 교과들, 가령 과학 및 실업교과들과는 달리, 교육받은 교양인의 자질로서 문학, 사상, 종교, 예술 등에 관한 지식을 획득하게 함으로써 인격적 폭을 넓히고 생활의 지혜와 안목을 길러 주려는 교육이다. 이러한 자유 인문교육에서는 가르치는 사람과 배우는 사람이 비교적 교재의 선택에서 자유로우며, 운영의 방식도 규격화되어 있지 않다.

인문학의 모태인 리버럴 아츠가 대학에 뿌리내린 이후 인문교양교육 개념은 대학교육에서 널리 사용되고 있다. 이 개념은 현대 대학의 모체인 중세 후기의 대학들이 전공 과정에 들어가기 전에 자유교과목(liberal arts)을 교양과정으로 이수토록 한 것에서 유래된 것이다. 그 당시 전공으로는 신학, 법학, 의학이 대표적이었다. 우리가 주목해야 할 부분은 대학의 성립 초기 중세시대에 이미 대학은 전문화나 비좁은 직업주의를 지양하고 가치 중심의 인간을 교육해야 한다고 줄곧 주장했으며, 전문학부에 들어가기 전에 학예부(學藝部)에서 5~7년의 교육을 받도록 하였다는 점이다(이석우, 1998: 422). 이때 학예부의 중심에는 인문교양교육이 있었으며, 단지 전문교육의 예비적 소양교육의 의미로서보다는 전문성 교육 이전에 인간성 교육이 선행되어야 한다는 적극적 측면을 지니고 있음을 간과해서는 안 된다.

오늘날 인간성 함양교육으로서 대학의 교양교육은 학문의 기초로서 사고, 토론, 글쓰기 역량은 물론 기초학문의 주요 내용과 자유인문학의 내용을 두루 담아내야 하는 힘겨운 과제를 안고 있다. 사회적 변화 추세를 감안할 때 이질적 학문 분야의 가로지르는 연구 성과, 즉 예술과 기술, 철학과 경제, 문학과 정치, 심리와 법 등에 관한 융합, 복합적 주제를 인문교양교육에서 다룰 필요가 있다.

3. 사람됨을 위한 인문학 공부

인문학은 무엇보다도 삶의 가치와 의미를 찾는 데 도움을 줄 수 있다. 자본주의를 근간으로 하는 자유시장주의 체제하에서 돈벌이와 무관한 인문학은 날로 설 자리를 잃고 있다. 심지어는 대학 강단에서마저 그 위상을 상실해 가고 있다. 한때 문·사·철은 대학교육의 핵심 내용으로 시대를 풍미하였지만 기존의 학과마저도 폐지되거나 업종 변경으로 몰리는 안타까운 처지에 직면해 있다. 이런 우울한 소식에도 불구하고, 우리가 단호하게 힘주어 이야기할 수 있는 사실은 '인문학이 나름의 가치를 지니고 있으며, 소명의식을 가지고 수행해야 할 과업이 엄연히 있다.'라는 것이다. 그것은 다름 아닌 인문학이 진정한 '인간학'으로서의 위상을 확립하는 일이다. 여기서 말하는 인간학은 '인간의 삶을 위한 학문'을 의미한다. 즉, 인간의 가치를 되돌아보고, 삶의 비전을 제시해 주며, 혼돈의 시대에 올바른 방향 설정을 해 줄 수 있는 그런 학문을 말한다. 시대와 장소를 불문하고 인문학과 인문교양교육은 위기의 시대에 그와 같은 역할을 충실히 수행해 왔으며, 앞으로도 그러한 일을 사명으로 여기고 매진해 나가야 할 것이다.

최근에 우리는 거리의 노숙인, 수감자, 실업자를 위한 인문학 강좌가 그들의 어두운 삶을 새로운 희망으로 탈바꿈시킨 사례를 알고 있다(Shorris, 2000). 인문학은 소외된 자들에게 '희망'이라는 향기로운 꽃을 얼마든지 선물로 제공할 수 있다. 대학 울타리 밖에서 희망의 메시지가 울려 퍼지고 있는데, 하물며 대학 강단에서 '희망의 인문학', 즉 이 시대의 청년에게 희망을 제시해 주는 지혜의 학문이 설 자리가 없을 것인가.

급속도로 변화하는 사회에서 인간의 존재는 날로 미약해지고, 개인은 방향성을 가누기 힘들 정도로 그 변화를 따라가기 힘들다. 이런 와중에도 민족, 종교, 이념을 둘러싼 전쟁과 갈등은 끊이지 않고, 폭탄테러에 의한 무고한 인명 살상은 버젓이 자행되고 있다. 부모가 자식을 버리고, 자식이 부모를 해치는 일, 영유아 성범죄와 같은 반인륜적 행위도 날로 그 심각성을 더해 가고 있다. 인간의 터전이자 보금자리인 생태계를 무참히 짓밟아 그 상흔으로 위기징후들이 지구촌 곳곳에서 감지된 것 또한 어제 오늘의 일이 아니다. 이러한 반인륜적이고 환경파괴적인 위기 상황에서 인문학은 최소한 인간이 짐승과 같은 야만성의 나락에 떨어지지 않도록, 그리고 요즘과 같은 인간성 파괴의 시대에 비인간성의 늪에 빠지지 않도록 하기 위해서도 절실하다. 고대 로마의 키케로 (Cicero)와 세네카(Seneca)가 후마니타스(humanitas)를 외쳤던 것은 인간의 야만 성에서 탈피하여 참으로 인간다운 인간성을 회복하고자 한 데서 비롯된다. 그 들은 고상한 시민성 이전에 인간의 탈을 쓰고 인간의 노릇을 할 수 있는 최소 한의 교양을 요청하였던 것이다.

실용주의의 기치 아래 경제적 유용성만을 앞세워 직업교육이 우선시되는 풍토에서 조화로운 인간성은 길러질 수 없다. 인간의 가치를 고민하는 인문적 소양을 갖추지 않은 채 단순한 직업훈련을 받은 후 직업 전선에 뛰어든다거나 소정의 전문교육을 이수한 후 특정 분야의 전문직을 수행할 경우에도 마찬가 지다. 그럴 경우 인간성이 조화를 이루지 못한 채 서로 분리되고 파편화되어 가는 안타까운 일이 발생한다. '이분법'의 논리야말로 오늘날 인간성의 파괴 를 가져온 주범이라고 해도 과언이 아니다. 실제 삶의 현실 속에서 직업교육 과 인문학, 전통과 현대, 학문과 일상세계, 고급문화와 대중문화, 연구와 교육 등 이분법의 양상은 이루 헤아릴 수 없게 나타난다. 이 점에서 미래사회의 교 육받은 인간상은 무교양의 전문가가 아니라 이분법을 넘어선 교양을 갖춘 전 문가, 그러면서도 특정 분야에 조예가 깊은 지성을 겸비한 교양인이 되어야 할 것이다.

인문학은 사람들로 하여금 '대화'와 '소통'의 인문적 소양을 길러 변화하는 세계에 능동적으로 대처하는 힘을 길러 주어야 할 것이다. 문학과 언어를 습득 함으로써 우리는 시대와 장소를 초월하여 전 인류가 살아온 다양한 삶의 행태 와 세계관을 체험할 수 있다. 한 언어는 좁은 의미에서 문자만이 아니라, 확장 된 의미에서 한 민족의 세계관을 담고 있다. 글로벌 사회로 변해 가는 현 시점 에서 다양한 언어와 문화에 대한 이해 능력을 길러 나가는 일은 세계시민적 교 양을 길러 주는 첫걸음이기도 하다. 인문적 교양의 깊이를 더하기 위해서는 철 학과 역사의 가르침을 비켜 갈 수 없다. 철학은 삶에 대한 지혜와 통찰력을 키 우고, 역사는 지나온 과거의 발자취를 통하여 삶과 현실에 대한 방향을 새롭게 설정해 주는 힘을 길러 준다. 인문학 전공자만이 철학적 깊이와 역사적 안목을 요하는 것은 아니다. 오히려 인생의 방향을 설정해 나가는 청소년, 삶의 도정에서 자신의 삶을 돌아보고 재정립해야 하는 수많은 시민, 삶의 무게로 소외받는 사람, 창조적 경영을 꿈꾸는 기업인, 새로운 차원의 문화적 소통을 선도해 가는 인터넷과 뉴미디어 종사자, 이들 모두가 삶과 현실의 폭넓은 이해를 위해서는 인문적 소양을 필요로 한다. 인문적 소양이 당장의 현실적 이익을 가져오지는 않을지라도, 중장기적 비전을 가지고 어떤 일을 추구하여 성공하는 사례는 얼마든지 볼 수 있다.

사람됨을 위한 인문적 소양을 길러 주는 방법은 다양하겠지만, 여러 방법 중에서도 '고전'의 독서는 인문학의 기초과정으로 확고하게 설정될 필요가 있다. 시카고 대학교의 총장이었던 허친스(R. M. Hutchins, 1899~1977)는 현대사회를 지혜롭게 살아가기 위해서는 '위대한 저서(Great Books)'를 읽어야 한다고 주장하였다. 위대한 저서란 고전을 말하는 것으로, 단순히 오래된 책이 아니라 시대와 장소를 초월하여 보편타당한 가치를 지니는 교양의 원천이다. 그가 고전을 강조했던 이유는 인간의 즉시적 요구를 넘어선 보편적 삶의 원리와 인류의 정신과 문화를 고스란히 간직하고 있는 보고(寶庫)라는 점에서다. 고전은 단지 죽은 과거의 기록이 아니라 살아 있는 현재로서 진정한 가치가 있다. 고전은 현대 사회의 다양한 문제들을 해결할 수 있는 단서를 제공해 줄 수 있다. 위대한 저서를 배우는 사람은 적어도 인류가 쌓아 온 위대한 가치와 원리를 통하여 현실 사회를 슬기롭게 살아갈 수 있는 지혜를 제공받을 수 있다.

☞ 생각하고, 활동하고, 느끼기

◆ 문학, 역사, 철학에 관한 독서와 생각 키우기

---

1. 다 함께 생각해 보기

• 감명 깊게 읽은 책이 있다면?	
• 우리는 왜 역사를 배워야 할까요?	
• 소크라테스 하면 떠오르는 생각은?	

2. 문 학

인문학의 출발점이 문학이라는 데는 의심의 여지가 없다. 시, 소설, 연극이든 인간 삶의 가장 진솔한 기록이 바로 문학이기 때문이다. 고대 그리스에서는 호모의 문학이 교육의 전부였다 해도 과언이 아닐 정도로 당대는 물론 후대까지 영향을 끼쳤다.

아직도 인문학 공부를 좋아하는 소설 읽기 단계에 머물고 있다면 지금부터라도 점차 관점의 전환 혹은 인식의 확장을 꾀할 필요가 있다. 우리의 감성을 자극하고, 풍부한 상상력을 일깨우기 위해서는 부드러운 시로 시작하는 것도 좋은 방법이 될 것이다. 최근 영화 〈동주〉를 통해 『하늘과 바람과 별과 시』가 주목받고 있다. 1955년 초판본이 다시 간행이 되면서 사회 전반에서 시가 살아나고 있는 조짐이 보인다. 한국인이 김소월의 「진달래꽃」과 함께 가장 좋아한다는 윤동주의 「서시」를 음미해 보자.

서시

죽는 날까지 하늘을 우러러

한 점 부끄럼이 없기를.

잎새에 이는 바람에도

나는 괴로워했다.

별을 노래하는 마음으로

모든 죽어가는 것을 사랑해야지.

그리고 나한테 주어진 길을

걸어가야겠다.

오늘 밤에도 별이 바람에 스치운다.

윤동주, 『하늘과 바람과 별과 시』(1948/2016) 중에서

일제강점기라는 어려운 시기에 문학에 대한 순수한 열정과 조국에 대한 사랑으로 힘들게 살다가 형장의 이슬로 사라진 시인의 삶은 오늘날 우리가 어떻게 살아야 하는지를 간접적으로 보여 준다. 일찍이 맹자 역시 군자의 삼락, 즉 인간의 잘 삶의 조건 중의 하나로 부끄러움이 없는 삶을 이야기하지 않았던가. 하늘을 우러러 한 점 부끄러움이 없는 자신을 만들고 가꾸기 위해서 우리는 그만큼 노력하지 않을 수 없다. 시의 순수함과 위대함을 우리는 영국의 시인 블레이크에게서도 발견할 수 있다.

순수의 전조

한 알의 모래 속에서 세계를 보고

한 송이 들꽃 속에서 천국을 본다.

손바닥 안에 무한을 거머쥐고

순간 속에서 영원을 붙잡는다.

To see a World in a Grain of Sand

And a Heaven in a Wild Flower,

Hold Infinity in the palm of your hand

And Eternity in an hour.

블레이크, 「순수의 전조(Auguries of Innocence)」 (1790) 중에서

블레이크(W. V. Blake, 1757~1827)는 영국의 시인이자 화가이며 신비주의자로 알려져 있다. 대개 삽화를 그려 넣은 일련의 서정시와 서사시를 남겨 독창적인 시인으로 이름을 남겼다. 낭만주의 대표시인으로 꼽히지만, 당대 사람들에게는 무시당했으며, 비세속적이라는 이유로 미치광이라 불릴 정도였다. 그는 자연과 인간의 세계는 순수한 사랑과 아름다움으로 가득 차 있다는 사상을 지녔고, 그에 따른 아름답고 주옥같은 시를 남겼다. 우리를 둘러싼 자연과 세계를 순수한 동심의 눈으로 바라볼 수 있다면, 비록 내가 가진 눈이 작고 미약할지라도 저 광대한 우주에까지 볼 수 있다면 얼마나 좋을 것인가. 짧은 몇 마디 시에서 자연, 인간, 우주, 영원을 노래할 수 있는 시인이 위대하게 느껴진다.

단편소설에서도 우리는 삶에 대한 소중한 지혜를 얻을 수 있다. 가령 톨스토이가 쓴 『사람은 무엇으로 사는가』는 1885년 저술된 단편소설로 기독교 신앙이 돋보이는 종교문학이다. 이 작품은 그가 1885년 출판한 단편소설집 『사람은 무엇으로 사는가와 다른 얘기들』 중 한 편의 이야기다. 이 단편소설집에는 「세 가지 질문」「수라트의 커피하우스」「사람은 얼마만큼의 땅이 필요한가?」가 같이 들어 있다. 이 소설에서 구두장인인 시몬이 하느님에게 벌을 받아서 세상에 온 천사 미하일을 돌보는 사건부터 이야기가 시작된다. 이 작품에는 그리스도의 가르침을 실천하고자 한 톨스토이의 러시아 정교회 신앙이 담겨 있다. 이 소설의 묘미는 지상에 내려온 천사 미하일을 통해서 인간 삶의 비밀을 간접적으로 알려 주는 데 있다. 지상에서 숱한 경험을 한 후 미하일은 하느님이 던진 세 가지 질문의 답을 깨닫고 다시 천상으로 오르게 되는 것이다.

그 질문이란 "사람의 마음속에는 무엇이 있는가? 사람에게 주어지지 않은 것은 무엇인가? 사람은 무엇으로 사는가?"다. 인간계로 내려온 미하일은 알몸으로 차가운 길바닥에서 웅크리고 있던 자신을 시몬과 마트료나가 대접하는 것을 보고, '사람의 마음속에는 하느님의 사랑이 있음'을 깨달았다. 귀족 신사가 1년을 신어도 끄떡없는 구두를 주문했지만 그가 곧 죽을 것을 미하일 자신은 알았기에 구두 대신 슬리퍼를 만들었지만 시몬은 이유를 모르는 것을 보고, 미하일은 '사람에게 주어지지 않은 것은 자신에게 필요한 것이 무엇임을 자각하는 것'임을 알았다. 엄마를 잃은 아이들을 사랑으로 키우는 부인을 보고 '사람은 사랑으로 산다.'는 사실을 깨달았다고 말한다. 그 말을 마치고 미하일은 하늘로 돌아간다. 톨스토이는 하나의 문학작품을 통해서 우리에게 인간에 대한 연민과 동정, 자기 자신에 대한 무지의 자각, 인간에 대한 무한한 신뢰와 사랑의 메시지를 은밀하게 전해 주고 있는 것이다. 우리는 이런 감동과 깨달음을 그 어디서 얻을 수 있을 것인가?

1970년대 도시화의 그늘에서 힘겹게 살아가는 도시 빈민의 애환과 사회의 부조리를 그리고 있는 조세희의 소설 『난쟁이가 쏘아올린 작은 공』(1976)은 양극화와 불평등이 심화되고 있는 오늘 이 시대에도 여러 가지를 생각하게 만든다. 이 소설에서는 아버지가 난쟁이인 한 가족의 이야기가 큰아들 영수(1장), 작은아들 영호(2장), 딸 영희(3장)의 눈을 통해 전개된다. 이야기는 어느 날 가족의 안식처였던 집에 철거 계고장이 날아들면서 극적으로 전개된다. 온갖 분노가 일지만 힘없는 난쟁이 가족으로서는 당하는 수밖에 어쩔 도리가 없다. 그 와중에 어머니는 세 든 사람에게 내어 줄 돈을 빌린다. 평생 고생만 하던 아버지는 삼층집의 가정교사인 지섭이 준 책을 읽으며 달나라로 떠나고 싶어 한다. 기력이 쇠해진 아버지를 대신하여 학교를 그만두고 세 형제자매는 모두 공장에 다녀야 한다. 공장의 환경은 엉망이지만 해고가 무서워 아무도 대항하지 못한다. 부자 사내에게 입주권이 팔리고 영희가 없어진다. 영희는 입주권을 산 사내에게 고용되어 동거를 시작하고 금고에서 입주권을 꺼내서 집으로 간신히 돌아오지만 아버지가 굴뚝에서 떨어져 죽은 사실을 알게 된다.

자본주의가 첨단으로 치닫는 세상에서 과연 집도 없고 돈도 없는 사람은 이처럼 벼랑으로 몰릴 수밖에 없는가? 소외받는 자들의 인권은 유린되어도 되는가? 어려운 처지의 사람들의 주거 문제는 어떻게 해결해야 하는가? 노동자의 권리는 또 어떻게 보장받아야 하는가? 힘없고 불쌍한 난쟁이 아버지는 결국 달나라로 떠날 수밖에 없는가? 우리가 살고 있는 세상은 한없이 아름답지만, 다른 시각에서 보면 이렇게 다를 수 있음을 하나의 문학작품이 민낯으로 보여 준다. 인문학의 가치는 어쩌면 사회의 부조리와 모순에 대한 자각에 있는지도 모른다.

3. 역사

지구상에 역사를 가지고 있는 존재는 오직 인간뿐이다. 인간이 인간으로서 구실을 하기 위해서는 역사를 제대로 알아야 한다. 역사는 인류가 걸어온 발자취요, 삶의 행적을 비추어 주는 거울과도 같다. 중국의 역사서에 '통감'이 붙는 이유는 우리의 삶의 흔적을 거울에 통과시켜 비추어 보고 반성해 보라는 의미가 담겨 있다.

그렇다면 역사란 무엇인가? 영국의 역사학자 카(E. H. Carr)는 자신의 저서 『역사란 무엇인가』(1961)에서 탁월한 견해를 제시하고 있다.

> 역사란 역사가와 사실 사이의 부단한 상호 작용의 과정이며 현재와 과거 사이의 끊임없는 대화다(Carr, 1961).

카는 역사를 '과거와 현재의 대화' 또는 '과거의 사실과 현재의 역사가의 대화'로 정의 내리고 있다. 역사에 대해 조금이라도 관심이 있는 사람치고 이 유명한 정의를 접하지 않은 사람은 없을 것이다. 만일 이 정의가 처음이라면 그동안 자신의 역사적 교양이 부족하였다고 간주하시라. 우리가 주목해야 할 부분은 그 두 항목 중에서 카가 강조하는 것으로 과거 자체 혹은 과거의 사실이 아니라 그것을 가지고 역사 담론과 역사 지식을 생산하는 '현재의 역사가'라는 점이다. 이미 지나가 버린, 그런 의미에서 스스로 말할 수 없는 과거의 사실들을 대화의 장에 불러들이는 것은 현재의 역사가이기 때문이다. 그렇게 본다면 두 항목 중에서 더 중요한 것은 지금, 여기를 살고 있는 역사가의 작업이다. 현재를 살고 있는 역사가는 현재의 문제의식에 비추어 과거의 사실을 재구성하며 그 과정에서 현재와 다가올 미래의 방향을 찾을 수 있기 때문이다.

> 역사 기술은 그 자체가 진보적인 사건의 과정에 대한 끊임없이 확대되고 깊어지는 통찰을 마련하려고 한다는 의미에서 진보하는 과학이다. 이것이 '과거에 대한 건설적 견해'가 필요하다고 말했을 때, 내가 생각하고 있던 의미다. 현대의 역사 기술은 지난 2세기 동안 진보에 대한 이러한 이중의 믿음 속에서 성장해 왔고, 또한 이러한 믿음 없이는 계속될 수 없다. 현대의 역사 기술에 그 중요성의 기준을 제시하고, 진정한 것과 우연적인 것을 구별하는 표준을 마련해 주는 것은 이러한 믿음이기 때문이다(Carr, 1961).

이렇듯 카는 역사가의 현재에 대한 문제의식과 그의 가치관은 결국 미래에 대한 전망으로 연결된다고 주장한다. 과거의 역사를 돌아볼 때 인간은 시행착오와 우여곡절을 겪어 왔지만 더 나은 방향으로 발전을 거듭해 왔다는 것이다. 그러한 진보의 과정 자체가 인간이 합리적 이성을 지닌 존재임을 역사적으로 증명한다. 카는 이성과 진보의 신념하에 인간의 역사가 미래에도 더욱 합리적인 방향으로 변화하고 진보할 것으로 낙관한다. 현재의 사회가, 장차 이것도 결국 하나의 과거가 되지만, 나중에 더 민주적이고 더 평등한 사회로 진보해갈 것이라는 이 변화에 대한 신념이 현재의 역사가와 과거의 사실 사이에 이루어지는 대화의 성격을 결정하고, 과거에 대한 역사의 인식 내용을 결정한다고 카는 말하고 있는 것이다.

역사가 비단 개인의 역사만이 아니라 민족과 국가의 운명과도 직결된다는 점에서 사관(史觀)의 정립은 중요하다. 어떤 민족이 식민사관을 지니고 있는지, 아니면 민족사관을 견지하고 있는지 여부에 따라 국가의 명운이 달라질 수도 있다. 우리의 경우 사관의 대립이 치열했던 시기가 바로 일제강점기다. 국난의 쓰라린 고통 속에서 오직 조선의 독립과 해방을 위해서 한평생을 바쳤던 단재 신채호(1880~1936)를 떠올리지 않을 수 없다. 신채호는 『조선상고사』(1948)에서 사관이 중요함을 역설하고 있다.

> 역사란 무엇인가? 인류 사회의 '아(我)'와 '비아(非我)'의 투쟁이 시간으로 발전하고 공간으로 확대되는 심적(心的) 활동 상태의 기록이니, 세계사라 하면 세계 인류가 그렇게 되어 온 상태의 기록이요, 조선사라 하면 조선 민족이 이렇게 되어 온 상태의 기록이다(신채호, 1948).

단재의 경우 '아'는 나, 나의 조국, 나의 민족으로 주체적 존재의 상징어다. 역사란 대립과 경쟁 구도에 있는 두 세력 간의 투쟁이다. 투쟁이 꼭 전쟁만을 의미하는 것은 아니다. 역사적으로 국가와 민족 사이에는 항상 긴장, 갈등, 경쟁 관계가 설정되기 마련이다. 현재 한국, 중국, 일본의 동북아 정세만 보더라도 그렇지 않은가.

> 비아를 정복하여 아를 드러내면 투쟁의 승리자가 되어 미래 역사의 생명을

잇고, 아를 없애어 비아에 공헌하는 자는 투쟁의 패망자가 되어 과거 역사의 묵
은 자취만 끼친다(신채호, 1948).

여기서 단재는 나라의 자주독립이 얼마나 중요한지를 간접적으로 암시하고 있
다. 투쟁의 패배는 '아'의 존재가 역사의 뒤안길로 사라지는 결과를 초래하므로
'아'가 강화되지 않으면 안 된다는 논리다. 단재에 따르면, '아'를 존속시키는 길은
상속성과 보편성을 확보하는 데 있다. 상속성은 쉽게 말하면 우리 민족과 국가의
역사가 중단되지 않고 지속적으로 이어져야 '아'의 존재가 가능하다는 의미이며,
보편성은 그 존재의 가치가 인정을 받아야 하며, 나름의 영향력을 행사할 수 있어
야 한다는 의미다. 결국 자주적 국가와 주체적인 민족이 있어야 '아'의 존재가 지구
상에서 사라지지 않고 영속될 수 있음을 단재는 강조한 것이다. 열강의 각축전이
여전히 지속되고 있는 복잡한 세계 정세 속에서 단재의 주체적 사관은 여전히 현재
성을 지니고 있다.

단재의 자주적이고, 주체적인 사관은 함석헌(1901~1989)의 『뜻으로 본 한국역
사』(2010)에서도 이어지고 있다. 함석헌은 이 책에서 항상 자기를 돌아보라고 말
한다.

자기 자신을 알기 위해서는 두 가지 일이 필요하다. 하나는 스스로 자기를 돌
이켜 보는 것이요 다른 하나는 남이 평한 것을 듣는 일이다. 자기를 잘 아는 것
은 자신이다. 그러니 돌이켜 자기를 대상으로 할 줄 아는 것이 또한 사람이다(함
석헌, 2010).

여기서 자기는 단재의 '아'에 해당된다. 개인으로서 나이기도 하지만, 민족과 국
가와 같은 공동체를 의미하기도 한다. 그런 점에서 우리 민족의 역사를 전체적으로
돌이켜 공과를 제대로 따질 필요가 있다. 실수와 허물은 없는지, 왜곡된 역사는 없
는지를 돌아보아야 한다는 것이다. 함석헌은 『뜻으로 본 한국역사』에서 식민사관
에서 벗어나 자주적이고, 주체적인 역사 서술의 좋은 본보기를 스스로 보여 주고
있다. 생각하는 백성으로서 지난 과거의 사실에서, 그것이 실패와 고난의 가시밭길

이었을지라도, 숨어 있는 참뜻(의미)을 깨달을 때 나와 우리 민족과 국가가 다시 태어날 수 있다는 것을 함석헌은 우리에게 분명하게 일깨워 준다.

4. 철 학

철학은 근원에 대한 탐구를 본업으로 삼는다. 철학하는 일이란 질문을 던지는 것이며, 질문의 답을 구하려는 사고의 과정이기도 하다. 하지만 대개의 경우 사람들은 철학을 딱딱하고, 어렵고, 무미건조하며, 재미없다고 생각한다. 그도 그럴 것이 철학을 본업으로 삼는 사람 이외에 일반 사람이 얼마나 철학에 관심을 가지고, 스스로 공부를 할지에 대해서는 적지 않은 의구심이 드는 게 사실이다.

철학은 명사로서 철학 사조나 철학사보다는 동사로서 '철학하기'에 그 본질이 있지 않나 싶다. 즉, 내가 스스로 질문을 던지고, 사유를 하며, 내 나름의 답을 구하려는 노력이 없이는 별 의미가 없다는 이야기다. 철학사에 등장하는 플라톤, 칸트, 헤겔을 읽었다고 내 사유의 폭과 깊이 저절로 확장되는 것은 아니다. 철학에 대한 객관적 지식이 어느 정도 도움이 되겠지만 결정적인 사항은 철저하게 '자기사유'에 기반을 두어야 한다는 사실이다.

짧은 지면에 특정한 철학이나 철학자를 일일이 열거하며 안내할 필요는 없을 것이다. 철학적 삶과 사유를 단적으로 보여 주는 사례가 있다면 그것을 보여 주는 것으로도 철학으로의 초대에 부응할 수 있지 않을까. 그래서 여기 인류의 스승으로 추앙되는 소크라테스를 불러내어 그의 철학적 삶과 사유의 과정을 추적함으로써 그 전범에 비추어 '우리는 과연 어떻게 살아야 할 것인가'에 대한 각자의 해법을 찾도록 안내하려고 한다.

〈읽기 자료〉

소크라테스(기원전 469~399)는 아테네에서 출생하여 그곳에서 생애를 마감하였다. 그의 아버지는 조각가였고, 어머니는 산파였다. 아버지의 직업에 대한 훈련을 받았으나 그는 그 직업 대신 '거리의 철학자'로서 삶을 살았다. 그는 자신의 말을 듣고자 하는 사람이면 토론에 끌어들여 진지한 대화를 나누었다. 소크라테스는 고대 그리스 시대의 어느 누구와 비교할 수 없을 정도로 훌륭한 철학자이자 교육자였다. 이것은 동시대인들의 직접적 인상으로 입증될 뿐만 아니라 후대의 영향을 통해서도 잘 확인할 수 있다.

소크라테스는 인간 영혼의 '덕'을 잘 보살피고 보존해야 한다고 역설하고 있다. 인간이 영혼을 잘 보존하기 위해서는 어떻게 해야 할 것인가? 소크라테스는 인간이 무엇보다도 의롭지 못한 짓이나 부끄럽거나 불경한 짓을 저지르지 말아야 한다고 주장한다. 죽음도 또는 그 밖의 어떠한 것도 부끄러움보다 더 고려해서는 안 될 것이다(『변론』28d). 그 어떠한 의롭지 못한 짓도 그리고 그 어떠한 불경한 짓도 범하지 않는 것이다(『변론』32d)). 소크라테스는, 아테네 청년들을 고의로 타락시켰다는 멜레토스의 증언에 반해, 결코 어느 누구에게도 고의적으로 불의를 저지르지 않았다고 주장하고 있다(『변론』37a). 그는 자기와 교제하는 사람들로부터 이로움 대신에 해로움을 받기 원하는 사람이 없다는 점을 들어 멜레토스의 증언을 반박하고 있다. 오히려 불의를 저지르는 사람은 모두 비자발적으로 그렇게 하는 사람들이다.

이처럼 『변론』에서 소크라테스는 '무지(無知)의 지'를 자기의 본래적인 통찰로 보고 있다. 교육에서 하나의 보편적 개념으로 자리 잡은 '소크라테스적 방법'은 가르치는 사람이 배우는 사람에게 어떤 결론을 미리 제시하는 것이 아니라 끊임없는 질문을 제기함으로써 배우는 사람이 자기 자신의 본래적인 통찰을 통해 결론을 얻도록 이끄는 방법이다. 이런 대화의 과정에서 가르치는 사람은 결론을 알고 있다는 것을 전제로 한다. 이 경우 가르치는 사람으로서 소크라테스의 무지는 교육적 의도를 지닌 기교나 방법이 될 것이다. 하지만 다른 관점에서 보았을 때 가르치는 자의 무지는 실제로 알지 못하는 사실 자체를 의미할 수도 있다. 가령, 용기, 정의, 경건이 무엇인가를 물었을 때 가르치는 사람은 그것이 무엇인지 실제로 알지 못했을 수도 있다. 이 경우 가르치는 사람의 역할은 대화 상대자가 이제껏 알고 있는 덕에 관해서 알고 있었다고 생각했지만 대화의 과정에서 자신이 그것을 알지 못하고 있음을 깨닫게 만드는 것이다. '무지의 자각', 이것이야말로 소크라테스가 추구했던 사명이며, 플라톤이 자신의 대화편에서 줄곧 소크라테스를 통해 보여 주고자 한 것이다.

소크라테스는 음미되지 않은 삶은 사람으로서 사는 보람이 없다고 말하고 있다(『변론』38a). 음미하고 의문을 제기하는 삶은 단지 유용한 것만이 아니다.

그러한 삶은 사람이면 어느 누구나 추구할 만한 가치가 있는 삶이다. 그렇지만 소크라테스 생존 당시 그 주변의 사람들은 대부분 수동적인 삶을 살고 있었다. 자신의 행동과 선택을 인습이나 관행에 그저 맡겼던 것이다. 외부에 의해서 형성된 신념을 따랐을 뿐 그들은 결코 자기 스스로가 판단하거나 결정하지 않았다. 왜냐하면 그들은 자신의 내면을 깊숙이 통찰하지 않았을 뿐만 아니라 다른 대안을 찾으려는 노력조차 기울이지 않았다. 개인적 삶이나 정치적 삶에서도 어떤 것이 과연 자신을 올바로 이끄는 길인지에 대해서도 묻거나 사색하지 않았다. 어쩌면 그들의 믿음은 진리를 품고 있었을지도 모른다. 앞서 제시한 소크라테스의 변론을 보면, 인간은 누구나 자신의 내면에 진리를 담고 있다. 하지만 진정한 문제는 이들 시민의 삶의 태도 혹은 사고방식에 있다. 즉, 그들은 자신의 삶을 진지하게 돌아보지 않았고, 이성에 비추어 사고하지 않았다.

소크라테스는 용기, 친구와의 우정, 정치가의 자기절제, 종교인의 경건성에 관한 일반적인 질문을 던진다. 모든 경우에 그는 이러한 덕이 선을 가져다줄 수 있는지를 알고자 한다. 이어지는 질문 속에서 대화 상대자는 무지가 입증되고, 자신의 생각이 부족하였음을 자각하게 된다. 소크라테스는 그들에게 이성에 대한 요청이야말로 그들이 실제로 선택하고자 하는 태도임을 보여 준다. 누구나 사려 깊은 훌륭한 시민이 될 수 있다는 입장을 소크라테스는 견지하고 있다. 그 능력은 고도의 학식을 갖춘 수학자나 과학 전문가 혹은 입법가나 정치가로 한정되지 않는다. 그러한 도덕적 능력은 평범한 사람이면 누구나 지니고 있으며, 그들의 일상적 행위 속에서 흔히 사용되는 능력이다. 그가 묻고 있는 것은 이 능력이 더 완전하게 실현되도록 하기 위하여 훈련되고, 다듬어져야 한다는 것이다. 생의 마감을 앞둔 감옥에서도 소크라테스는 민주제의 비합리성을 알고 있었지만 민주주의야말로 최상의 제도라는 생각을 버리지 않았다. 그는 주저없이 독배를 마셨고, 자신의 죽음으로써 자신의 사고와 신념에 충실했던 한 인간의 진면목을 보여 주었다. 그는 죽었지만 오히려 민주주의가 새롭게 태어나는 계기를 마련해 주었다.

인간의 삶의 도처에는 비합리성이 존재하므로 그 어떤 최상의 교육제도라도 모든 시민을 소크라테스 방식으로 교육하기란 힘들 것이다. 중요한 점은 다수결에 의해서 인간의 기본권이나 자유가 함부로 침해되어서는 안 된다는 것이다. 그러한 권리는 모든 사람에게 귀속되는 것이며, 이것은 또한 이성의 계발이 모든 사람에게 속한다는 것을 의미한다. 민주주의가 성공적으로 실현되기 위해서는 전통을 소크라테스 방식으로 음미할 수 있는 건전한 시민의 양성이 필수적이다. 소크라테스적 교육은 적어도 다음과 같은 몇 가지 특징을 갖는다(M. Nussbaum, 1996: 30ff).

첫째, 소크라테스 교육은 모든 인간을 위한 것이다. 음미되지 않은 삶은 사람으로서 사는 보람이 없다는 소크라테스의 견해에 비추어 볼 때 소크라테스적 관조적 삶을 위해서는 특정한 형태의 비판적 교육이 필요하며, 인간 모두에게 본질적으로 중요하다. 비판의 전제조건은 문해능력이다. 기본적인 논리 및 수리능력이 필요하며, 세계에 대한 지식에 대해서 좋은 이상을 가지고 있어야 한다. 그러한 능력을 자기 스스로 길러 내기 힘들다는 현실적 조건을 고려한다면 보다 많은 사람에게 고등교육의 기회를 확대함으로써 자유교양교육을 널리 실시하는 방법을 생각해 볼 수 있다. 각 개인들로 하여금 실제적 이성능력을 개발시켜 줌으로써 개인적 삶, 가족, 정치적 삶에도 변화를 가져올 수 있다.

둘째, 소크라테스 교육은 다원적, 즉 다양한 규범과 전통에 연결되어 있다. 이전의 좁은 지역과 시야에서 세상을 바라보는 틀에서 벗어나 학생들을 좀 더 다른, 넓은 세계와 직면하게 할 필요가 있다. 각기 다른 사회의 다양한 사람들은 분명 인간의 행복, 인종과 성, 민족과 종교 등의 문제를 다른 방식으로 다룬다. 소크라테스적 탐구는 다원주의와 차이의 인식을 돕는 기능을 할 수 있다.

셋째, 소크라테스 교육은 책을 더 이상 권위의 실체로서 바라보지 않는다. 책은 인간의 말과 사고를 기록으로 남겨 전승을 용이하게 하는 이점이 있지만 '생생한' 존재는 아니다. 책은 훌륭한 사고에 대해서 뭔가를 가르쳐 줄 수는 있지만 스스로 사고하게 하는 힘을 길러 줄 수는 없다. 쓰인 언어에 의존하는 학생은 다소 수동적이 되기 쉽다. 책이 하나의 권위로 등장하는 순간 스스로 사고하고 탐구하려는 학습자의 자발성과 동기는 사라진다. 마치 그리스 시민이 그저 자기를 돌아보지 않고 인습과 전통에 의존하여 삶을 살았던 것처럼 책이 권위와 전통의 상징물로 전락하게 되면 인간의 비판적 사고능력은 길러지기 힘들 것이다. 요컨대, 소크라테스는 맹목적 신념이 아니라 이성, 혹은 합리성의 필연적 법칙에 따라 인간과 세계를 이해하고자 하였다. 그는 사실보다는 가치와 규범의 문제를 진지하게 성찰하였고, 앎과 삶의 문제를 결국 도덕성의 실현과 인격 완성에서 찾음으로써 인문정신의 정수를 잘 보여 주고 있다(한국학술협의회, 2007: 63).

'너 자신을 알라.' 델포이 신탁에 쓰여진 이 문구를 소크라테스는 필생의 신조로 삼아 지혜를 연마하고, 도덕적으로 실천하고자 하였다. 지속적인 물음과 성찰을 통하여 참된 삶의 본질을 추구하고, 아는 것은 반드시 실천으로 옮기고자 하였다. 그의 죽음은 이에 대한 생생한 증거다. 우리의 삶과 교육이 근본에서 멀어지면 멀어질수록 그가 삶의 족적에서 보여 준 평범한 진리는 언제나 우리에게 대화를 요청한다. 진리는 평범하다는 말처럼 인간은 무릇 알면 알수록 겸허하고, 배운 것을 실천에 옮길 수 있어야 한다. 지행합일은 동서고금을 막론하고 교육의 근간이 되는 덕목이다. 이처럼 소크라테스는 삶의 참의미를 탐구하고, 진정한 자유가 무엇인지를 우리에게 보여 줌으로써 인문학의 정신을 충실하게 보여 준다.

손승남, 『인문교양교육의 원형과 변용』(2011) 중에서

제2장
힘내라 청춘! 꿈을 위한 도전

1. 힘내라 청춘

'20대'와 '청춘' 하면 가장 먼저 떠오른 것들은 열정, 도전, 꿈, 희망처럼 힘이 넘치는 단어들이다. 하지만 요즘 20대의 청춘들을 보면, 자신의 꿈에 대해서 구체적으로 생각하지 않거나, 진정 자신이 원하는 것이 무엇인지 찾아보지도 않고 포기하는 친구들이 많다. 대학 진학이라는 목표 하나로 초·중·고등학교 12년을 보내고 대학에 입학해서 캠퍼스의 낭만은 커녕 더 치열하게 자신의 삶을 내려놓고 취업 준비에 매달려야 하고, 더욱이 해결의 기미가 보이지 않는 일자리 문제는 날이 갈수록 심화되고 있다. 말 그대로 청춘이 아프다는 말이 가슴에 꽂힌다. 오죽하면 연애, 출산, 결혼을 포기한다는 삼포세대에서 시작된 말이 오포, 칠포를 거쳐 모든 것을 포기한다는 n포라는 말까지 등장했다.

국민건강보험공단에 따르면, 지난 2010년부터 2014년까지의 강박장애 환자 가운데 20대가 가장 많은 것으로 나타났다. 어느 때보다 물질적으로 풍요로운 세대가 취업과 미래에 대한 불안감과 스트레스에 사로잡혀 있는 것은 역설적으로 보인다. 사회는 모든 것을 동시에 진보시키지 않는 것 같다. 새로운 기술을 얻는 대신 오래된 인간의 본능을 잃게 만든다. 문명화된 인간은 자동차를 만들었지만 대신 발의 기능을 약화시켰고, 훌륭한 시계를 가지고 있지만 태양의 위치에 따라 시간을 보는 법은 잊어버렸다.

이런 딜레마를 극복하고 21세기 대한민국을 이끌어 나가야 할 청춘의 내공은 어떻게 길러 내야 할까? 과학 기술이 발전할수록 인간이 가지는 고유한 내면의 가치를 잃지 않도록 노력해야 한다. 사회가 복잡하고 어려울수록 자신의 내면의 성찰을 통해 건강한 육체와 올바른 정신, 물질과 지혜의 조화를 갖추어야 한다.

세상에서 자신과 가장 가까운 곳에 있으면서도 가장 미지의 존재가 바로 우리 자신이다. 우리 앞에 아무리 어려운 상황이 놓여 있어도 딱 한 사람만 설득하면 극복할 수 있다. 그 사람은 바로 자기 자신이다.

우리는 오랫동안 문제해결을 밖에서만 찾으려고 했지, 내면에 관심을 기울이는 습관에는 소홀했다. 참된 나로 존재하기 위해, 나아가 창조하는 인간이 되기 위해 우리는 내 안의 목소리에 귀 기울여야 한다. 그런데 사람은 나이를 먹을수록 오히려 사고의 감옥에 갇히게 된다. 오래된 사회의 관습은 마치 어떤 체제와 같아서 그 틀을 지키기 위해 그 안에 속한 구성원들의 자유와 문화를 포기하게 한다. 그들은 우리의 자유의지, 자기신뢰를 흔들고 새로운 발상과 창조를 좋아하지 않는다.

미국의 철학자이자 시인인 에머슨(R. W. Emerson, 1803~1882)은 말한다. 자신을 믿고 자신만의 일을 하라고, 지금 당장 행동을 하라고 채찍질한다. 그렇게 앞으로 나아갈 때 우리를 흔들 수 있는 자는 없다. 우리의 삶은 자기 내부에 있는 무한한 능력이 있음을 자각하고 그것을 이용하는 데서 시작된다. 성공은 간절한 자기 바람에서 시작된다.

청춘이란 인생의 어떤 한 시기가 아니라

마음가짐이다.

장밋빛 볼, 붉은 입술, 부드러운 무릎이 아니라

강인한 의지, 풍부한 상상력, 불타오르는 열정이요

인생의 깊은 샘에서 솟아나는 신선한 정신이다.

청춘이란 두려움을 물리치는 용기,

안이함을 뿌리치는 모험심과 그 탁월한 정신력을 뜻한다.

때로는 스무 살 청년보다 예순 살 노인이 더 청춘일 수 있다.

누구나 세월만으로 늙어 가지 않고

이상을 잃어버릴 때 늙어 가는 것이다.

세월은 피부의 주름을 늘게 하지만

열정을 잃어버리면 마음이 시들고 만다.

근심, 두려움, 자신감을 잃는 것이

우리 기백을 죽이고 마음을 시들게 한다.

그대가 젊어 있는 한

예순이건 열여섯이건 가슴속에는

경이로움에 이끌리는 마음, 어린아이와 같은 미지에 대한 끝없는 탐구심,

인생에서 기쁨을 얻고자 하는 열망이 있는 법이다.

Arai Mann, 『청춘이란』(2003) 중에서

스티브 잡스는 "열린 가슴으로 항상 갈구하고 무모하게 도전하라(Stay hungry, Stay foolish)"라고 했다. 그리고 맥아더 장군도 사무엘 울만(Sameul Ullman)이 78세 때 쓴 청춘이라는 시를 평생 애송했다.

사실 이 짧은 시속에 삶의 진수가 모두 들어 있다. 사무엘 울만이 청춘은 마음가짐이요, 강인한 의지, 풍부한 상상력, 불타오르는 열정, 신선한 정신이라고 했다. 또한 청춘이란 두려움을 물리치는 용기, 안이함을 뿌리치는 모험심

과 그 탁월한 정신력을 뜻한다고 했다. 그리고 청춘을 이상, 열정, 경이로움에 이끌리는 마음, 어린아이와 같은 미지에 대한 끝없는 탐구심이라고 했다.

우리의 젊은이들이 신지식주의 글로벌 사회에서 무한경쟁의 생존경쟁을 뚫고 자신의 꿈을 이루는 것은 힘들지만, 자신의 내면에 깃든 무한한 잠재 능력을 활용하면 어떤 어려움이 닥쳐오더라도 헤쳐 나가지 못할 것이 없다. 우리 앞에 놓여 있는 불확실한 미래를 청춘의 패기로 개척해 나가는 도전정신이 필요한 시기다.

2. 내 안의 진정한 나를 찾아서

에머슨은 『세상의 중심에 너 홀로 서라』에서 먼저 "내 안에서 모든 것을 구하라."라고 주장한다. "자신의 생각을 믿는 것, 자신의 마음속에서 진실이라고 믿는 것은 곧 다른 모든 사람에게도 진실이다. 이것이 재능이다."라고 말한다.

우리는 시인과 철학자들이 제시하는 삶의 지침을 따르기 전에 우리 자신의 마음에 번개처럼 스치는 섬광을 발견하고 관찰하는 법을 먼저 배워야 한다. 그러나 우리는 얼마나 자주 섬광처럼 찾아오는 그 직관을 미처 주목해 보지도 않고, 습관처럼 지워 버린다.

가끔 우리는 천재들의 작품 속에서 자신이 내버린 생각들을 알아보게 된다. 그러나 그것들은 이미 낯선 위엄으로 무장한 채 우리에게 되돌아와 있는 것이다.

우리는 자신에 대해 제대로 표현하지 못하고, 자신의 신성한 생각을 부끄럽게 여긴다. 그러나 신은 겁쟁이를 통해서는 결코 아무런 일도 하지 않는다.

사람은 자신의 일에 마음을 쏟고 최선을 다했을 때 안도하고 즐거울 수 있다. 그렇지 못하면 스스로 말하고 행한 것들이 자신에게 평화를 가져다주지 못한다. 구원은 누가 가져다주는 것이 아니다. 내가 나의 재능을 내버려 두는 한 우리 곁에는 그 어떤 영감도 창조도 희망도 없다. 자신을 믿어야 한다. 우리의 마음은 강철과 같은 진리에 진동한다. 신의 섭리가 당신에게 마련해 준 자리를, 당신과 동시대의 사회를, 모든 일의 연결고리를 받아들여라. 위대한 사람들은 언제나 그렇게 해 왔다. 그들은 자신의 절대적인 확신을 은연중에 드러내고 책임을 다해 일하며 자기 자신을 다스렸고, 자신을 어린아이처럼 시대의 정신에 안착시켰다. 안전한 구석에 숨은 나약한 사람들, 무력한 사람들, 혁명 직전에 도망치는 겁쟁이가 아닌 길잡이와 구원자 그리고 그 후원자들만이 혼돈과 어둠을 헤치고 나아간다.

우리는 이런 위대한 힘을 가지고 있는 자기 자신에 대한 성찰이 부족했다. 과거의 철학자들은 모든 이 문제와 씨름을 했다. 소크라테스는 "너 자신을 알라!"라고 했고, 데카르트는 "나는 생각한다, 고로 나는 존재한다."라고 했다. 삶의 문제는 모두 자신과 싸움에서 시작된다. 결국 "나는 누구인가?"라는 물음은 우리가 살아 있는 한 함께 가져가야 할 화두다.

철학에서는 다른 동물과는 다르게 생각하고 행동하고 움직이는 인간만이 가지고 있는 고유한 그것을 '실존(existence)'이라 하고, 종교세계에서는 '영혼(soul)'이라고 부르고, 심리학과 사회과학의 세계에서는 '마음(mind)' 또는 '정신(spirit)' 등등으로 부른다. 심리학에서는 마음을 현재의식, 잠재의식, 무의식으로 분류하면서 현재의식은 5% 정도이고, 95%의 무의식의 세계가 우리를 지배한다고 말한다.

우리의 인생은 95%의 무의식 세계를 어떻게 활용하느냐에 따라 삶의 성패가 달라진다고 볼 수 있다. 그런데 우리는 태어난 환경적 조건으로부터 많은 영향을 받아 다양한 모습과 개성으로 살아가며, 또한 여러 조건에 의해 많은 부조화, 부적응으로부터 갈등과 대립 속에서 살아간다. 그런 과정 속에서 우리의 생각과 마음은 자신도 모르게 왜곡되고 편향되고 고착적인 고정관념과 선입관을 갖게 된다.

사실 사회 속에서 길들여진 자아와 물들기 이전의 본래의 자아를 구별하지 못하는 경우가 많다. 환경에 의해 만들어진 습성을 본래 타고난 자아로 생각하고 그것에 너무 종속되는 경우가 많다. 그러면서 어떤 일에 직면하면 "난 이런 일 싫어." "내가 왜 이런 일을 해야 해?" "나는 이것을 할 수 없어." 또는 "나는 자신감이 없어."라고 말하면서 무한한 능력을 갖고 있는 자기를 무능력하게 만든다. 이 만들어진 자아는 외부에서 들어온 것만 가지고 생각하는 고정관념의 나, 선입관의 나, 과거와 똑같이 움직이려고만 하는 타성의 나라고 할 수 있다. 이런 둘 사이의 혼란은 관찰자는 관찰하는 자신을 관찰하기가 참 어렵다는 데 있다. 참으로 어려운 일이지만, 이런 자각을 위해 자기 내면에 대한 깊은 명상의 시간이 필요하다.

미켈란젤로가 다비드상을 조각하면서 "나는 지금 잠자는 천사를 깨워 자유롭게 해 주는 중이야."라고 말했듯이, 우리도 자기 안에 잠든 천사를 깨워 날개를 달아 세상으로 멋지게 날려 보내야 한다.

우리 내면에는 엄청난 보물들이 숨겨져 있지만 우리 자신은 스스로 잘 인식하지 못하고 자신을 못난이로 방치하기 쉽다. 다른 사람을 구하기 위해 들어오는 전동차를 향해 뛰어드는 모습을 볼 때, 폐허가 된 지진의 잔해 속에서 사람들을 구조하는 모습을 볼 때, 아프리카 오지에서 평생 봉사하는 사람들을 볼 때, 우리의 내면에는 고귀한 인성, 따뜻한 감성, 창조적인 지성, 신령스러운 영성이 있음을 본다. 우리의 미래에 어떤 어려운 환경이나 조건 속에 놓여 있다고 하더라도 자신의 내면에 숨겨진 엄청난 능력을 활용하면 자신의 삶뿐만 아니라 이 사회를 더욱 아름답고 살기 좋은 곳으로 만들 수 있다.

3. 내 삶의 전략지도

우리 마음속에 아무리 좋은 것이 있어도 그것이 있는 줄 모른다면 무슨 소용이 있으며, 그것이 있다는 것을 알아도 그것을 꺼내어 활용하지 않으면 무슨 소용이 있겠는가? 내 안의 보물을 효과적으로 끄집어내어 활용하는 방법을 살펴보자.

1) 전략지도 1: 세상과 자신에 대해 관심을 가져라

요즘 우리 주위에 물질적인 풍요 속에서도 우울증을 앓고 있는 사람이 많다. 누군가의 관심을 받을 때는 환하게 꽃을 피우지만 항상 다른 존재의 관심을 받을 수는 없다. 주위의 관심이 끊어지면 시들시들 생기를 잃고 우울해지는 것은 자기 스스로가 안팎의 사물에 관심을 가지지 않기 때문일 수도 있다.

우리가 주위에 무관심해지면 먼저 스스로가 행복하게 살 수 없다. 세상에 무관심해지면 세상과 단절이 생기고, 세상과의 불통으로 인해 세상과의 관계가 끊어지고 결국 살아 있어도 죽어 있는 삶과 마찬가지가 된다. 사람마다 여러 가지 원인에 의해 관심의 대상이 다르고 범위가 다르다. 모든 존재를 대하는 우리의 자세는 올바른 삶의 관점을 가지는 데 상당히 영향을 끼친다. 사람들은 일반적으로 재미, 이익, 쾌락, 필요 등에 관련된 부분에는 자연스럽게 관심을 가지기가 쉽지만, 무심코 지나쳐 가는 부분에도 놓쳐서는 안 되는 부분이 많다.

우리가 사물을 대하는 태도가 곧 그 사람의 인격과 운명을 결정한다고 볼 수 있다. 잠시 시간을 내어 주변의 사물을 생각하면 그것들이 엄청난 소중한 존재라는 것을 자각하게 된다. 예를 들어, 마이크를 생각해 보자. 마이크가 있기까지 전기 연구자, 부품 제조업자, 광산업자, 제철소, 제조업자, 공장 근로자, 운송업자, 판매업자 등등 수많은 사람들의 수많은 세월 동안 정성과 땀의 결과로 마이크가 존재한다는 것을 알게 되면 비록 나하고 상관없이 존재하더라도 그 소중한 존재 가치를 느끼게 되어 이전과는 다른 마음으로 마이크를 생각하게 될 것이다. 그러면 마이크를 소중하게 다루는 마음이 생길 것이다. 그래서 어떤 존재에 관심을 가지면 그것이 소중한 존재라는 것을 알게 되어 우리 마음속에는 정성과 감사의 마음이 싹트게 될 것이다.

2) 전략지도 2: 세상에 감사하는 마음을 가져라

아인슈타인(A. Einstein)은 자신의 기념비적 업적에 대해 질문을 받았을 때, "나는 내 안에서 이루어지는 삶과 밖에서 이루어지는 삶이 죽은 사람이든 살아 있는 사람이든 다른 사람들의 노고에 의존하고 있다는 사실을 매일 하루에 백 번씩 스스로에게 일깨운다. 또한 내가 받은 만큼, 그리고 지금도 받고 있는 만큼 주기 위해서 열심히 노력해야 한다고 매일 하루에 백 번씩 스스로에게 일깨운다."라고 다른 사람에게 고마움을 전하는 말만 했다.

감사(感謝)를, 국어사전에서는 '고마움을 나타내는 인사, 고맙게 여김 또는 그런 마음'으로 풀이되어 있고, 한자사전에서는 感(느낄 감)은 心(마음 심)과 咸(다 함)이 합하여 이루어져 마음속에 있는 것을 다하는 것으로, 謝(사례할 사)는 言(말씀 언, 말하다)과 射(화살이 활로부터 떨어지는 일, 해결되다, 끝나다 뜻)가 합(合)하여 이루어져 있어, 감사란 '고맙게 여기고 사례하는 것'이라고 풀이되어 있다.

영어의 thank(감사하다)는 think(생각하다)와 같은 어원에서 나왔다고 한다. 마음속 깊이 생각하고 그 마음을 표현하고 전달하는 것으로 동서양을 막론하고 감사란 마음속 깊이 고마움을 느끼고 느낀 마음을 말로써 표현하고 행동하는 것으로 해석된다.

일부의 연구에 따르면, 감사라는 정서는 호의를 베푸는 사람으로부터 가치 있는 무엇인가를 받는 수혜자가 됨을 인식할 때 강하게 경험하게 되는데, 이때 긍정적인 결과물을 얻게 되고 그 긍정적인 결과물이 외부에서 기인되었음을 인지할 때 감사를 경험하게 된다고 한다. 결국 감사함을 인식할 때 감사할 일들이 생기고, 감사가 거듭될수록 긍정적으로 변화되며, 다른 사람이나 가족, 조직, 그리고 국가로부터 얼마나 많은 혜택을 받고 있는지를 경험하게 된다. 그렇다면, 감사는 고마움을 느끼고 말로써 표현해야 한다.

그런데 감사의 중요성을 모르는 사람은 없다. 하지만 우리의 입술과 생활이 감사보다는 불평이나 원망에 더 가깝다. 그 이유는 당연병 때문이다. 예를 들면, 햇살, 공기, 물, 아내와 남편, 자녀와 가정, 직장과 친구 등 모든 것을 당연히 있는 것으로 생각한다. 이처럼 내게 있는 것, 그리고 누리고 있는 것들을 당연하게 여기고 감사할 줄 모르는 것이 문제다. 이 세상에 거저 있는 것, 당연한 것은 아무것도 없다. 우리가 당연하게 여기는 이 모든 것들에 대하여 감사로 깨달을 때 감사가 넘치는 삶, 감사의 기적을 경험하는 생활을 할 수가 있다. 감사는 근육운동과 같다. 사용할수록 훈련을 할수록 근육이 생기듯이, 감사도 항상 연습하고 훈련할수록 감사할 일들, 소위 감사근(感謝筋)이 생기게 된다.

우리는 무관심했던 대상에 조금만 생각해도 그 존재의 소중함을 알게 되고 그것의 감사함을 느끼게 된다. 그러면 우리의 생각과 자세가 이전과 완전히 달라진다. 사람의 생각을 바꾸고 싶을 때 그 사람의 생각을 긍정적인 마음으로 감사하는 마음으로 바꾸어야 한다. 우리는 감사와 나눔의 순환 구조를 이해함으로써 우리의 인격을 크게 성숙시키고, 아름다운 사회를 만들 수 있다.

3) 전략지도 3: 자신의 비전을 세워라

세계적인 베스트셀러 작가 켄 블랜차드(Ken Blanchard)는 『비전으로 가슴을 뛰게 하라』에서 "비전은 자신이 누구이고, 어디로 가고 있으며, 무엇이 그 여정을 인도할지 아는 것이다."라고 말한다. 비전은 자기의 꿈을 성취해서 세상으로 헌신의 마음으로 다가섬이고, 비전을 통해 사람은 세상에 새로운 존재로 탄생케된다. 비전을 시작하려면 먼저 자신에 대한 깊은 관심과 성찰이 있어야 한다. 나는 무엇을 원하는가? 나는 무엇을 할 때 행복한가? 나는 무엇을 가장 잘하는가? 나는 누구인가? 비전은 삶의 방향을 가르키는 나침반이요 등대와 같다.

비전은 자아뿐만 아니라 직업, 성공, 행복에 이르기까지 우리 삶의 모든 부분과 연관 관계를 맺고 있다. '비전(vision)'이란 사전적으로는 '미래에 대한 구상, 미래상'이라고 기술되어 있고, 좀 더 살펴보면 '보는 행위 또는 능력, 보는 감각, 꿰뚫어 보는 힘, 마음의 시력'을 뜻한다. 흔히 상상력, 선견, 통찰력으로 번역되기도 하고, '광경, 상상도, 미래도'와 같이 보이는 모습의 의미를 담고 있기도 하다. 우리말로는 '꿈'이나 '사명'이라는 단어에 가장 근접하다.

비전을 동양적으로 바라본다면 '삶의 철학, 사상, 가치관, 좌우명'이라는 뜻도 담겨 있다. 때때로 '혼, 신념, 신조, 의지, 믿음, 정신'의 뜻으로 쓰인다. 그래서 '비전 없는 인간'이라고 한다면 앞으로의 미래가 안 보인다는 뜻으로 상당한 욕이 된다.

블랜차드는 비전과 목표를 구분하여 정의 내리고 있다. 비전은 목적을 달성해 가는 과정에서 끊임없이 지침을 제공하는 영속적인 것이다. 목표와 비전을 구분하는 한 가지 방법은 다음과 같은 질문을 해 보는 것이다. "그다음에는?" 목표는 달성하고 나면 끝난다. 그러나 비전은 미래의 행동을 위한 뚜렷한 방향을 제시하고 새로운 목표를 설정하도록 도와준다. 많은 사람들이 목표만 있고 비전이 없는 경우가 많다. 그렇게 되면 목표만 달성되고 나면 모든 게 끝나 버리고 만다. 만일 당신이 '아름다운 몸매를 가지고 싶다, 넓고 큰 주택을 구입하고 싶다, 아름다운 별장을 가지고 싶다, 고급 승용차를 구입하겠다, 많은 돈을 모으고 싶다, 경영자가 되고 싶다.'라고 생각한다면 그것은 비전이 아니라 목표를 말하는 것이다.

만일 이러한 목표를 비전으로 알고 살아간다면, 설령 당신이 원하는 것을 성취한다고 해도 만족보다는 오히려 허무함을 느낄 수 있다. 이러한 목표는 그것을 성취하고 나면 또다시 새로운 목표를 수립해서 도전하면 된다. 하지만 비전은 내 삶에서 영원한 생명력을 가지고 있는 것이다.

우리가 비전 설정을 하면 마음속 깊이 갈망하던 꿈이 구체적인 사명선언을 통해 스스로 잘할 수 있는 것, 숨겨져 있던 자신감, 특유의 창의력을 발견케

하고, 몸과 마음의 조화로 온전한 자기리더십(self-leadership)을 함양하게 한다. 작은 생각의 씨앗이 행동이 되고, 이러한 행동의 씨앗이 습관이 되었을 때 인간의 운명과 인생은 달라지게 된다.

4) 전략지도 4: 자신의 신념을 믿어라

신념이란 자신을 이끄는 원칙, 선언 또는 인생의 의미와 방향을 제공하는 열정 같은 것으로, 세상으로부터 수없이 많이 받아들인 자극을 어떻게 인식할 것인지 미리 정해 놓은 틀이다. 신념은 개인이 목표를 향해 갈 수 있도록 안내해 주는 나침반 같다. 신념이나 목표에 접근할 능력이 없으면 의욕이 생길 수 없다. 확실하게 길을 안내하는 신념이 있을 때 개인은 행동하는 힘, 원하는 세상을 만들어 내는 힘을 갖게 된다. 신념은 개인이 원하는 것을 볼 수 있고, 그 것을 얻을 수 있는 에너지를 제공한다. 따라서, 신념은 인간의 행동을 강력하게 이끄는 힘이다. 결국, 신념은 자기실현을 위해 나아갈 수 있도록 일관된 방법으로 자신과 대화를 나누기 위해 미리 만들어 놓은 내적 커뮤니케이션의 방식이다.

성공한 사람들을 정상에 서게 한 것도 바로 '신념'이다. 신념은 불가능을 가능으로, 불행을 행복으로, 절망을 희망으로, 부정을 긍정으로 바꾸어 주는 마력을 지닌다. 자신의 신념이 자신의 성격과 경험과 일상생활을 결정한다. 그러므로 신념이 그 사람을 만들기도 하고 무너뜨리기도 한다.

자신이 되고자 하는 사람이 되기 위해서는 그런 사람이 되었을 때의 자기 모습을 이미지로 그려 마음속에 항상 간직하고 있으면 된다. 욕망의 달성도 이같은 원리가 작동된다. 그러나 백일몽과 참된 마음속 그림 또는 상상의 적절한 사용은 명확하게 구별해야 한다. 백일몽이나 허황된 바람은 그것을 실현하는데 필요한 힘을 결코 지원받을 수 없다. 세상에는 위대한 일을 꿈꾸는 사람이 생각보다 많지 않다. 많은 사람들은 그저 비현실적인 희망만 품고 있다가 일생을 마친다. 그러나 희망적인 사고만으로는 어떤 성과도 거둘 수 없다. 어떤 생각이나 아이디어, 공상은 어느 순간에 나타났다가 홀연히 사라져 버린다. 우리는 항상 읽고 보고 듣는 것에 이리저리 끌려다닌다. 따라서 생각을 한 점에 모아 그 생각이 잠재의식의 가장 깊숙한 곳으로 스며들게 할 수 있는 합리적인 기술을 배워야 할 필요가 있다. 행동이 따르지 않는 신념은 죽은 것이다. 한편 철저한 계획을 바탕으로 자신의 욕망을 실현시키는 사람들은 그들의 잠재의식의 힘을 이용할 줄 안다. 잠재의식은 순차적으로 마음이 자력을 띠게 해 주고, 마음과 그 대상이 조화를 이루게 해 주며, 욕구의 대상을 밝게 비춰 현재의 식에 보낸다. 그러므로 원하는 것이 무엇이든 간에 항상 그것에 생각을 고정시키고 상상력을 집중시키면 목적을 달성할 수 있다. 누구든 그 힘을 증명해 보일 수 있다.

우리의 신념은 자신의 꿈을 성취할 수 있는 힘이 내 속에 존재한다는 믿음이다. "내가 바라는 것이 무엇이든 나에게 그 욕망을 만족시켜 주는 위대한 정신이 내 속에 존재한다. 신념의 작동원리는 잠재의식의 스크린 위에 투영된 비전은 그대로 실현된다는 원리다. 우리의 미션은 꿈의 비전을 잠재의식 속에 각인시키는 일이다. 신념이 현실을 창조한다. 그러나 신념이란 말 그대로 있는 상태가 아니라 믿는 생각이기 때문에 신념의 피해도 크다."

신념은 삶 속에서 경험을 통하여 형성된, 또는 남의 논리적 설득에 의해 스스로 내면에 받아들여진 관념이요, 가치관이요, 자신의 삶에 대한 결의다. 우리는 삶 속에서 이 신념의 충돌을 수없이 겪고 있다. 크게는 사상도 하나의 신념이어서 지난 세기 세계를 피로써 물들였고, 지금도 그 간격이 쉽게 해소되지 않고 있다. 또한 종교도 신념의 하나로 과거에도 수없는 전쟁의 원인이 되었으며, 오늘날에도 수없는 전쟁을 유발하고 있다.

신념의 독은 '나는 옳고 너는 틀렸다.'의 방식을 취하며, 이들 '신념을 위해 목숨을 걸어도 좋다.'는 점이다. 자신의 목숨을 걸 수 있다는 이야기는 남의 목숨도 빼앗을 수 있다는 것이다. 이것이 신념이 만들어 낸 사회의 해독이다. 이렇게 신념이 강한 역할을 하는 것은 신념을 마치 자신인 양 생각하기 때문이다. 누가 자신의 신념을 공격하면 고통스러워하며 이를 적으로 간주하여 공격한다. 이같이 강력한 신념의 작용으로 인하여 인류는 이 신념의 노예가 되어지구를 지옥으로 만들고 있다고 해야 할 것이다. 멀리는 지구의 평화의 문제이나 가까이는 우리네의 수많은 다툼도 모두 각자의 신념을 옹호하고 그것에 충실하려는 데서 일어나는 현상이라 할 수 있다. 자신의 신념에 충실하다 보니 진실보다 자신의 신념의 노예가 된다. 사실 신념은 자신에게는 진실이기 때문이다. 신념의 생명은 치우침이 없어야 하는데 그 진위는 순수 이성으로 내면의 통찰을 통해 바라보아야 할 것이다.

5) 전략지도 5: 자신의 비전에 몰입하라

인생의 완성도를 높이는 것은 바로 몰입이다. 우리가 산에서 광물이 들어 있는 원석을 캐 왔을 때 그 속에 들어 있는 보석을 뽑아내기 위해서는 어떻게 해야 할까? 보석 광물(꿈의 대상)을 제철소의 용광로에 넣은 행위가 필요한데, 그것이 바로 몰입이다. 광물 속에서 보석을 캐내는 방법은 오직 몰입밖에 없다.

그런데 우리는 게임을 할 때나 자신이 정말 좋아하는 것을 할 때를 제외하고는 하고 있는 일에 몰입하기가 쉽지 않다. 어떤 경우이든지 몰입을 잘하려면 마음 상태가 안정되어야 하는데, 그것을 위해서는 내적으로는 두려움이나 불안 그리고 집착이 없어야 하고 신체적으로는 이완되어 있어야 한다. 예를 들면, 우리가 수영을 할 때도 필요한 신체 부위만 사용하고 나머지 부위는 힘을 빼는 것이 수영을 잘하는 요령인 것이다. 힘 조절을 잘하면 당연히 힘도 들지 않고 쉽게 지치지도 않는다. 반면, 수영을 못하는 사람은 온몸을 긴장한 상태에서 쉴 새 없이 움직이기 때문에 금세 지친다. 뿐만 아니라 정작 수영을 하는데 필요한 부분은 제대로 사용하지 않아 속도도 나지 않는다.

생각하기에 서툰 사람은 문제를 풀 때 필요한 뇌 부위보다 불필요한 부위를 더 많이 사용한다. 생각만 하면 골치가 아프다거나 머리에 쥐가 난다는 사람을 볼 수 있는데, 불필요한 뇌 부위를 사용하기 때문에 이런 고통이 따르는 것이다. 불필요한 곳까지 잔뜩 긴장하는 바람에 쉽게 지치고 기량도 떨어져서 생각하던 문제의 결론을 내리지 못하거나 해답을 찾지 못하기 일쑤다. 수영을 할 때 집중적으로 움직여야 할 부위가 있듯이 문제해결을 위해 생각을 할 때도 뇌 어딘가에 분명 필요한 부위가 있다. 몰입을 위한 이완을 잘하는 방법 중의 하나로 신체의 나머지 부분을 이완한 채 천천히 생각하는 '슬로우 싱킹 (slow thinking)'이라는 방법이 있다. 슬로우 싱킹을 하면 몸에 무리를 주지 않고 지적 능력의 한계를 지속적으로 발휘하면서 높은 몰입도를 오랜 기간 유지할 수 있는 것이다. 심지어 사람이 할 수 있는 최대의 집중 상태를 원하는 기간만큼 연장시킬 수 있다. 슬로우 싱킹이 중요한 이유가 바로 여기에 있다. 슬로우 싱킹은 몸을 이완시켜 편안함과 안락함 속에서 주어진 문제에 대한 몰입도를 100퍼센트 유지하는 방법으로서 유용하지만, 산만한 상태에서 몰입도를 올릴 때도 유리하다.

슬로우 싱킹은 위기상황에 쫓길 때의 수동적인 몰입이 아니라, 위기가 닥치기 전에 능동적으로 몰입을 유도할 수 있는 가장 좋은 방법이다. 또 의식의 엔트로피를 낮춰 몰입의 장벽을 넘을 수 있는 가장 쉬운 길이기도 하다. 슬로우 싱킹은 편안한 의자에 앉아 온몸에 힘을 빼고 오직 해결하려는 문제에만 집중하여 명상을 하듯이 생각하는 것이다.

몰입은 대상과 혼연 일체 그래서 몰입은 나와 우주가 만나는 일이고 세상과 하나가 되는 방법이고, 시공간이 사라지는 현상이 일어난다.

6) 전략지도 6: 자신의 비전에 열정을 가져라

열정은 열렬한 애정을 가지고 열중하는 마음이다. 열정을 영어로는 'enthusiasm'이라고 쓰는데 이는 안(en)에 신(thusiasm)을 모심을 의미한다. 원래 enthusiasm은 그리스 원어로 '엔토우시아소모스(enthousiasomos, 영감)'인데, 그 의미는 '신에게 씌우다' '내 안에 신이 있다'는 뜻으로 말 그대로 뜨거운 열정을 의미한다. 열정은 용광로에 불을 지피는 행위로서 누구나 마음속에 열기구가 있다는 의미다. 열정을 수학공식처럼 표현하기도 한다.

$$열정(P) = 욕망(D) \times 꿈(D) \times 재미(F) \times 성취(A)$$

꿈의 실현에는 복종 0%, 근면 5%, 지성 15%, 추진력 20%, 창의성 25%, 열정 35% 순으로 영향을 주는데, 열정이 꿈의 실현에 무려 35%나 차지할 정도로 중요함을 말해 준다 이 '열정'의 한 단면을 잘 보여 주는 내용이 한비야의 저서 『지도 밖으로 행군하라』에 나온다.

> 아프리카 이동 병원에 사십 대 중반의 케냐인 안과 의사가 있었는데, 그를 만나려면 대통령도 며칠을 기다려야 할 정도로 유명한 의사였다. 그럼에도 그는 그런 험지에서 전염성 풍토병 환자들을 아무렇지 않게 만지며 치료하고 있었다. 그에게 왜 아무도 알아주지 않는 이런 험한 곳에서 일하고 있느냐고 물었다. 그러자 그는 이렇게 대답했다. "내가 가지고 있는 기술과 재능을 돈 버는 데만 쓰는 건 너무 아깝잖아요. 그러나 무엇보다도 이 일이 내 가슴을 몹시 뛰게 하기 때문이에요."(한비야, 2005)

이 말을 듣는 순간 한비야씨는 마치 벼락을 맞은 것처럼 온몸에 전율이 일고 머릿속이 짜릿해졌다고 한다. 서슴없이 '가슴 뛰는 일을 하고 있다고 말할 수 있다는 것'에 큰 감명을 받아서 세계 오지 여행가에서 월드비전 긴급구호 팀장으로 바뀐 경위를 말하고 있다. 그렇다. 열정은 내 가슴을 뛰게 하고, 내 피를 끓게 만드는 일에서 나온다.

열정은 꿈을 실현시키는 비밀의 열쇠다. 우리가 자신의 내면에서 보석을 캔다는 것은 삶의 성공을 의미한다. 좋아하는 것을 찾아서 열정을 다해 일하면 성공할 확률도 높아진다. 그러나 평생 자신이 무엇을 좋아하는지 모르는 채 살아가는 사람이 주변에 의외로 많다. 참으로 불행한 삶이다. 적어도 삶에서 열정을 찾으려면, 자신이 어떤 것을 좋아하고 또 어떤 것에 만족감을 느끼는지 알려는 노력이 필요하다. 그러나 현대를 사는 직장인은 바쁘다는 핑계로 자신을 알아 가려는 노력에 게으르다. 오늘도 매일 반복되는 업무에 불만을 느끼며 삶을 비관하고 있는지, 먼저 자기 자신이 무엇을 원하는지, 또 어떠한 것이 자신의 열정을 불러일으키는지 생각해 보는 시간을 가져야 한다.

그리고 열정은 가치를 찾아서 어떤 일에 열렬한 애정을 가지고 열중하는 마음이다. 애정은 식지만 열정은 쉽게 사그라지지 않는다. 삶 속에서 자신이 원하는 것을 찾았다면 그것에서 나의 가치를 찾아야 한다. 내가 원해서 열정을 쏟았으나 나만 행복하다면 그것은 생명력과 가치가 없는 열정이다. 개인의 열정으로 끊임없이 주변에 긍정적인 변화와 에너지를 줄 수 있을 때 실패에도 열정은 더 심화되는 것이다.

열정은 쉽게 식지 않는 것이 그 특징이지만, 반복되는 실패와 역경에는 불타올랐던 열정도 식기 마련이다. 그렇다면 우선 실패를 인정하고 새롭게 시작할 수 있는 마음가짐을 가져야 한다. 그리고 열정을 죽이는 요인을 찾아 제거함으로써 우리는 실패의 그늘에서 벗어날 수 있다.

열정은 쉽게 전염되는 특성이 있다. 열정이 없는 사람도 열정적인 사람들과 어울리다 보면 어느새 그들의 열정에 물들게 되며 매사 적극적인 자세로 임하게 된다. 이처럼 열정의 불씨를 되살리려면 같은 관심사를 가진 모임이나 커뮤니티에 적극 참여해 재도약의 발판을 모색해야 한다. 이때 개인이 가치를 둔 롤 모델이 있다면 열정을 지속·발전시키는 데 큰 도움이 된다. 자신의 열정으로 상대에게 긍정적인 영향을 불러일으킬 때 자신의 열정은 배가 되며 서로에게 도움이 되는 발전적인 관계가 됨을 잊지 말자.

당신이 무엇을 하고 싶은가에 집중하고 다른 사람들이 해야만 한다고 말하는 것들을 머릿속에서 지워 보자. '열정'은 마음속 깊은 곳의 '진실'에서 나오고, 그렇기 때문에 다른 사람의 기대에 충족하기보다 스스로의 결정을 존중할 수 있는 그것이다. 그래서 이 진실은 굉장히 사적인 부분이고 그 누구도 대신 당신의 진실에 대해 말해 줄 수 없다. 오직 본인만이 결정할 수 있는 것이다. 1986년 슈투트가르트 발레단에 최연소 단원으로 입단해, 수석 무용수로 등극한 강수진은 발이 문드러질 정도로 쉬지 않고 연습을 한 결과, 그녀의 몸은 그 누구도 흉내 내지 못할 만큼 단정한 선을 세울 수 있었던 것이다. 한 마리 나비같이 유연하게 공간을 유영하는 그녀의 몸과 손동작은 혹독하게 담금질된 그녀의 발에서 뿜어 나오는 열정의 결과다.

미국의 철학자요 시인인 에머슨이 말한 "열정 없는 위대함이란 없다."는 말의 진의를 확실히 깨달을 수 있다.

내 마음 안에 전지전능한 신을 모시고 있어야, 즉, 열정을 가지고 있어야 위대한 성공을 거둘 수 있다는 것이다. 역사상 위인들의 성공 역정을 보면 사심 없이 열과 성을 다했고 열정적인 태도로 일관했음을 알 수 있다.

☞ 생각하고, 활동하고, 느끼기

◇ 내면 성찰과 비전 실천을 위한 활동하기

---

1. 나를 찾아 떠나는 여행을 해 봅시다.

나는 이런 사람이야	
• 나는 무엇을 원하는가?	
• 나는 무엇을 할 때 행복한가?	
• 나는 무엇을 가장 잘하는가?	
• 나는 누구인가?	

• 우주의 기원과 우주로의 여행 (동영상 시청)
• 우주와 나와의 관계는
• 자아정체성(나는 누구일까?)
	• 자기각성:
	  올바른 자세, 복식호흡, 호흡관찰, 자신의 행동 알아 차리기
	• 경청하기와 느낌 알아차리기:
	  비주얼라이제이션, 자연과 하나 되기, 타자 되어 보기
	• 존재의 소중함 알아차리기
	• 자기표현:
	  자기감정 표현, 감사표현, 나눔 실천, 미래의 자신 상 상하기

2. 자아성찰을 실습해 봅시다.

자아성찰을 위한 5단계
• 1단계: 자신의 감각과 감정 인식하기 • 2단계: 자신의 생각을 자각하기 • 3단계: 자신의 행동을 알아차리기 • 4단계: 다른 사람의 생각을 경청하기 • 5단계: 모든 존재에게 마음열기

3. 비전실천 실습

◈ 비전 발견을 위한 질문

- 몇 살까지 살고 싶은가?
- 내 묘비에 쓰고 싶은 문장은? (1문장)
- 향후 10년 내에 내 삶에서 일어날 일은?
- 아무리 그 일을 해도 지치지 않고 힘들지 않은 일은 무엇인가?
- 다시 태어난다면 어느 시대에 태어나고 싶은가? 그리고 무슨 일을 하고 싶은가?
- 당장 1,000만 원이 주어진다면 어디에 쓰겠는가?
- 20년 후 나의 직업은?
- 나는 무엇을 하려고 이 세상에 왔는가?
- 나의 시간, 땀, 재능, 돈을 어디에 쏟으며 살 것인가?
- 내 인생의 골문은?
- 20년 후 당신의 이력서는?
- 30년 후 당신 자서전의 제목은?

◈ 비전 설정의 법칙

- 자신의 성찰(객관성): 후앰아이(Who am I)
- 꿈과 비전 설정(안목): 설계도의 법칙
- 준비와 실행(인내와 에너지): 농사의 법칙
- 비전의 실현(성취): 내비의 법칙

◈ 비전 프로그램의 절차

• 1단계	비전 살피기
• 2단계	자신의 비전 생각해 보기
• 3단계	비전문 작성하기
• 4단계	비전 선포식

◈ 비전 설정의 효과

- 자신감: 긍정적 마인드, 자기효능감, 자아정체성 확립
- 방향 감각: 메인 프로젝트, Final Destination에 수의력을 집중케 한다.
- 열정: 잠재능력 개발을 위한 자발적 동기부여 및 에너지 고취
- 셀프 컨트롤: 자기조절 능력의 향상

제3장
내 안의 나를 발견하기

1. 왜 성격을 아는 것이 중요한가

우리는 친구를 사귀거나 배우자를 선택할 때, 함께 일할 동료나 직원을 구할 때, 그 사람의 어떠한 부분을 중요하게 보아야 하는지를 고민한다. 대다수의 사람들은 배우자를 고를 때 잘 생기거나 예쁜, 능력 있는, 유머감각 있는 혹은 배려심이 많은 사람 등을 들고 있지만, 거의 대부분의 사람들은 성격 좋은 사람을 원한다. 좋은 성격이란 무엇일까? 여러분의 친구 중에 성격 좋은 사람에 대해 이야기를 하게 된다면 그 친구의 어떤 부분을 보고 성격이 좋다고 이야기할 것인가? 누군가의 성격을 기술한다는 것은 그 사람에 관한 여러 정보를 바탕으로 소수의 특성을 조합하고 줄여야 한다. 성격을 묘사하기 위한 증거를 위해 그 사람이 여러 시기 동안 행동하고 말하는 것을 관찰함으로써 그 사람의 고유함을 만들어 주고 그 사람만의 독특한 행동 특성을 알아야 한다.

성격(personality)이란 한 개인이 환경에 따라 반응하는 특징적인 양식 또는 타인과 구별되게 하는 독특하고 일관성 있는 사고, 감정 및 행동방식의 총체를 말한다. 이런 성격은 개인에게는 두드러지게 나타나는 특징적이고 독특한 성향과 상황의 변화나 시간의 흐름과는 무관하게 행동과 사고에서 비교적 일관성 있게 나타나는 것을 말한다. 성격을 이해하려면 그 행동의 기저에 깔려 있는 동기력(motivating force)과 충동(drive)을 알아야 하고, 환경을 해석하고 행동을 결정하게 하는 정신구조와 정신의 구성요소를 알아야 한다. 또한 성격은 개인의 성격이 동기와 정신구조에 있어서 타인과 구별될 수 있는 방식을 말한다. 그런 방식을 이해하기 위해서는 이런 개인차가 태어나서부터 성인까지 발달하는 방식을 알아야 한다. 따라서 어떤 사람에 대한 성격이나 좋은 성격에 대한 정의를 한마디로 정의하기는 어려운 일이다.

여러분의 주변 사람을 둘러보면, 머리부터 발끝까지 똑같이 생긴 사람은 없을 것이다. 사람을 바라보고 평가하는 기준 중 외모는 개인을 구별하는 가장 쉬운 근거가 될 수 있다. 그러나 외모보다 개인을 구별하고 이해하는 것은 바로 성격이다. 자신과 함께할 수 있는 사람을 선택할 때 요구하는 여러 가지 조건들이 있겠지만, 그중에서 성격을 가장 중요한 선택 요인으로 꼽는 것은 성격이 자신과 타인을 이해할 수 있는 가장 기본이 되는 것이기 때문이다.

인간의 심리에 관한 서적을 읽거나 성격 이해에 관한 강의를 수강하는 사람들은 아마도 사람들에 대해, 또는 자기 자신에 대해 알고 싶은 욕구가 특히 강한 사람들일 수 있다. 우리는 사회생활을 해 나가면서 자신과 타인에 대한 이해가 없으면 사회적 동물로서 일상생활을 잘해 나갈 수 없을 수 있다. 사회생활의 경험이 쌓일수록 내가 모르는 것, 내가 알고 싶은 것 등은 많아진다. 사람은 왜 그렇게 다를까? 한 부모에게서 태어나고 자란 형제자매는 서로 닮기도 했지만, 왜 그렇게 하는 행동이 다를까? 남자와 여자는 왜 그렇게 다를까? 성공하는 사람들의 공통점은 어디에서 나오는 것일까? 인간관계를 잘 형성하는 사람들의 특성은 무엇일까? 이와 같은 의문들은 단순한 호기심이 아니라 우리가 생활하면서 느끼고 생각하는 것에 대한 물음이다.

사람들은 자신에게 중요한 사람일수록 그 사람의 행동과 생각을 관찰·탐색하고 그 속에서 일정한 패턴을 인지하여 앞으로 그 사람의 행동을 예측하여 적절하게 반응하기 위한 대처 노력을 한다. 그러나 가장 가깝고 중요한 사람은 바로 자기 자신이다. 따라서 타인을 이해하기 이전에 자신이 어떤 사람인지, 무엇을 하고 싶은지, 현재의 자신이 어떻게 되었는지 등에 대해 먼저 아는 것이 중요하다. 가끔은 자신이 엉뚱한 행동과 생각을 하고 '내가 왜 그랬지?' 하고 당황해 본 경험이 있을 것이다. 이렇게 자신의 행동을 예측하지 못하거나 설명 또는 이해하지 못한다고 느끼면 우리는 매우 불안해진다.

미국심리학자 샘슨(Sampson, 1980)은 우리가 사용하는 성격 개념이 근대에 들어와서 나타났다고 본다. 근대 이전에는 계급, 성별, 역할 등이 정체를 규정해 주었고, 그런 역할들을 떠난 삶은 생각할 수 없었다. 근대화와 더불어 집단의 구속력이 약해지면서 사람들은 점차 '나는 누구인가?' '저 사람은 어떤 사람인가?' 하는 물음을 던지기 시작했다. 자신에게 중요한 사람들의 행동을 예측하는 것이 성격에 관심을 갖는, 성격이론을 발전시키는 이유라고 했으며, 사회적 역할에 의해 자신과 중요한 타인들의 행동이 충분히 예측 · 이해 · 설명된다면 개개인의 성격을 물을 필요가 없다는 것이다.

우리는 사람을 처음으로 볼 때 주로 외모로 본다. 그러나 외모도 중요시하지만, 외모보다 중요한 건 성격이다. 서로의 만남을 꾸준히 이어 가게 해 주는 것 또한 서로의 성격이 통해야 할 수 있는 것이다. 성격이 좋은 사람은 주변에 친구도 많을 뿐더러 사회생활을 하는 데 있어 원만한 관계를 유지할 수 있다. 따라서 자신과 타인과의 관계 개선 또는 관계 증진을 위해서 가장 기본이 되는 것은 '자기를 이해하는 것'이다.

이를 위해 이번 장에서는 성격이 형성되는 과정과 성격을 이해하기 위해 사용되는 다양한 심리검사 도구들을 활용하여 자신과 타인을 이해해 보고자 한다.

2. 성격과 심리검사

1) 성격

많은 학자들이 일찍이 인간의 성격에 대해 연구해 왔다. 최초의 성격심리학 교재를 쓴 올포트(Allport, 1937)는 성격을 "환경에 대한 개인의 독특한 적응을 결정하는 개인 내의 정신적·신체적 체계의 역동적 조직"이라고 정의하였다. 또한 마디(Maddi, 1989)는 성격에 대해 "사람의 심리적 행동에 있어서 공통성과 차이를 결정하는 일련의 안정된 경향성과 특성이다. 이러한 심리적 행동은 시간에 따른 연속성을 가지며, 어떤 순간의 사회적·생물학적 압력의 결과로서 쉽게 이해할 수 없다."라고 하였다. 이와 같은 성격의 정의에서 나타나는 공통점은 성격이 개인의 독특하고 일관된 행동 양식이라는 것이다. 따라서 일반적으로 성격은 "한 개인이 환경과 상호작용하면서 나타나는 독특하고 일관성이 있으며, 인지적이고 정동적인(emotional) 안정된 행동 양식"이라고 정의한다. 여기서 정동은 감정의 신체적·동적인 반응이다.

이러한 정의를 바탕으로 살펴볼 때, 성격은 독특성과 일관성, 행동양식 모두를 고려한다. 만약 독특성만 강조된다면 어떤 성격이 건강하고 어떤 성격이 부적응적인지 구분하는 데 어려움이 있을 것이고, 일관성만을 강조한다면 성격에 대한 발달적 관점을 놓치고 성격의 발달과 변화를 차단하게 된다. 예를 들어, 자신의 성격이 부적응적이고 타인에게 피해를 준다고 할 때 좀 더 나은 방향으로 개선하기 위해 노력하는 모습을 보이지 않을 수 있다. 또한 성격에서 행동양식만을 강조한다면 그 사람 내면의 사고과정이나 감정을 간과할 수 있다(윤가현 외, 2012).

사람들은 어떻게 저마다 독특한 성격을 갖게 되었을까? 성격을 결정하는 주요인은, 성격의 정의에서 살펴본 것처럼, 개인적인 특성과 환경이다. 개인적인 특성에서는 타고난 체형이나 유전적 영향 등 생물학적 요인이 중요하게 고려되며, 환경적 측면에서는 개인이 속한 가정과 사회, 성별 등에 따라 경험하고 타인과 가지는 관계가 중요하다. 환경에 대한 반응 방식에 영향을 주는 것으로는 뇌의 특성과 기질 같은 선천적 요인과 경험이나 관계와 같은 후천적 요인 중 어느 것에 더 많은 영향을 받는지는 계속해서 논의되고 있는 사안이다.

사람은 왜 그러한 성격을 가지게 되었을까? 개인의 성격을 구분하고 범주화하여 사람의 성격 차이를 밝히고 사람이 반응하고 행동하는 것을 예언하고자 하는 시도는 오래전부터 있어 왔다. 좋은 성격이론은 개인의 고유한 특성은 무엇이고, 어떻게 그런 성격이 형성되었는지, 그리고 왜 그런 행동이 나타나는지를 설명할 수 있어야 한다. 따라서 성격 형성 과정을 중심으로 몇 가지 이론을 살펴보고자 한다.

(1) 프로이트

① 성격의 구조

프로이트(Freud)는 성격에 관한 정교한 이론을 처음으로 제시한 사람이다. 프로이트는 성격의 구조를 원초아, 자아, 초자아로 나누었고, 인간의 행동을 이 세 구성요소 간의 상호작용으로 보았다.

원초아(id)는 성격의 가장 원초적인 부분으로 기본적인 생물학적 반사 및 욕구를 포함하고 있으며, 심리적 에너지의 원천이 되며, 본능이 자리 잡고 있는 곳이다. 원초아는 '쾌락의 원리(pleasure principle)'에 따라 비논리적이고 비도덕적이며 맹목적으로 아무 생각 없이 본능적인 욕구가 충족되기만을 바라면서 끈덕지고 강력하게 움직인다. 원초아가 작용하는 과정은 무의식적으로 이루어진다. 원초아는 긴장을 참지 못하며 즉각적으로 긴장을 해소하려고 한다. 재채기, 눈 깜박임 같은 생리적인 반사작용을 통해 긴장을 해소하거나, 배가 고플 때 음식을 떠올리거나 꿈을 꾸어 긴장을 제거해 주는 대상을 떠올리는 것 등이 여기에 속한다.

자아(ego)는 원초아의 본능과 외부 현실 세계를 중재 또는 통제하는 역할을 하는 성격의 집행부다. 자아는 '현실의 원리(reality principle)'에 따라 현실적이고 논리적인 사고와 이성을 통해 환경에 적응하며 욕구를 만족시키기 위해 어떻게 행동할 것인지에 대한 계획을 세운다. 자아는 자신의 욕구와 외부의 현실을 구별할 줄 아는 현실 검증의 능력이 있으며, 태어날 때부터 나타나는 것이 아니라 환경과 상호작용하면서 발달한다. 자아는 긴장을 참을 수 있으므로 욕구를 만족시키고 긴장을 감소시켜 줄 수 있는 상황이 될 때까지 기다린다.

초자아(superego)는 쾌락보다 완전을 추구하고 현실적인 것보다 이상적인 것 즉, '도덕성의 원리'를 추구한다. 초자아는 부모와 상호작용하면서 부모가 제공하는 보상이나 처벌에 대한 반응과 오이디푸스 및 엘렉트라 콤플렉스에 대한 해결 과정에서 발달된다. 다시 말해서, 초자아는 부모로부터 영향을 받은 가치관이나 사회적 이상이 자리 잡고 있으며 원초아의 충동을 억제하고 현실적인 자아를 도덕적이고 이상적인 목표로 이끌어 가려고 한다. 초자아는 행위가 착한지 나쁜지의 선악을 구분하는 데 주로 관심을 가지고 심리적 보상과 심리적 처벌을 한다. 초자아는 자아이상과 양심으로 나뉘는데, 자녀의 행동을 인정하고 칭찬해 주면 자아이상을 발달시키며 긍정적인 자존감 형성의 기초가 된다. 반대로 부모가 자녀의 행동에 대해 잘못했다고 말하거나 벌을 주는 것은 양심을 발달시키며, 한편으로는 자녀의 죄책감 형성의 기초가 된다. 이렇게 부모에 의하여 통제되던 것이 아이의 초자아가 발달되면서 초자아에 의한 자기 통제가 가능하게 된다.

② 성격발달 단계

프로이트는 한 개인의 행동 및 성격 특성이 적응적으로 형성될 것인지, 부적응적으로 형성될 것인지는 어렸을 때의 경험에 의해 결정된다고 본다. 특히 생후 6년간의 경험은 매우 중요하며, 그 시기에 경험하는 갈등과 그것을 해결하는 과정을 통해 습득한 관점과 태도가 나중에 성인이 되어서까지 무의식 속에 남아 지속적으로 영향을 미친다고 보았다. 그 이유에 대해 프로이트가 말하는 성격발달 단계를 살펴보면 다음과 같다.

먼저 구강기(oral stage: 출생~1년)로 입과 입술로 만족을 얻는 시기로 입에 자극을 주는 구강흡입 단계와 구강공격 단계로 나뉜다. 구강흡입 단계는 빨기 반사가 특징이며, 어머니의 젖을 빠는 것이 섭식과 즐거움에 대한 욕구를 만족시켜 준다. 입과 입술이 예민한 성감대이며 빨면서 성적 즐거움을 경험한다. 구강공격 단계에서는 이유기에 적응하고 음식을 씹거나 깨무는 것을 경험한다. 구강흡입기에 고착되면 지나치게 먹기, 씹기, 말하기, 담배 피우기, 마시기, 호탕한 성격, 의존성 등의 성격이 형성되며, 구강공격기에 고착되면 빈정거리기, 적대, 공격, 험담, 타인에 대해 신랄하게 비판하는 행동을 하게 된다. 또한 이 시기에 적절한 만족을 얻지 못하면 자신과 타인, 주변 세계를 믿지 못하게 되고, 결국 남과 접촉하는 것을 두려워하며 외부세계로부터 고립되어 타인과 깊은 인간관계를 맺을 수 없게 된다.

항문기(anal stage: 1~3세)는 빠는 단계를 지나 나타나는 중요한 시기로 배설하는 단계다. 항문이 성적 쾌감을 주는 원천이며 성격 형성에서 가장 중요한 부위로 리비도가 항문에 집중되는 시기다. 이 단계는 항문배출과 항문보유의 두 단계로 나뉜다. 배설물을 방출하는 것은 아이에게 쾌락이지만, 배변훈련의 시작과 함께 아이는 이 쾌락을 지연시키는 것을 배우게 된다. 배변훈련을 시킬 때 부모가 보이는 감정이나 태도, 반응은 유아의 성격형성에 큰 영향을 미친다. 너무 엄격하게 배변훈련을 하면 아이는 시간과 장소를 가리지 않고 배변을 해서 분노를 표현하려고 할 것이다. 이것은 잔인하고 갑작스럽게 분노를 표출하거나 극단적으로 무질서하고 지저분한 생활태도나 성격(항문배출)을 갖게 만들 수 있다. 반대로 부모가 자녀가 배변을 할 때마다 칭찬을 해서 자녀의 배변활동을 지나치게 중요하게 생각하게 되면 아이는 성장해서 극단적으로 질서정연하거나, 인색하고, 고집스러운 행동(항문보유)을 하게 된다. 이 시기에는 분노, 적대감 등의 부정적인 감정을 경험하고 받아들이는 것을 배우며, 실수를 해 봄으로써 실수를 해도 괜찮다는 것을 알게 되어 자신을 독립적이고 자율적인 존재라고 여기며 힘을 갖게 된다.

남근기(phallic stage: 3~5세)에는 프로이트의 심리성적 발달단계 중 성격 형성에 가장 중요한 시기다. 남근기는 성기를 손으로 만지작거리는 것이 쾌감의 원천이 되는 시기로서 자신의 몸에 대해 호기심을 갖게 되며 이성과의 차이점을 발견하려고 한다. 이 시기에는 아동이 자신의 몸이나 성적인 것에 대한 발견을 자연스럽고 긍정적인 것으로 받아들이도록 해 주어야 한다. 이 시기는 남아의 경우 오이디푸스 콤플렉스(Oedipus complex)가, 여아는 엘렉트라 콤플렉스(Electra complex)가 나타난다. 남아는 어머니에 대한 근친상간의 감정 때문에 아버지가 처벌할 것이라는 두려움과 적대감을 갖는다. 남아는 아버지가 거세를 할 것이라는 두려움을 느끼게 되고, 불안 때문에 어머니에 대한 성적 욕망을 억압하면서 그것을 보다 바람직한 형태의 애정으로 바꾸고, 아버지를 이길 수 없으므로 한편이 되어야 한다는 사실을 깨달아 아버지를 동일시(identification)하려고 한다. 결국 남아는 어머니에 대한 성적 욕망을 포기하게 되면, 아버지와의 동일시를 통해 남자로서의 정체감과 초자아를 형성함으로써 오이디푸스 콤플렉스를 해결한다. 반면, 여아에게는 엘렉트라 콤플렉스가 나타나는데, 여아의 첫 번째 사랑의 대상은 어머니이지만 이 단계에 오면 아버지로 바뀐다. 여아는 자기에게 남근이 없음을 알고 어머니에게 부정적 감정을 갖게 되는데, 이것을 남근선망(penis envy)이라고 한다. 이것은 소년의 거세공포와 같다. 소녀는 아버지의 관심을 끌기 위해 어머니와 경쟁하지만 어머니를 대신할 수 없다는 사실을 알게 되고 어머니를 동일시하게 된다.

잠복기(latency period: 6~12세)는 본능적 욕구가 잠재화하여 이성에 대한 관심은 줄어들고 동성의 아이들과 어울리게 되는 시기다. 대부분의 성적 환상이나 활동은 억압되지만, 자기 성의 확립, 동성 간의 동일시가 강하게 진행되는 시기다. 이 시기를 적절히 보내면, 적응능력이 향상되고 학업에 매진하게 되며 원만한 대인관계를 갖게 된다. 초등학교에 입학하는 시기로 새로운 학습 환경을 접하게 되고 동성의 친구와 우정을 키워 나가는 데 몰두한다. 만일 잠복기에 고착되면, 성인이 되어서도 이성에 대한 정상적인 관심을 발달시키지 못하고 동성 간의 우정에 집착할 수 있다.

성기기(genital stage: 12세 이후)는 사춘기에 시작되어 노인기까지 계속되는 단계로 이성에 대해 매력을 느끼며, 입맞춤, 포옹 및 성교 행위 등을 통해 이전부터 있어 왔던 성적 충동을 만족시킨다. 청소년은 이성에게 관심을 보이고 성적인 시도를 하며 성인으로서의 책임을 갖기 시작한다. 생식할 능력을 갖춘 존재로서 인간은 타인과의 관계를 통해 만족을 추구하며 직접적으로 성행위를 충족시키지 못할 경우 자위행위를 통해 긴장을 해소하면서 쾌락을 경험한다. 성인이 되어 감에 따라 친밀한 관계를 형성하며, 부모의 영향력에서 점차 자유로워지고, 남에게 관심을 보이는 능력을 발달시킨다.

(2) 융

융(G. G. Jung)은 외롭고, 고립되고, 불행했던 어린 시절의 가정환경, 독특한 개인적 체험으로 인한 환상, 공상, 꿈과 같은 자신의 무의식적 내면세계로 향한 주관적 경험을 통해 자신의 이론인 분석심리학을 발달시켰다. 융에 따르면, 인간에게 영향을 미치고 인간을 지배하는 원동력은 인간의 출생 이전인 인류의 역사에서 시작되었다. 인간은 전체성을 타고났으며, 타고난 전체성을 가능한 한 분화시키고 발전시키게 되는데, 더 이상 개성화 및 자기실현을 하지 못하고 멈추게 되면 문제를 경험하게 된다고 보았다. 따라서 분석심리학적 입장에서 사람들이 좀 더 본질적으로 자신을 이해할 수 있도록 성격을 성장시키고, 치유하고, 새로운 통합을 촉진하기 위해 노력해야 한다고 보았다.

인간의 정신을 어떻게 이해할 수 있을까? 인간의 정신을 이해하기 위해서는 인간의 정신을 구성하고 있는 요소가 무엇이며, 그 구성요소들은 외부 세계와 어떻게 상호작용하고 있으며, 정신을 활성화하는 에너지의 원천은 무엇이고, 그 에너지들은 여러 구성요소 사이에서 어떤 역동이 생기는지, 인간 개인의 일생을 통해 정신은 어떻게 발생되고 변화되는지를 살펴보아야 한다고 하였다. 이와 관련된 융의 분석심리학의 주요 개념으로는 정신, 의식과 무의식, 자아, 개인무의식, 집단무의식, 원형, 페르소나, 아니마와 아니무스, 그림자, 콤플렉스, 자기, 개성화, 심리학적 유형 등이 있다.

① 정신

융은 전체로서의 인격을 정신(psyche)이라고 하였다. 정신은 의식적·무의식적인 모든 사고, 느낌 행동 등의 의식과 무의식 전체를 포괄한다. 정신은 개인이 속한 사회적·물리적 환경에 대해 자신을 조절하고 적응하도록 한다. 정신에 대한 이러한 개념은 인간은 본래부터 하나의 전체라는 융의 기본적인 사상을 뒷받침하고 있다. 정신은 수없이 다양한 것들로 이루어지지만 상호작용을 할 수 있는 체계를 갖추고 있으며, '의식' '개인무의식' '집단무의식'의 세 가지 수준으로 구분될 수 있다.

② 의식과 무의식

의식(consciousness)은 자아가 알아차리고 있는 마음의 영역을 의미하며, 무의식(the unconsciousness)은 자아가 알아차리지 못하는 마음의 영역을 의미한다. 융은 프로이트와 마찬가지로 인간의 정신을 의식과 무의식으로 구분하였으나, 의식과 무의식의 기원에 관해서는 의견이 다르다. 즉, 프로이트는 무의식의 대부분이 의식에서의 억압의 산물로 구성되어 있다고 보며 의식에서 무의식이 파생되었다고 본 반면, 융은 무의식이 먼저 생겼고 무의식에서 의식이 파생되었다고 보았다. 의식에는 세 가지 기능인 인식, 분화, 통합이 있다. 첫째, 의식은 사람들이 그가 처한 상황을 인식함으로써 그 상황에 적응하는 데 중요한 역할을 한다. 둘째, 의식은 우리의 정신 내용을 분화시키는 기능을 하는데 어떤 것을 인식하기 위해서 그것과 다른 것의 차이를 구별할 수 있어야 한다. 마지막으로, 의식은 인식과 분화를 통해서 우리에게 주어지는 모든 것을 통합하는 기능을 하는데 통합을 통하여 상황에 잘 적응하게 된다(정문자 외, 2007).

③ 자아

자아란 융이 자각하고 있는 정신의 구조를 설명하기 위하여 사용한 용어다. 융은 의식을 자아와 거의 동일시하여 자아를 자아의식이라고 불렀으며, 의식은 각 개인이 직접적으로 알 수 있는 정신의 유일한 부분이며, 자아가 의식하고 있는 모든 것, 즉 내가 보고 듣고 느끼고 생각하는 내용으로 구성되어 있고 의식의 중심에 자아가 있다고 보았다. 우리는 매일 많은 경험을 한다. 그러나 그 경험들이 의식 수준에 도달되기 전에 자아가 많은 부분을 제거하기 때문에 실제 자각되는 것은 별로 없게 된다. 자아는 증류 장치와 비슷해서 다양한 정신적 정보들이 투입되지만 거기서 완전한 자각의 수준까지 도달되는 것은 매우 적다. 만약 모든 정보가 다 자각된다면 의식이 그 방대한 양의 자료들에 압도당해 예상치 못한 상황이 발생할 것이다. 자아에 의해 인식되지 못한 경험들은 어떻게 될까? 일단 경험된 것들은 소멸되지 않기 때문에 정신에서 사라지지는 않는다. 그 대신 융이 개인무의식이라고 지칭했던 곳에 저장된다.

④ 개인무의식과 집단무의식

융은 무의식을 개인무의식과 집단무의식으로 구분하였다.

개인무의식은 한 개인이 출생한 이후의 삶 속에서 형성된 프로이트의 무의식적인 의미로, 의식에 의해 망각, 부인, 억압 등에 의해 의식으로부터 사라진 정신 내용을 의미한다. 예를 들면, 괴로운 생각이나 미해결 문제, 개인적 갈등, 도덕적 문제 등과 같은 의식적 경험이었으나 여러 이유로 억압되거나 방치되고 있는 것, 또는 경험할 당시 믿을 만하지 못했다거나 별로 중요하지 않다고 생각되어 간단하게 잊히는 것들, 너무 약하기 때문에 의식에 도달하지 못하거나 의식 속에 머물러 있지 못하는 모든 경험도 개인 무의식에 저장된다.

집단무의식이란 한 개인을 넘어서서 과거의 조상들을 통해 형성된 인간 종족들이 공유하는 근원적인 무의식, 즉 개인적으로 획득되지 않았으며 태어날 때 이미 부여되어 있는 선험적 조건으로 예외 없이 유전되는 것을 의미한다(Jung, 1984a). 개인무의식은 일단 의식적이었던 내용들로 이루어지나 집단무의식의 내용은 자신의 일생에 한 번도 의식된 적이 없었던 것들이다. 과거의 조상이란 인류로서 조상뿐 아니라 인류 이전의 선행 인류 및 동물의 조상도 포함한다. 이러한 종족적 이미지들은 조상이 갖고 있던 이미지 그대로 전달되는 것은 아니며, 개인이 기억하지도 못한다. 집단무의식은 조상이 경험했던 것과 마찬가지 방식으로 세계를 경험하고 세계에 반응하도록 하는 소질 혹은 잠재적 가능성으로 전달된다(Hall & Nordby, 2006). 예를 들면, 뱀이나 어둠에 대한 공포심이 있다면 우리는 이미 뱀이나 어둠에 대한 공포심을 유전적으로 이어받고, 먼 옛날부터 무수한 세대에 걸쳐 우리 조상이 이러한 공포를 경험했기 때문에 이런 공포가 우리 뇌에 새겨지게 되었다는 것이다.

⑤ 원형

근원적인 무의식, 즉 집단무의식의 내용을 원형(archetypes)이라고 한다. 원형이라는 용어는 다른 동류(同類)의 것들이 만들어지게 되는 근본 모델을 의미하며, 동의어로는 프로토타입[prototype: proto(최초의), type(형태)]이 있다(Hall & Nordby, 2006). 융은 원시적 심상이나 집단적 상징을 원형이라고 불렀다. 각 원형은 어떤 심리적 성향과 잠재성을 표상한다. 예를 들면, 인류는 인간 의식의 출현부터 어머니, 출생, 죽음, 신, 권력, 마법, 영웅, 낯선 사람, 편견의 경험들을 공유해 왔다. 우리 삶에서 나타나는 각각의 심리적 동기들은 가장 초기의 인류 역사까지 거슬러 올라갈 수 있다. 원형은 가시적 형태로 나타날 수 있는 일종의 잠재력을 의미한다. 원형은 내용이 있는 이미지의 형태가 아니며, 내용이 없는 형태로서만 존재하다가 특정 유형의 지각과 행동 가능성을 나타낼 뿐이다.

융이 관심을 가졌던 원형은 인간의 인격과 행동을 형상화하는 데 매우 중요하며, 이와 관련된 원형에는 사회적 가면 또는 사회적 자아를 의미하는 페르소나(persona), 열등하고 비도덕적인 측면을 의미하는 그림자(shadow), 양성성을 의미하는 아니마(anima)와 아니무스(animus) 그리고 양면성을 통합한 전인적 주체를 의미하는 자기(self) 등이 있다. 개성화(individuation)란 생애 전체에 걸친 과정으로서 양면성을 통합한 상태, 즉 자기실현 상태를 의미한다(김규식 외, 2013).

⑥ 콤플렉스

콤플렉스(complex)란 반응 민감성을 지닌 마음의 덩어리들을 의미한다. '어떤 대상에 대해 갖는 특별한 감정' '마음속에 있는 응어리', 이는 주로 부정적인 정서를 포함한 사고와 행동적 충동들을 의미한다. 특정 콤플렉스가 활성화되면 의식이나 자아는 활성화된 콤플렉스에 영향을 받는다. "누구에게나 콤플렉스가 있다." 이 말은 감정이 살아 있는 사람은 누구나 한두 가지 콤플렉스를 소유한다는 의미다. 콤플렉스는 여러 종류가 있으며 심층심리학계에서 주로 언급하는 것들은 오이디푸스 콤플렉스, 어머니 콤플렉스, 아버지 콤플렉스, 신데렐라 콤플렉스, 열등감 콤플렉스, 영원한 아이 콤플렉스, 감정이 담긴 콤플렉스 등을 들 수 있다. 콤플렉스는 흔히 자신이 감당할 수 없는 외상, 정신적 충격, 혹은 도덕적 갈등에 의해 정신의 일부가 떨어져 나간 것으로 간주되는 해리된 인격이다(Jung, 2002a). 그래서 인간이 자신의 콤플렉스와 관계되는 상황에 부딪히면 얼굴이 붉어지거나 당황해하는 정서적인 반응을 보이게 된다. 콤플렉스는 사고의 흐름을 방해하고 당황스러운 상황을 만들거나 화나게 하고 우리의 가슴을 찔러 목메게 하는 마음속의 어떤 것으로, 평상시에 잘 통합된 의식의 질서를 일시적으로 또는 장기적으로 교란하게 되는데, 이때 얼굴이 굳어지거나 창백해지고, 벌겋게 상기되어 목소리가 떨리거나, 말문이 막혀 더듬거리고, 횡설수설하는 등의 징후가 나타난다. 말실수, 중요한 약속을 잊어

버리는 것, 분노나 격분 같은 현상이 일어나는 것은 우리 마음속에 존재하는 콤플렉스 때문이다. 융은 신경증적 상태의 깊숙한 곳에 콤플렉스가 사리하고 있으며, "인간이 콤플렉스를 가지고 있는 것이 아니라 콤플렉스가 인간을 가지고 있다."라고 보았다. 따라서 분석심리에서는 콤플렉스를 해소시켜 내담자를 콤플렉스로부터 해방시키는 것이 중요하다고 보았다.

⑦ 자기

태양이 태양계의 중심인 것처럼 자기(self)는 집단 무의식 속의 중심 원형이다. 융에 따르면, 자아(ego)는 의식의 중심이고, 자기(self)는 정신 전체의 중심으로 인간 정신의 모든 흐름은 이 중심을 향해서 나아간다. 자기는 질서, 조직, 통일의 원형이다. 자기는 모든 원형과 콤플렉스 및 의식 속의 원형들에 대한 표현 형태를 끌어들여 조화시킨다. 자기는 자아의식만으로는 결코 하나가 될 수 없으며 그것은 전체 인격의 일부일 뿐이다. 의식과 무의식이 하나로 통합될 때 비로소 전체 인격이 실현된다(이부영, 2001b). 누군가가 자신 및 세계와 조화되어 있음을 느끼고 있다면 그것은 자기의 원형들이 그 역할을 효과적으로 수행하고 있음을 의미한다. 그러나 언짢고 불만족스러우며 심한 갈등에 시달리고 무언가 산산조각이 날 것 같은 느낌을 가지고 있다면 자기의 역할이 적절하게 수행되지 못하고 있음을 의미한다.

⑧ 개성화

모든 인격의 궁극적인 목표는 자기다움과 자기 실현상태를 달성하는 것이다. 이는 간단한 일도 아니고, 완전히 달성한 사람 또한 드물다고 할 정도로 복잡하고 오랜 시간이 걸리는 어려운 과제다. 개성화(individuation)란 생애 전체에 걸친 과정으로서 양면성을 통합한 상태, 즉 자기실현 상태를 의미한다. 개인의 인생은 미분화된 전체성의 상태에서 시작된다. 씨앗이 식물로 성장하는 것처럼 개인은 점차 분화하여 충분히 균형 잡히고 통일된 인격으로 발달한다.

융에 따르면, 예수나 석가 정도밖에 없을 정도로 완전한 분화, 균형 및 통일의 목표에 도달한 사람은 매우 드물다. 그러나 적어도 그것은 발달이 추구하는 방향이다. 완전히 자기인 상태 혹은 자기실현을 향한 이 노력은 원형적인, 즉 타고난 것이다. 이 일관된 원형의 거센 영향에서 벗어날 수 있는 사람은 없지만, 어떤 과정을 거쳐 그것이 표현되고 어느 정도로 목표실현에 성공하는가는 사람에 따라 다르다(김규식 외, 2013; Hall & Nordby, 2006; Jung, 1984a).

⑨ 심리학적 유형

1921년 융은 심리학적 유형 연구 결과를 출판하면서 "사람들의 정신이 얼마나 크게 다른가를 알게 된 것은 내 인생 최대의 경험 중 하나였다."고 말했다. 이 연구에서 융은 심리학적 유형을 두 가지 측면에서 설명하였다. 하나는 정신적 태도 유형으로 리비도가 어느 방향으로 흐르는가에 따라서 내향적 태도와 외향적 태도로 구분하였고, 다른 하나는 적응과정에서 주로 사용하는 심리적 기능에 따라 분류하는 유형으로 정신의 기능 유형이다. 융은 자신의 스타일을 이해하고 싶은 경우, 자신의 '의식' 흐름에 기준을 두고 무의식적으로 벌어지는 일들이나 의도하지 않게 주변 상황 때문에 일어난 일들이 아니라 의식적으로 무엇인가를 생각할 때, 자신의 가치관 등을 중심으로 심리유형을 살펴봐야 한다고 주장한다. 이를 좀 더 자세히 살펴보면 다음과 같다.

정신의 태도에 있어서 중요한 결정이나 행동의 대부분이 주체의 의견이 아닌 객관적인 상황에 의해서 좌우될 때 이를 외향적 태도라 한다. 내향적 태도는 개인의 외적 세계, 즉 객관적으로 주어진 것에 방향을 맞추지 않고 주로 주관적 요인에 방향을 맞춘다. 똑같은 사물을 보아도 외향적인 사람은 객체가 그에게 요구하는 것을 주로 보지만, 내향적인 사람은 객체의 인상이 주체 안에서 형성한 것에 의해 사물을 본다(Jung, 1984). 정신의 기능은 사고, 감정, 감각, 직관 등네 가지로 분류된다. 앞의 두 기능인 사고와 감정은 모두 판단을 필요로 하기 때문에 합리적 기능이라고 하고, 감각과 직관은 이성이 필요 없는 직접적인 인식이므로 비합리적 기능이라고 하는데, 두 기능은 대립하고 있다. 융은 태도와 기능을 결합하여 인간 유형을 여덟 가지로 설명하였는데, 구체적으로 외향적 사고형, 내향적 사고형, 외향적 감정형, 내향적 감정형, 외향적 감각형, 내향적 감각형, 외향적 직관형, 내향적 직관형이다. 융의 유형론은 인간이 서로 어떻게 다른지를 보여 주기 위해 각각의 특징을 나타내는 체계를 제시하는 것일 뿐 모든 사람을 여덟 가지 고정된 유형 가운데 하나에 속하도록 하기 위한 것은 절대 아니다. 한 예로, 인간은 외향적인 동시에 내향적이며 모든 기능을 여러 비율로 섞어서 사용할 수 있는 능동적 개체다. 다만 두 가지 태도와 네 가지 기능이 완전히 균형을 유지하는 경우는 드물고 어느 한 태도나 기능이 보다 많이 표현된다고 볼 수 있다. 상담현장에서 성격심리검사 도구로 많이 활용되고 있는 MBTI는 융의 심리학적 유형에 근거를 두고 개발된 검사 도구다(김정택, 심혜숙, 1990).

(3) 아들러

아들러(A. Adler)는 비엔나 정신분석학회의 회원이었으나 프로이트를 떠나 자신의 성격이론을 발전시켰다. 아들러는 인간의 가장 중요한 중심에너지가 성욕(libido)이 아니라 '우월을 향한 노력'이라고 주장하였다. 아들러는 아동기에는 성인에 비해 누구나 열등감을 가지고 자신을 무기력한 존재로 보지만, 이런 열등감과 무력감을 극복하고 힘과 권력을 가지기 위해 노력하고, 자신을 향상하는 동안 자기만의 독특한 **생활양식**을 만든다고 보았다. 그리고 이러한 생활양식이 성격 형성에도 큰 영향을 미친다고 보았다. 예를 들어, 어릴 때부터 잔병치레가 많았던 허약한 아이가 좀 더 건강한 성인이 되기 위해 먹는 것에도 주의를 기울이고 열심히 운동을 해서 체력을 단련시켜 건강한 성인이 되었다고 가정했을 때, 이 아이는 건강을 위해 꾸준히 운동하는 생활양식을 가지게 되고, 이러한 생활양식이 아이의 성실하고 부지런한 성격 형성에도 영향을 미친다고 보는 것이다. 모든 열등감이 극복되는 것은 아니지만 신체의 결함이나 보호자의 잘못된 양육태도로 인해 스스로의 노력이나 힘으로 그 열등감을 극복할 수 없는 경우 좌절을 경험하게 되고, 이 역시 그 사람의 성격 형성에 중요한 영향을 미치게 된다. 아들러 역시 프로이트처럼 아동의 행동양식이 6세 이전에 형성된다고 보았으며, 열등감뿐만 아니라 형제관계나 출생순위도 성격 형성에 영향을 준다고 보았다. 첫째 아이는 태어나자마자 부모나 주위 사람에게서 사랑과 관심을 받다가 동생의 출생으로 자신의 사랑을 빼앗기는 좌절을 경험하게 된다. 따라서 맏이는 자신감을 상실하거나 미래에 대한 부정적 견해를 가지기 쉬운 반면, 규칙을 중요시하거나 타인에 대한 배려, 책임감 등 긍정적 요소도 가지게 된다. 둘째 아이는 태어날 때부터 존재하던 형제와 모든 것을 나누고 생활해야 하므로 적응력, 승부욕 및 소유욕이 강하다. 때로는 반항적인 모습을 보이거나 2인자보다는 1인자가 되고자 하는 욕구를 나타낸다.

2) 심리검사

우리는 사람의 첫인상을 보고 겉으로 보이는 모습으로만 사람을 평가하는 경향이 있다. '성격 좋게 생겼다.' '고집 있어 보인다.' '순하게 보인다.' 등의 평가는 주관적이고 개인의 경험에 의해 나온 것이다. 따라서 성격에 대해 파악하려면 편견 없이 누구나 인정할 수 있는 객관적이고 정확한 심리검사가 필요하다.

심리검사는 심리적 현상에서의 개인차를 비교하고, 개인의 전체적·인지적·행동적 측면을 이해하기 위한 심리학적 측정 과정이라고 할 수 있다. 이러한 심리학적 측정은 추상적인 개념이기 때문에 물리학적 측정과는 달리 직접적인 측정이 가능하지 않은 간접적인 측정이다. 예를 들어, 자아 강도, 지배성, 엄격성, 사회 적응과 같은 심리적 특성은 인간의 행동을 설명하기 위해 이론으로부터 도출된 가설적이고 추상적인 개념이다(박영숙, 1994). 전통적으로 심리검사는 개인이나 개인 간 차이를 밝히는 데 사용되어 왔다. 그러나 최근에는 공공조직이나 산업기관에서 조직의 집단 풍토 또는 집단 생산성을 점검할 목적으로 집단을 하나의 단위로 하여 집단 내의 차이와 집단 간의 차이를 진단·평가하기 위해 심리검사를 많이 활용하고 있다. 따라서 심리검사는 개인과 집단의 심리적 특성을 밝히기 위한 조직적 절차라고 정의할 수 있다(박성희, 2006). 심리검사가 객관성과 정확성을 갖기 위해서는 평가도구의 타당도(validity), 신뢰도(reliability) 및 표준화(standardization)가 요구된다.

심리검사는 측정되는 내용과 검사 제작 방법에 따라 투사적 검사와 객관적 검사로 구별될 수 있다. 투사적 검사는 개인의 독특한 심리적 특성에 관심이 있으며, 이러한 개인의 독특성을 측정하기 위해 비구조적 검사 과제를 제공한다. 이러한 투사적 검사는 무제한으로 개인이 다양한 반응을 할 수 있도록 하기 위해 검사 지시 방법이 간단하고 일반적인 방법으로 주어지며, 검사 자극이 불분명하고 모호하게 주어진다. 투사적 검사는 여러 상황적 요인에 의해 강한 영향을 받는 것으로 나타나고 있다. 예를 들면, 검사자의 인종과 성, 검사자의 태도, 검사자에 대한 피검사자의 선입견 등이 검사 반응에 강한 영향을 미친다.

이와 반대로 객관적 검사는 검사가 구조화되어 있다. 즉, 검사에서 평가되는 내용이 검사의 목적에 따라 일정하게 준비되어 있고 일정한 형식에 따라 반응된다. 예를 들면, 우울장애를 측정하기 위한 검사일 경우 우울장애에 대한 내용이 질문으로 구성되고 일정한 방식에 따라 응답된다. 따라서 개인의 독특성보다는 개인마다 공통적으로 지니고 있는 특성이나 차원을 기준으로 하여 개인들을 상대적으로 비교하려는 목적을 지닌, 구조적 검사이자 발견 법칙적 검사라고 할 수 있다. 여기에서 제시되고 있는 객관적 검사란 주로 질문지형으로 표준화된 성격검사를 말한다(박영숙, 1994). 1985년에 성격검사로 소개된 객관적 검사의 종류는 약 350종에 달한다. 그 이후로 제작된 것과 소개되지 않은 검사까지 포함한다면 객관적 성격검사의 사용은 매우 광범위하다. 객관적 성격검사는 검사 제작 과정에서 신뢰도와 타당도가 검증될 뿐만 아니라 검사 실시, 채점, 해석에 컴퓨터 처리가 가능하므로 실제 장면에서 대단히 유용한 평가도구가 되어 왔다.

누구나 인정할 수 있는 객관적인 성격파악을 위한 심리검사로는 MBTI (Myers-Briggs Type Indicator), 에니어그램(Enneargram), MMPI(Minnesota Multiphasic Personality Inventory), PAI(Personality Assessment Inventory) 등이 있고 투사적 검사로는 로르샤흐 잉크반점 검사(Rorschach Test)와 주제통각 검사 (Thematic Apperception Test) 등이 있다.

(1) MBTI 성격유형검사

MBTI(Myers-Briggs Type Indicator)는 융(C. G. Jung)의 심리유형론을 근거로 하여 브릭스(Briggs)와 마이어스(Myers)가 보다 쉽고 일상생활에 유용하게 활용할 수 있도록 고안한 자기보고식 성격유형검사다. 이 검사는 비진단 검사로서 네 가지 척도의 관점에서 인간을 이해하려고 한다. 이 검사의 네 가지 선호 지표에는 E(외향)-I(내향), S(감각)-N(직관), T(사고)-F(감정), J(판단)-P(인식)가 있다. 융의 심리유형론은 인간행동이 그 다양성으로 인해 종잡을 수 없는 것 같이 보여도 사실은 아주 질서정연하고 일관된 경향이 있다는 데서 출발하였다. 이 네 가지 지표에서 두 가지 반대 성향 중 무엇을 더 선호하는지 질문을 통해 측정하고 총16가지 성격유형으로 나눈다. 그리고 그 유형을 알파벳으로 표시한다. 예를 들면, ISTJ형은 내향적이고, 눈에 보이는 것에 의해 정보를 수집하고, 감정보다 사고에 따라 판단하며, 조직적이고 체계적인 유형이다. MBTI는 정신장애나 정서, 지능의 측정처럼 좋고 나쁨이 있는 것이 아니고 모든 유형이 장점을 가지고 있다고 보기 때문에 부담 없는 검사라 할 수 있다. 또한 개인이 쉽게 응답할 수 있는 자기보고(self-report) 문항을 통해 인식하고 판단할 때의 각자 선호하는 경향을 찾고, 이러한 선호 경향들이 하나하나 또는 여러 개가 합쳐져서 인간의 행동에 어떠한 영향을 미치는가를 파악하여 실생활에 응용할 수 있도록 제작된 심리검사다.

(2) 에니어그램 성격유형검사

에니어그램(Enneargram)은 사람을 9가지 성격으로 분류하는 성격 유형 지표이자 인간이해의 틀이다. 희랍어에서 9를 뜻하는 에니어(ennear)와 점, 선, 도형을 뜻하는 그라모스(grammos)의 합성어로, 원래 '9개의 점이 있는 도형'이라는 의미다. 우리나라에서는 2001년에 윤운성 교수에 의해 표준화를 거친 한국형 에니어그램 성격유형검사(KEPTI)가 정식으로 출판되었다. 에니어그램은 한 개인의 기저에 깔려 있는 자신을 움직이는 힘과 욕구를 알아차림으로써 자신의 환경과 행동을 결정하게 하는 정신적 흐름을 이해하게 한다. 또한 에니어그램은 한 개인이 유아기 때부터 성인기에 이르기까지의 과정을 통합적으로 볼 수 있는 종단적인 성격이해를 돕고, 성격의 부정적인 측면과 긍정적인 발달 측면을 다룸으로써 균형과 성장을 가져오는 성격발달을 도울 수 있는 측면이 있다.

(3) MMPI 다면적 인성검사

다면적 인성검사 MMPI는 세계적으로 가장 널리 쓰이고 가장 많이 연구되어 있는 객관적 성격검사다. 원래 MMPI는 1940년대 미국 미네소타 대학교의 심리학자인 해서웨이(Hathaway)와 정신과 의사인 맥킨리(Mckinley)에 의하여 비정상적인 행동을 객관적으로 측정하기 위한 수단으로 만들어졌다. MMPI의 일차적인 목적은 정신과적 진단분류를 위한 측정으로, 일반적 성격특성을 측정하기 위한 것은 아니다. 그러나 병리적 분류의 개념이 정상인의 행동과 비교될 수 있다는 전제하에 MMPI를 통한 정상인의 행동 설명 및 일반적 성격특성에 관한 유추도 어느 정도 가능할 수 있다. 다시 말하면, MMPI는 개인의 인성특성의 비정상성 혹은 징후를 평가하여 상담 및 정신치료에 기여하기 위함은 물론, 비정상적이고 불건전한 방향으로 진전될 가능성을 미리 찾아내어 예방 및 지도책을 도모하기 위한 검사다(김영환 외, 2001). MMPI는 피검자의 검사 태도를 측정하는 4가지의 타당도 척도와 주요 비정상 행동의 종류를 측정하는 10가지 임상 척도로 구성되어 있다. 타당도 척도는 무응답척도(Cannot Say: ?), 거짓말척도(Lie: L),

비전형척도(infrequency: F), 교정척도 또는 방어성척도(Defensiveness: K)이며, 임상척도는 건강염려증(Hypochondriasis: Hs), 우울증(Depression: D), 히스테리 (Hysteria: Hy), 반사회성(Psychopathic Deviate: Pd), 남성특성–여성특성 (Masculinity-Feminity: Mf), 편집증(paranoia: Pa), 강박증(Psychasthenia: Pt), 정신 분열증(Schizophrenia: Sc), 경조증(Hypomania: Ma), 내향성(Social Introversion: Si)으로 구성되어 있다.

(4) PAI 성격검사

PAI 성격검사는 DSM-Ⅲ-R의 진단체계를 반영하여 척도를 구성한 것으로, 정상집단과 진단집단을 구분할 뿐만 아니라 진단집단의 변별력이 높으며, 임상적 구성 개념의 현상과 증상을 직접적으로 반영하고 있다는 장점이 있다. 4가지 타당도 척도, 11자기 임상척도, 5가지 치료 고려척도, 2가지 대인관계 척도로 구성되어 있다. 타당도 척도에는 일관성 · 저빈도 · 부정적 인상 · 긍정적 인상 척도 등의 4가지, 임상척도는 신체적 호소 · 불안 · 불안관련장애 · 우울 · 조증 · 망상 · 정신분열병 · 경계선특징 · 반사회적특징 · 알코올문제 · 약물문제척도 등의 11가지, 치료고려척도는 공격성 · 자살관념 · 스트레스 · 비지지 척도 등의 5가지, 대인관계척도는 지배성 · 온정성 등의 2가지로 구성되어 있다. PAI는 환자 집단의 성격 및 정신병리적 특징뿐만 아니라 정상적인 성인의 성격평가에 매우 유용하다.

(5) 로르샤흐 잉크반점 검사

로르샤흐 잉크반점 검사는 다른 어떤 검사보다도 개인의 성격을 다차원적으로 이해하는 데 도움을 준다고 알려져 있다. 즉, 로르샤흐 잉크반점검사는 개인의 사고, 정서, 현실지각, 대인관계 방식 등 다양한 측면의 인격 특성에 관한 정보를 제공해 준다. 로르샤흐 검사는 10장의 대칭적인 잉크반점의 카드이며, 카드에 새겨진 순서와 위치에 따라 제시된다. 그중 5장은 무채색(카드 Ⅰ, Ⅳ,

Ⅴ, Ⅵ, Ⅶ)으로 되어 있으며, 2장은 검정색과 붉은 색채(카드 Ⅱ, Ⅲ)가 혼합되어 있고, 나머지 3장은 여러 가지 색채(카드 Ⅷ, Ⅸ, Ⅹ)가 혼합되어 있나. 이 카드 들의 특성은 체계화되어 있지 않고 불분명하며 뚜렷한 의미가 없다는 점이다. 이와 같이 카드 자체는 명백한 어떤 대상이나 사물을 지칭하고 있지 않으나 다 양한 함축적인 의미가 있는 것으로 보인다. 이와 같이 불분명한 다양한 함축적 의미가 암시되는 자극카드에 각 피검사자가 다양한 반응을 투사할 수 있다(박 영숙, 1994). 10장의 카드를 보여 주고 얼룩이 무성을 나타내는지 또는 무엇을 닮았는지, 왜 그렇게 보는지를 대답하게 한다. 주로 위치나 내용, 반응 결정 요 인(모양, 색, 명암 등)을 중심으로 해석하며, 사고능력과 정서적인 반응, 갈등 영 역, 자아 강도와 방어 등을 측정한다.

(6) 주제통각검사

주제통각검사(TAT)는 개인의 인격 가운데 주요 동기, 정서, 기분, 콤플렉스, 갈등 등 다양한 요소들을 나타내 준다. 특히 개인이 자각하지 못하는 억제된 요소들을 드러나게 해 준다. TAT는 개인과 환경과의 관계, 즉 개인의 성격과 환경과의 상호관계에 대해 알려 주는 검사라고 볼 수 있다. 기본적으로 정신분 석적 입장을 따르고 있으며, 대상과 자아와의 관계를 다루는 자아심리학과 밀 접한 관계가 있는 심리평가도구라고 볼 수 있다. 짧은 시간 동안 피검자의 심 리적 갈등-정신 내적이거나 환경과의 갈등을 파악하고자 하는 경우 도움이 된 다(박영숙, 1994). TAT 도판은 31장의 그림으로 구성되어 있으며, 31장의 도판 가운데 11장은 전 연령 모든 피검자에게 공통적으로 적용되며, 남자 성인, 여 자 성인, 소년, 소녀용으로 각각 9장씩의 도판이 구분되어 있다. 도판 가운데 한 장의 백지 카드가 포함되어 있으며, 각 카드의 뒷면에는 카드를 선정할 때 고려할 남자와 여자, 소년과 소녀의 성별, 연령이 구별되어 제시되어 있다. 인 물들이 들어 있는 생활의 한 장면을 묘사한 모호한 카드 20장을 처음 10장, 다 음에 10장을 보여 주며 전후 내용을 알 수 없는 그림을 보고 상상한 후 떠오르는 생각과 느낌으로 이야기를 만들어 보게 한다. 이 검사는 사람마다 매우 다른 이야기를 분석하여 심리 저변에 깔려 있는 개인의 욕구, 동기, 관심사, 사회를 바라보는 방식, 대인관계 등을 이해하는 데 도움이 된다.

3. 심리검사를 활용한 나의 성격은

성격은 크게 보면 인간성(human nature)을 바탕으로 한 사회의 문화적 토대 위에 개인의 성격으로 이해할 수 있다. 이러한 맥락에서 본 MBTI와 에니어그램은 한 개인에게 내재되어 있는 독특하고 일관된 사고방식에 대한 이해와 내부에서 잠재되어 있는 감정과 자신도 모르게 보이는 행동방식을 안내하고 있다. 따라서 여기서는 MBTI와 에니어그램을 활용하여 자신의 성격유형을 알아보고자 한다.

1) MBTI의 4가지 선호 경향과 16가지 성격의 다양성

MBTI는 인식과 판단에 대한 융의 이론, 그리고 인식과 판단의 향방을 결정 짓는 융의 태도 이론을 바탕으로 제작되었다. 융의 심리유형론에 따르면, 교육이나 환경의 영향을 받기 이전에 이미 인간에게 잠재되어 있는 선천적 심리 경향을 말하며, 각 개인은 자신의 기질과 성향에 따라 다음의 4가지 이분척도에 따라 둘 중 하나의 범주에 속하게 된다. 각 지표는 4가지의 기본적인 선호 경향 중의 하나를 나타내고 있는데, 이 선호 경향이 인식과 판단의 사용 경향을 결정짓는다고 한다. 선호 경향은 사람이 특정 상황에서 '무엇에' 주의를 하느냐뿐만 아니라, 내용에 대해 '어떻게' 결론을 내리는가에 영향을 미친다. MBTI는 개인이 쉽게 응답할 수 있는 자기보고를 통해 인식하고 판단할 때의 각자 선호하는 경향을 찾고, 또 이러한 선호 경향들이 하나 또는 여러 개가 합

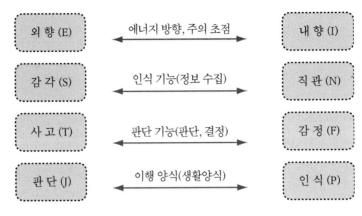

[그림 3-1] MBTI의 네 가지 선호 경향

처져서 인간의 행동에 어떠한 영향을 미치는가를 파악하여 실생활에 응용할
수 있다. MBTI는 4가지의 분리된 선호 경향으로 구성되어 있다(김정택 외,
1994; [그림 3-1] 참조).

• 외향성(Extroversion: E)과 내향성(Introversion: I)
  외향적 태도(E)를 가진 사람은 관심을 외부 세계의 사람이나 사물에다 쏟는
다. 이러한 사람은 환경에다 영향력을 행사하고 외부 세계의 중요성을 확인하
고 영향력을 증대하고 싶어 한다. 내향적 태도(I)를 가진 사람은 외부 세계에
서 벗어나 자기 자신 안으로 몰입한다.

• 감각(Sensing: S)과 직관(iNtuition: N)
  융은 모든 인식 활동을 감각과 직관으로 나눈다. 융의 감각과 직관을 비합
리적 기능이라 부른다. 왜냐하면 이 두 기능은 어떤 합리적인 방향에 얽매이지
않고 자유로이 작용하기 때문이다. 감각(S)이란 우리의 감각을 통해 관찰하는
인식을 말한다. 감각은 구체적으로 존재하는 것을 통해 이루어진다. 직관(N)
이란 통찰을 통해 가능성, 의미, 관계를 인식하는 것을 말한다.

• 사고(Thinking: T)와 감정(Feeling: F)

융은 사고와 감정을 합리적 기능이라 부르는데, 그 이유는 이 두 가지 판단 방법이 생활 사건들을 이성의 법칙에 따라 조화시키려고 하기 때문이다. 사고(T)는 아이디어를 논리적으로 연관시키는 기능이다. 사고는 인정에 얽매이지 않고(impersonal) 인과 원리에 따라 이루어진다. 감정(F)은 상대적인 가치와 문제의 장점 등을 고려하여 의사를 결정케 하는 기능이다. 감정은 개인이나 집단의 가치를 중시한다.

• 판단(Judgment: J)과 인식(Perception: P)

융의 이론을 제대로 이해하려면 인식과 판단의 중요성을 이해하지 않으면 안 된다. 인식은 사물, 사람, 사건 및 사상을 깨닫게 되는 다양한 방법을 가리킨다. 따라서 정보의 수집, 감각 또는 영감의 추구, 주목해야 할 자극의 선택도 인식에 해당한다. 판단은 인식한 내용을 바탕으로 하여 결론에 도달하는 모든 방법을 가리킨다. 따라서 의사 결정, 평가, 선택, 자극을 인식한 후 취할 반응의 선택도 판단에 해당된다.

판단(J)과 인식(P)은 외부 세계에 대한 태도와 행동을 나타내는 것으로, 판단적 태도(J)를 선호하는 사람은 빨리 결정을 잘 내리려고 하고, 인식형 같이 주어지는 정보를 느긋하게 받아들이는 것이 아니라 결정을 내릴 만큼의 정보를 얻었다 싶으면 재빨리 결론에 도달하려 한다. 사고적 판단(TJ)은 논리적인 분석을 바탕으로 하여 결정하고 계획을 수립한다. 반면에 감정적 판단형(FJ)은 결정을 내리거나 계획을 수립할 때 인간적인 요인을 많이 고려한다.

인식적 태도(P)를 선호하는 사람은 자기에게 들어오는 정보 그 자체를 즐긴다. 감각적 인식형(SP)은 직접적이고 구체적인 사실에 관한 정보를 잘 받아들인다. 직관적 인식형(NP)은 새로운 가능성을 내다보려 한다.

이와 같은 네 가지 선호 경향을 바탕으로 구성된 MBTI의 16가지 성격은 〈표 3-1〉과 같이 다양하게 나타난다.

〈표 3-1〉 MBTI 16가지 성격의 다양성

ISTJ 세상의 소금형	ISFJ 임금 뒤편의 권력형	INFJ 예언자형	INTJ 과학자형
한번 시작한 일은 끝까지 해내는 사람들	성실하고 온화하며 협조를 잘하는 사람들	사람과 관련된 뛰어난 통찰력을 가지고 있는 사람들	전체적인 부분을 조합하여 비전을 제시하는 사람들
회계, 법률, 생산, 건축, 의료, 사무직, 관리직	의료, 간호, 교직, 사무직, 사회사업	성직, 심리학, 심리치료 및 상담, 예술과 문학, 순수과학, 연구 개발	과학, 엔지니어링, 발명, 정치, 철학 분야
ISTP 백과사전형	ISFP 성인군자형	INFP 잔다르크형	INTP 아이디어 뱅크형
논리적이고 뛰어난 상황 적응력을 가지고 있는 사람들	따뜻한 감성을 가지고 있는 겸손한 사람들	이상적인 세상을 들어가는 사람들	비평적인 관점을 가지고 있는 뛰어난 전략가들
법률, 경제, 마케팅, 판매, 통계 분야	의료, 교직, 예술, 성직, 사회사업, 생산 분야	언어, 문학, 상담, 심리학, 과학, 예술 분야	순수과학, 연구, 수학, 엔지니어링, 경제, 철학, 심리학 분야
ESTP 수완 좋은 활동가형	ESFP 사교적인 유형	ENFP 스파크형	ENTP 발명가형
친구, 운동, 음식 등 다양한 활동을 선호하는 사람들	분위기를 고조시키는 우호적인 사람들	열정적으로 새로운 관계를 만드는 사람들	풍부한 상상력을 가지고 새로운 것에 도전하는 사람들
엔지니어링, 경찰직, 요식업, 신용조사, 마케팅, 건강공학, 건축, 생산, 레 크리에이션, 분쟁조정가	의료, 판매, 교통, 유흥 업, 간호직, 비서직, 사무 직, 감독직, 기계 분야	상담, 교육, 저널리스트, 광고, 판매, 성직, 작가	발명, 과학자, 문제해결 사, 저널리스트, 마케팅, 컴퓨터 분석
ESTJ 사업가형	ESFJ 친선도모형	ENFJ 언변능숙형	ENTJ 지도자형
사무적, 실용적, 현실적으로 일을 많이 하는 사람들	친절과 현실감을 바탕으로 타인에게 봉사 하는 사람들	타인의 성장을 도모하고 협동하는 사람들	비전을 가지고 사람들을 협력적으로 이끌어 가는 사람들
사업가, 행정관리, 생산, 건축	교직, 성직, 판매, 간호, 의료 분야	교직, 성직, 상담, 예술, 문학, 외교, 판매	지도자, 통솔자, 정책자, 활동가

2) 에니어그램의 아홉 가지 성격

에니어그램은 한 개인의 기저에 깔려 있는 자신을 움직이는 힘과 욕구를 알아차림으로써 자신의 환경과 행동을 결정하게 하는 정신적 흐름을 이해하게 한다. 또한 에니어그램은 한 개인이 유아기 때부터 성인기에 이르기까지의 과정을 통합적으로 볼 수 있는 종단적인 성격이해를 돕고, 성격의 부정적인 측면과 긍정적인 발달 측면을 다룸으로써 균형과 성장을 가져오는 성격발달을 도울 수 있는 측면이 있다.

앞서 언급했듯이, 에니어그램(Enneargram)이란 그리스어의 '에니어(ennear, 9)'라는 단어와 '그라모스(grammos, 도형 · 선 · 점)'라는 단어의 합성어다. 즉, 에니어그램은 그리스어로 '아홉 개의 점이 있는 그림'이라는 뜻이다. 원과 아홉 개의 점, 그리고 그 점들을 잇는 선으로만 구성된 단순한 도형이지만 그 안에는 우주의 법칙과 인간 내면의 모든 것이 상징적으로 표현되어 있다. 이렇게 도형과 상징으로 기록된 에니어그램은 고대 동양에서 전해 내려오는 지혜 중의 지혜다. 예로부터 선조가 남긴 유산에는 속담, 격언 같은 것이 있다. 이는 그 사회, 그 민족의 경험들을 축적해 놓은 정신적 유산이라고 할 수 있다. 에니어그램도 동양의 사회, 문화, 경제, 과학, 심리 등 전반에 걸쳐 폭넓은 이해와 경험을 축적해 놓은 고대의 정신적 유산과 같은 것이다. 다시 말하면, 에니어그램은 고대에는 종교의 기원, 상징, 인간이해, 수학, 과학, 신비주의 등 다양한 방식으로 전해 내려와 종교, 사회, 과학 등에 그 영향을 끼쳐 온 지혜다. 그러나 현대의 에니어그램 이론은 어떤 한 가지 근원에서 온 것이 아니다.

현대의 에니어그램 이론은 많은 고대의 전통에서 비롯된 지혜와 현대 심리학이 결합된 것이다. 근래의 에니어그램은 성격의 유형 체계를 뜻한다. 에니어그램은 다양한 구분을 통해 사람들을 관찰 · 이해하고 있으며, 특히 사람의 성격을 아홉 가지 유형으로 분류하고, 어떤 사람이라도 그중 하나의 유형에 속한다고 본다. 그러나 그것은 사람을 아홉 가지 유형으로만 구분, 획일화해 놓

은 것이 아니라 아홉 가지 유형의 문을 통해 들어가는 '성격의 문'과 같은 것이
다. 아홉 가지 유형의 문을 통과하고 난 뒤에 사람들은 세상을 어떻게 보고 있
는지, 가치관은 어떤지, 주로 어떤 관계를 맺고 있는지를 알아보기 위해 내면
의 여행을 떠나게 되는 것이다. 거기에는 무수히 많은 관계들의 역동과 변형,
수준, 행동 방식, 자기 내부의 동기들이 있다. 또한 각각의 유형의 사람들은 스
트레스에 어떻게 대처하고 있는가 하는 복잡 다양한 역동을 거쳐 우리는 비로
소 에니어그램 안에서 다른 사람들을 이해하게 되는 것이다(윤운성, 2002b).

에니어그램의 아홉 가지 성격유형을 살펴보면 [그림 3-2]와 같다.

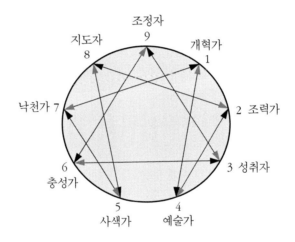

[그림 3-2] 에니어그램의 아홉 가지 성격유형

• 분열(스트레스)
1→4→2→8→5→7→1 / 9→6→3→9
• 통합
1→7→5→8→2→4→1 / 9→3→6→9

• 1유형(개혁가): 합리적이고 이상적인 유형으로 끊임없이 노력하고 완벽함
을 추구하는 사람이다. 윤리적이고 양심적이다. 옳고 그름을 따지기를 좋
아한다. 잘 조직되고 정돈되어 있으며, 성격이 까다롭다. 똑똑하고 판단

을 잘하고 고상하고 도덕적인 사람이다. 1유형 사람 중에는 교사가 많다.

- 2유형(조력가): 보호적이고 모성애적 유형으로 친절하고 마음이 따뜻한 사람으로 타인에게 도움을 주고 싶어 하는 사람이다. 사람들을 보살피고 다른 사람들과 잘 지내며 마음이 따뜻한 사람이다. 상냥하고 너그러운 성격을 가졌고, 자기를 희생할 줄 안다. 남들에게 필요한 사람이 되고자 한다.

- 3유형(성취가): 성공 지향적이고 실용주의적 유형으로, 꿈이 크고 성공하고자 하는 사람이다. 자신감이 있고 매력적이다. 큰 꿈을 가졌고 능력 있으며 에너지가 넘친다. 성공하고 싶고, 다른 사람에게 부러움을 받는 사람이 되고 싶어 한다. 일을 매우 열심히 하고 다른 사람에게 모범이 된다.

- 4유형(예술가): 명상적이고 수줍은 유형으로 아름다움을 추구하고 특별한 존재가 되고 싶어 하는 사람이다. 자신에 대해 생각이 많고 신중하고, 조용하다. 정직하며 섬세한 성격을 가졌다. 다른 사람과 똑같이 취급받기를 원치 않으며, 자신만의 독특한 삶을 살고자 한다. 이 유형에는 예술가가 많다.

- 5유형(사색가): 지적이고 분석적인 유형으로 지식을 얻고 관찰하는 사람이다. 곰곰이 생각하고 열심히 공부하는 사람이다. 현명하고 똑똑하다. 호기심이 많고 집중력이 좋다. 다른 사람들로부터 떨어져서 혼자 공부를 하고 책을 보거나 관심 있는 것에 대해 연구를 한다. 세상을 앞서가는 선구자의 역할을 할 수 있다.

- 6유형(충성가): 의무적이고 전통적인 유형으로 유비무환형이다. 충실한 사람으로 부지런하고 책임감이 강하고 안전을 중요하게 생각한다. 부지런하고 맡은 일을 열심히 하지만 걱정이 많아서 행동이 조심스럽고, 결정을 내리기를 어려워할 수 있다. 하지만 당돌하고 자기주장이 강할 수도 있다. 다른 사람을 용기 있게 도와준다.

- 7유형(낙천가): 극도로 활동적이고 개방적 유형으로 행복을 추구하고 즐거

움을 원하는 사람이다. 쾌활하고 행동이 빠르고 즐거운 계획을 세우는 사람이다. 이들은 바쁘고 무엇인가를 끊임없이 시도하고 만들어 낸다. 무엇이든 좋게 생각하고 새롭고 재미있는 것들을 끊임없이 찾아 나선다. 가치 있는 목표에 도전하며 만나면 기분 좋은 사람이다.

• 8유형(지도자): 강력하고 지배하는 유형으로 불도저형이다. 강함을 추구하고 자기를 주장하는 사람이다. 자신감이 넘치고 결정을 잘하고 다른 사람들을 잘 다루는 사람이다. 성격이 강하며 자신을 지킬 줄 알고 거만하며 사람들 앞에 잘 나선다. 자기주장을 잘하고 다른 사람들을 다스리는 지도자의 위치에 어울리는 사람이다.

• 9유형(중재자): 태평하고 냉정한 유형이다. 기다리면 모든 것이 잘 될 것이다와 같이, 조화와 평화를 바라는 사람으로 다른 사람들을 편하게 해주고 너그럽고 만족스러워하는 사람이다. 남들이 자신과 다르더라도 잘 받아주고 성격이 원만하고 친절해서 남을 잘 돕는다. 평화로운 것을 좋아해서 누군가와 싸우거나 다투는 것을 원치 않는다. 참을성이 있고 고집이 있으며, 다른 사람들을 편하게 해 준다.

성격의 분열(스트레스)과 통합

분열은 어떤 유형이 가진 무의식적 행동이나 충동적 선택, 스트레스 상황을 의미한다. 퇴보적인 경향이 있고, 그 유형에게 필요한 자질이 부족하다고 여겨지거나 강박적인 성향을 말해 준다. 분열로 진행되는 성격, 즉 스트레스를 받을 때 성격의 방향은 지양점인 $1 \rightarrow 4 \rightarrow 2 \rightarrow 8 \rightarrow 5 \rightarrow 7 \rightarrow 1 / 9 \rightarrow 6 \rightarrow 3 \rightarrow 9$ 등으로 표시할 수 있다. 즉, 건강하지 못하고 스트레스를 받을 때 나타나는 성격특성이다.

통합은 그 유형이 가진 의식적인 행동이나 성장을 위한 선택, 진보적인 방향을 의미한다. 객관적인 표시를 제공하고 성격이 발전하는 과정을 말해 준다.

즉, 어떤 유형이 가지고 있는 고정적인 패턴으로부터 벗어난 상태를 말한다. 통합으로 진행되는 성격의 방향으로는 지향점인 1 → 7 → 5 → 8 → 2 → 4 → 1 / 9 → 3 → 6 → 9 등으로 표시할 수 있다. 통합 방향은 어떤 유형이 건강할 때 나타나는 성격특성이다(윤운성, 2002a).

　날개(wing)란 자신의 기본 성격유형이 외부와의 상호작용을 통해 발전되고 변형되어 나타나는 모습으로 성격의 균형점이다. 날개는 마치 카메라의 렌즈처럼 자신의 기본적인 성격유형을 섬세하게 알아차릴 수 있도록 돕는 도구다. 같은 성격유형이라도 자신이 지닌 날개에 따라 보여지는 사고, 정서 행동이 달라진다. 아홉 가지 기본적인 성격유형 외에 자신의 느낌, 행동에 영향을 미치는 것으로 자신의 성격유형 번호 양쪽에 있는 번호들이 곧 자신의 날개가 된다. 예를 들어, 자신이 2번 유형이라면 자신의 번호 양쪽에 있는 1번과 3번이 자신의 날개가 된다는 것이다. 이러한 날개는 대체로 20대 후반에 굳어지는데, 대개는 한쪽 날개가 너무 많이 발달한다. 양쪽 날개가 균형 있게 발달하는 것이 바람직하다(윤운성, 2002a).

☞ **생각하고, 활동하고, 느끼기**

◆ MBTI 및 에니어그램 검사를 활용한 활동하기

1. MBTI 또는 에니어그램 검사를 해 봅시다.

　　자신과 타인과의 관계 개선 또는 관계 증진을 위해서 가장 기본이 되는 것이 '자기를 이해하는 것'입니다. 이를 위해 이번 시간에는 성격에 대한 이해 및 자신의 성격을 이해하기 위해 사용되는 다양한 성격유형 검사도구들 중 MBTI와 에니어그램을 활용하여 MBTI와 에니어그램에 대한 전체적인 이해와 학생들 자신의 성격유형을 발견하는 시간을 가져 봅시다.

2. 자신의 성격유형에 대한 해석과 이해를 해 봅시다.

내가 생각한 나	타인이 바라본 나	검사를 통해 알아본 나

3. 집단활동을 통한 타인의 성격유형에 대한 이해를 해 봅시다.

　　자신과 유사한 성격유형들과의 만남인 조별 모둠활동을 통해 '우리는 이런 사람이구나!'에 대한 공감대 형성을 도모해 봅시다.

　　조별 모둠활동 후 활동 내용 발표를 통해 자신과 다른 유형의 사람들을 이해함으로써 '내 생각과 다른, 사람들의 생각이나 행동이 틀린 것이 아니라 다른 것이었다.'라는 것을 이해할 수 있는 계기를 만들어 봅시다.

우리가 좋아하는 것	우리가 싫어하는 것	우리는 이런 사람이야~

제4장
몸과 정신의 균형 찾기

1. 몸과 정신의 이원론

심신관계는 전통적으로 동서양 철학의 중요한 주제다. 구약성서 『창세기』의 인간창조 과정이나 아이스킬로스(Aeschylos)의 『결박당한 프로메테우스』에서 점토로 인간의 몸을 만들고 인간에게 프시케(숨결, 영혼)를 불어넣어 인간이라는 생명을 얻는다. 고대 그리스부터 인간을 몸과 정신(혹은 영혼)으로 나누고, 육체보다는 정신에 우위를 두었다. 플라톤은 『파이드로스』에서 "육체는 영혼의 감옥 또는 무덤"으로 작용하는 육체가 영혼이 진리와 접촉하는 것을 방해하고 제약하는 것으로 생각해서 영혼만을 진리가 거주하는 곳으로 인정해 육체의 열등성을 암시한다.

몸과 정신의 합일과 대립은 숙명적인 인간의 조건을 형성한다. 플로티노스(Plotinos)에서 아우구스티누스(Augustinus)를 거치면서 지속적으로 서구사상에 영향을 미쳤던 플라톤적 이원론은 데카르트(R. Descartes, 1596~1650) 철학에서 새로운 관점으로 전환된다. 결코 의심할 수 없는 확실성을 찾고 있던 데카르트는 "나는 생각한다. 그러므로 나는 존재한다(Cogito ergo sum)."라는 유명한 명제에 도달했다. 그는 계속해서 자기 자신을 의식하고 있는 이 자아(自我)가 도대체 무엇인지를 탐구한 끝에 자아를 '사유하는 사물'이라고 규정했다. 의지와 느낌 등 의식의 모든 영역을 포괄하는 자아의 본질은 사유이며, 이 사유는 자율성을 지니고 있다는 것이다. 따라서 사유하지 못하고 시공간 안에 위치하고 있는 '연장(延長)될 수 있는 사물'에 불과한 육체는 단지 기계와 마찬가지라고 취급되었다. 20세기에 들어오면 프로이트에 의해 인간의 몸은 짐승의 그것과 크게 다르지 않는 것으로 간주했다. 인간의 육체는 무의식의 저장고에 불과하고, 무의식의 대부분이 성적 욕망에 의해 움직이면서 육체에 저장되어 인간의 의식까지도 조종하는 것으로 생각했다.

한편, 동양 우주론에서는 "천하를 통틀어 하나의 기일 뿐이다."(장자). 인간의 몸도 역시 그러하다. "사람은 천지의 기로써 태어난다." 즉, 기의 이합집합이 생명의 토대라고 보는 것이다. 이 기를 바탕으로 생명의 원천인 정·기·신이 다시 만들어진다. 우리가 널리 쓰고 있는 정신이라는 용어는 정과 신의 결합이다. 정은 생명의 물질적인 토대, 신은 물질을 움직이는 무형의 벡터, 이 둘을 결합한 것이 정신인 셈이다. 동양사상에서는 몸과 마음을 애초부터 분리하지 않고 통째로 다룬다. 동양 철학에서 심신문제를 동양적 시각에서 제시한 철학자는 바로 주희라고 할 수 있다.

주희는 기(氣)와 독립된 리(理)의 존재를 체계화하였다. 동양 철학은 인간의 심신론에 있어서 근본적으로 어떤 철학이든지 인간의 육체와 정신이 따로 구별되는 실체라는 시각이 없다. 주희 철학에 따르면, 인간의 본래성이 바로 성이고 체라면 인간이 신체를 가지고 살아가는 상태의 인간 마음은 바로 정이고 용이라고 볼 수 있다. 주희 철학에 반기를 들고 나온 양명은 리와 기의 단순한 이원론적 도식을 거부한다. 즉, 리와 기, 그리고 본체와 작용의 체와 용의 이원론적으로 해석할 수 없다고 주장한다. 리와 기는 하나라는 것이다. 양명은 단순한 일원론자도 아니고 이원론자도 아니다. 우리가 주목할 수 있는 것은 리와

기, 체와 용을 개념상 구분하고 있지만, 두 가지 실체로 생각하는 것이 아니라 하나의 마음 안에서 일어나는 두 가지 상태처럼 제시하고 있다는 것이다.

그리고 불교에서도 몸과 정신의 관계를 서양과 다르게 본다. 초기불교의 경전 『아비담마』는 인간의 몸을 색(色)으로, 마음을 수상행식(受想行識)의 집합으로 설명하며 이것이 공함을 알려 준다. 그리고 대승불교 경전 『반야심경』에서는 "공중무색 무수상행식(空中無色 無受想行識)"으로 바꿔 표현한다. '나(我)'라고 믿는 몸과 마음은 따로 있는 것이 아니고, 따라서 주객의 관계도 아니며, 단지 색수상행식(色受想行識)의 오온(五蘊)일 뿐이어서 끊임없이 연기(緣起)에 의해 화합했다가 소멸한다. 따라서 실체는 없고 공하다. 그러나 공하다고 해서 없는 것은 아니다. 산은 산이 아니지만 산이 아닌 것도 아니듯이 몸도 마찬가지다. 이를 중도(中道)라 하는데, 이것을 경험으로 체득할 때 몸과 정신의 대립이 그치고 나라고 믿었던 것은 진정한 자유, 열반을 얻는다고 본다.

2. 몸과 정신의 조화

과학 기술이 유례가 없을 정도로 발전했지만, 그것에 비례해서 우리는 더욱 건강하고 행복한지 되짚어 생각해 볼 필요가 있다. 대중매체에서는 연일 인간 사회에서 일어나면 안 될 수많은 사건들을 보도한다. 왜 그럴까? '도대체 인간이란 무엇인가?'를 되짚어 생각해 보지 않을 수 없다. 아마도 몸과 정신의 균형이 깨져 자기 조절과 절제가 안 되기 때문일 것이다.

고대에서부터 현대까지 수많은 철학적 담론은 몸과 정신의 일원론과 이원론의 싸움이라고도 해도 과언이 아니다. 우리나라가 선진국이 된다는 것은 우리 모두가 민주시민이 되어 건강해야 하고, 행복해야 하고, 사회 구성원으로 책임성이 있는 생활을 한다는 이야기일 것이다. 몸은 정신을 담는 그릇이고, 몸과 마음은 분리된 것이 아닌 하나이기 때문이다. 이미 '몸과 마음은 하나'라는 철학은 '심신의학(Mind-Body Medicine)'이라는 새로운 조류의 의학을 발전시켜 왔다.

생명의 근본 에너지는 정신과 마음 그리고 몸의 중심과 연결될 때 다시 채워진다. 마음의 중심은 각종 욕망과 감정으로부터 자유로운 곳이다. 정신의 중심은 번뇌로부터 자유로운 곳이다. 몸의 중심은 몸을 새롭게 충전할 수 있는 힘의 원천이다. 사람은 몸, 마음(또는 정신) 그리고 영혼의 삼중적 통일체다. 머리로만 사는 사람들은 흔히 나타나는 현상인 이상과 현실, 인식과 존재, 관념과 실재, 앎과 행위가 따로 노는 자기모순의 오류를 범하며 수십 년을 살아왔다. 그러기에 행복할 수가 없다. 갈등, 회의, 분열, 자학, 절망 등 부정적 심리 상태가 지배하고 있기 때문이다.

우리는 먹지 않으면 살 수 없고 보금자리에서 쉬거나 잠자지 않으면 살 수 없고 몸에 탈이 나면 치유하지 않고는 살 수 없다. 진정한 의미에서 건강이란 몸의 건강, 마음의 건강 그리고 영혼의 건강이 조화를 이룰 때만 가능하다. 이 삼자는 현상적으로 또는 개념적으로는 '구분'되나 본질적으로는 '분리'될 수 없는 '하나'다. 몸과 마음과 영혼은 끊임없이 상호작용을 한다. 그러므로 삼자의 어느 한 영역에 문제가 생긴다면 그 영향에 의해 생명체의 건강은 문제가 생긴다. 결국 '삼위 일체적 조화'가 필요하다. 몸의 움직임, 마음 또는 정신의 움직임 그리고 영혼의 움직임이 조화로운 상태가 가장 이상적인 건강상태라 할 수 있겠다.

몸을 주로 움직이는 육체노동자, 마음을 주로 많이 움직이는 정신노동자 그리고 영혼을 주로 많이 움직이는 영적 노동자로 분류될 수 있을 것 같다. 몸, 마음, 영혼의 세 영역 중에서 만일 어떤 특정 분야만 움직이는 생활을 한다면 삶에 문제가 있을 확률이 매우 높다고 하겠다. 몸이 움직이면 몸성이 살아나고, 마음(또는 정신)이 움직이면 이성이 발달하고, 영혼이 작동하면 영성이 살아난다. 몸성이란 몸의 감각적 성질로서 시각, 청각, 후각, 미각, 촉각이라는 오감각을 뜻한다. 몸이 외부의 대상과 직접적 관계에서 느껴지는 감성이 바로 몸성이다. 따라서 몸을 움직이면 감성이 살아 움직인다. 감성이 섬세해진다. 몸을 잘 움직이지 않는 사람은 감각 또는 감성이 둔해지고 퇴화된다.

이성이란 마음(정신)의 활동, 즉 생각의 주체이며, 이성적 움직임이란 다름 아닌 상상하고 추리하고 긍정하고 부정하고 분석하고 종합하고 판단하는 등 모든 종류의 사유작용을 포함한다. 영성이란 영혼의 성품이며, 그것은 다름 아닌 '사랑'이다. 사랑은 신의 본성이기에, 영성을 달리 말하면 신성이라 표현할 수 있겠다. 몸성, 이성, 영성 중에 가장 본질적인 것이 바로 영성이다. 열매로 비유한다면 열매의 껍질은 몸성이요, 열매의 속은 이성이요, 열매의 씨앗은 영성이다. 영성이 잠자고 있는 상태에서 몸성이나 이성만이 발달한다면 이것은 온전한 생명 상태가 아니다. 몸성과 이성의 작동과 더불어 영성이 살아나야 자신의 참살이가 시작된다. 비로소 자기 자신의 온전한 존재의 씨앗이 꽃으로 피어난다. 사람이 영성 또는 신성, 즉 사랑으로 살 때 사람의 존재는 신과 하나가 된다.

머리로만 살면 몸은 시들어 병들 수밖에 없고 영혼은 삶의 주인노릇을 할 수가 없다. 따라서 정신은 기형적이 될 수밖에 없다. 그 결과 삶은 건조하고 팍팍하기만 한다. 개인적·사회적·국가적으로 삶의 실타래들이 꼬이기 시작한다. 그러므로 개인적·사회적·국가적으로 시급히 각성해야 할 사실은 몸과 마음과 영혼의 조화로운 삶의 회복이다. 특히 영성의 회복이다. 영성이 삶의 주인이 되도록 하는 일이다. 잠자는 영성을 흔들어 깨워야 한다. 영성은 우주의 이치를 깨닫는 주체요, 신과 소통하는 통로요, 행복한 삶을 누리는 비결이다. 영성은 분열과 다툼을 화합과 협력으로 전환시키는 놀라운 능력이다. 병든 개인과 사회와 국가를 치료하는 치유의 에너지다. 절망을 희망으로 바꾸는 '신령한 긍정'이다. 영성을 발현시키기 위해서는 몸과 마음의 움직임을 조절할 필요가 있다. 주로 몸을 많이 사용하는 사람은 육체노동을 조금 줄이고 정신적 생활과 영적 생활에 보다 더 관심을 기울여야 한다. 주로 머리를 많이 쓰는 사람은 정신노동을 줄이고 육체노동과 영적 활동에 더 많은 시간을 할애해야 한다. 영적생활에 치중하는 사람은 육체노동과 정신노동에도 시간을 할애해야 한다. 그리하여 몸, 마음 그리고 영혼의 움직임이 조화를 이루도록 해야 한다. 이 삼자의 조화로운 삶에서 진정한 건강과 행복이 싹트기 때문이다.

3. 요가

힌두교 성자 카비르(Kabir, 1440~1518, 인도 민중문학의 아버지)의 노래

물속의 고기가 목 말라 한다는 말을 듣고
나는 웃었다.
그대는 신이 그대 안에 있다는 것을 모르고
이 숲 저 숲으로 쉬지 않고 방황한다.
진리는 바로 여기 있다.
가라. 가고 싶은 대로 가 보라.
베나레스(바라나시-인도의 힌두교 성지)로, 마투라(인도 북부 지역)로.
그러나 그대 영혼 속에서 신을 발견하지 못하면
이 세계 전체가 환영(幻影)에 지나지 않으리라.

우리 현실은 끊임없이 몸과 마음을 소모하게 한다. 우리의 삶은 감정의 기복에 흔들리며 굳건한 중심이 없이는 점차 고갈되어 갈 뿐이다. 삶의 슬픔이나 기쁨까지 초월하여 어느 때 어디서나 흔들리지 않는 내 자신을 찾고 만들어 가는 길, 주어진 삶에 가장 유연하나 강하게 대처해 나가는 힘, 몸과 정신의 가장 건강하고 완성된 상태를 위해 찾아가는 길이 요가 명상 수련의 목적이다. 몸과 마음은 밀접한 관련이 있어, 건강한 몸은 편안하고 강한 정신을 만들고 강한 정신력은 더욱 건강한 몸을 이끌어 간다.

요가(Yoga)란 인간의 본질과 목적을 다루는 철학적 방법론이다. 요가는 세계에서 가장 오래된 개인적인 자아 수련 체계의 하나로서 육체적·정신적 그리고 영혼의 건강까지 여러 측면들을 다루고 있다. 요가란 말의 기원을 보면 범어(梵語, 산스크리트어)의 유즈(Yuj)에서 나온 말로 '말에 멍에를 씌워 말뚝에 매어 두다' '얽어매다' '엮다' 또는 '결합(結合)'이나 '합일, 균형, 조화'의 뜻을 가지고 있다. 곧 우주와 나, 나의 몸과 마음을 하나로 통일시켜 자기실현, 즉 신성하고 절대적인 개개인의 영혼들을 결합하는 궁극적인 목적에 다다르려고 하는 것이 바로 요가의 정의이며 의의인 것이다. 인도에서 요가의 기원은 6,000~7,000년 전의 인더스 문명 시대까지 올라가며, 그 수행법(修行法)은 인도 아리안 종교에도 영향을 주었다. 요가에 대한 최초의 언급은 기원전 2,500년 전 경전들의 종합 서적격인 '베다(Vedas)'라고 불리는 책에서 찾아볼 수 있다. 기원전 2세기경에 파탄잘리(Patanjali)에 의해 '요가수트라경'에 의해서 비로소 체계적으로 되었으며, 이후 요가는 정신/신체에 대한 기초적인 것을 바탕으로 자리매김하게 된다. 요가에서는 행동, 감정, 지성을 육체를 움직이는 세 가지의 힘이라고 보며 자기 발견의 완전함을 추구하고 궁극적으로 자기인식(우리가 의식하거나 인식하지 못하면서 추구하는 정신의 평화로운 상태)의 완전함을 위해 그 세 가지 균형을 추구하게 되는 것이다.

또한 요가에서는 세상을 '프라나(prana)'라고 불리는 미묘한 형태의 에너지가 충만한 것으로 본다. 요가의 '프라나'라는 개념과 침술에서의 기, 그리고 서양 의학에서의 치료 에너지 사이에는 서로 밀접한 유사점이 있다. 인간의 신체에는 '나디스(nadis: 침술의 경락과 동일한 것으로 여겨진다)'로 알려진 통로를 따라 흐르는 프라나가 있으며, 프라나는 '차크라(chakra: 심신의 에너지가 응집되어 있는 부위)'라고 불리는 에너지의 중심부에 집중된다. 요가에서는 질병을 프라나 흐름의 정체와 불균형에 부분적으로 기인한 것으로 보고 있다. 그리고 요가의 실행을 통하여 이런 점들을 바로잡도록 시도한다. '아사나'란 육체적인 자세이며, '프라나야마'란 호흡법으로 '하타 요가'의 주된 구성요소이며, 프라나가 보다 자유롭게 흐를 수 있게 육체를 정화시킬 수 있도록 만들어졌다.

어떤 요가는 육체를 다시 활기차게 쇄신시킬 수 있도록 육체의 일부에 의도적으로 프라나를 보낼 수도 있다.

요가의 가르침에 따르면, 인간의 참된 지아는 우주의 질내적인 생명이요, 우주적 생명을 자신에게서 발견하여 이것을 살리는 방법이 바로 요가 행법이다. 이와 같은 목적이 달성되면 자신이 절대적인 생명을 얻게 되며, 이때 자기의 영성이 완전히 드러나서 신과 같이 된다고 할 수 있다. 고대의 바라문교나 불교에서도 요가를 실천하였는데, 이후 종교대가와 성현들을 배출하면서 여러 가지 유파(類派)로 발전하여 수행 방법과 철학의 방법에 따라 다음과 같이 분류한다.

- 박티 요가(Bhakti yoga): 감정 순화에 의한 헌신의 요가
- 즈냐나 요가(Jnana yoga): 이성 개발에 의한 지식의 요가
- 라자 요가(Raja yoga): 심리적 통제에 의한 심신 과학의 요가
- 카르마 요가(Karma yoga): 사회활동에 대한 행동 규제의 요가
- 탄트라 요가(Tantra yoga): 욕정(欲情) 통제에 의한 육신 해방의 요가
- 하타 요가(Hatha yoga): 음양 조화에 의한 심신 조화의 요가
- 쿤달리니 요가(Kundalini yoga): 신경 영역을 개발하는 요가
- 만트라 요가(Mantra yoga): 발성 통제를 통한 성축(聖呪) 요가

이러한 여덟 가지 요가의 길은 독립된 요가가 아니라 '실천 방법'에 따라서 붙여진 명칭들이다. 하지만 이 요가들에게는 공통된 요소가 있다. 그것은 'Yama'와 'Niyama'다. Yama는 사람들과 더불어 사는 동안 하지 말아야 하는 것을 의미한다.

예를 들면, 다른 사람을 행동이나 말, 심지어 생각으로라도 해쳐서는 안 되며, 모든 것에 항상 진실해야 하고, 자신과 타인을 비교하여 질투하지 말며, 어떤 것이든 다른 사람의 것에 욕심을 내어 훔쳐서는 안 된다는 것이다. Niyama

는 우리가 하루하루를 사는 동안 꼭 해야 하는 것을 의미한다. 예를 들면, 자신의 몸을 깨끗하게 하기 위하여 신선하고 건강에 이로운 음식을 먹어야 하며, 동시에 꾸준한 운동을 통해서 자신의 몸을 깨끗한 상태로 만드는 것을 요구한다. 또한 자신이 누구인지를 알고, 자신에게 주어진 상황에서 행복을 찾는 것을 말한다.

세월이 흐름에 따라 많은 것들이 변화하고 새로운 것이 나타나는 것처럼, 현대의 요가도 그 형태 및 수행방법, 목적 등에서 다양한 변화가 있었으며, 현대인의 생활 형태와 의식 구조에 맞추어 다양한 형태의 요가가 발생하였다. 요가와 명상은 인간의 육체적 · 심리적 · 정서적 · 도덕적 · 영적인 자기 계발을 통한 심신일체적인 건강(Holistic Health)에 대한 이론과 실천을 겸비한 전인교육 체계(System of Holistic Education)이다.

4. 명 상

명상이란 무엇인가? 한국심리학회의 심리학 용어사전에는 "마음의 고통으로부터 인간을 해방시켜 아무런 왜곡 없는 순수한 마음 상태로 되돌아가는 것을 '초월(transcendence)'이라 하며 이를 실천하려는 것이 '명상(meditation)'"이라고 정의되어 있다. 명상은 마음을 살피고 마음의 실체(성품, 性品)를 찾는 수행이다. 명상은 의식을 한곳에 모으는 '집중'과 의식을 깨어 있게 하는 '각성(覺醒)'의 방법이다. '집중'은 잡다한 생각을 쉬고 일념(一念)이 되게 하고, 일념이라는 생각조차 잊어버린 무념처(無念處)에서 한 발 더 나아가서 마음의 본성을 깨닫고자 하는 것이다. '각성'은 마음속에 생멸(生滅)하는 생각과 감정과 오감을 깨어 있는 의식으로 관찰하여 본래 마음 자체에는 '생멸조차도 없다는 도리(無生法忍)'를 깨닫는 것이다.

이렇게 생각을 쉬고 '의식의 집중(지, 止)과 각성(관, 觀)'을 통해 마음의 실체

(본성, 本性)를 찾아가는 것이 명상수행이다. 즉, 명상이란 자신을 온전히 알아 가는 과정, 즉 나의 '내면적인(inside)' 모습과 '외부적인(outside)' 것에 대해 내가 반응하는 방식 모두를 알아 가는 과정이다. 무엇보다도 명상을 문자 그대로 해석하면 '나 자신을 즐긴다'는 뜻이다. 막연히 '나'라고 여겼던, 스트레스와 괴로움으로 가득 찬 사람과는 매우 다른 '나'를 명상을 통해 발견하게 된다. 나의 참된 본성과 진실된 모습은 실제로는 매우 긍정적이라는 것을 깨닫는다. 바로 여기 나 가까이에 평화의 대양이 있음을 발견하기 시작한다.

인도에는 값싼 진주 목걸이를 잃어버린 왕비에 대한 아름다운 이야기가 있다. 왕비는 근심에 싸여 모든 곳을 찾아 헤매었다. 그러다가 한 가닥의 희망마저 포기하고 찾는 일을 중단하려는 순간에 왕비는 그토록 찾고 싶어 하던 진주 목걸이가 바로 자신의 목에 걸려 있었음을 깨달았다. 평화도 이와 매우 비슷하다. 평화를 물질적인 환경에서 또는 다른 사람들에게서, 즉 나의 외부에서 찾으려 한다면 항상 실망하게 될 것이다. 그러나 평화를 나 자신 안에서 어떻게 찾는지를 배운다면, 평화가 항상 있었음을 깨닫게 될 것이다.

명상을 통해 스트레스 관리, 학습 향상, 건강 증진, 경기력 향상, 약물중독 치료, 심리치료, 습관 교정, 종교적 영성 개발, 자기수양과 같은 다양한 효과를 얻을 수 있다. 중요한 것은 명상이 질병의 치유에 효과가 있다는 것이다. 실제로 국내외에서 명상의 치료적인 효과에 대한 많은 논문이 발표되고 있으며, 명상 프로그램을 통해 불안, 우울증뿐만 아니라 편두통, 만성적인 통증, 암환자의 삶의 질 관리 등 다양한 부분에서 일정한 효과가 있는 것으로 보고되고 있다.

참선, 요가, 단전호흡, 태극권, 마음챙김(mindfulness) 등 다양한 명상방법이 있으나, 그 핵심은 통찰(洞察, insight) 명상에 있다. 통찰 명상은 자신과 외부 세계에서 일어나는 현상에 주의를 기울여 '있는 그대로' 바라보는 훈련을 통해 그것을 통찰할 수 있는 지혜를 얻게 되는 명상이다. 명상을 여러 관점에서 간단하게 살펴보면 다음과 같다.

1) 명상과 요가

명상을 통한 최고의 경지, 이른바 삼매에 이르면 우주와 내가 하나임을 자각하게 되고, 자기 마음의 본래 모습을 알게 되며, 모든 사람의 마음을 알게 된다. 즉, 우주가 내 속에 있고, 내가 우주 속에 있다고 자각하는 것이므로 드디어는 내 속에서 일체를 보고, 일체 속에서 나를 봄으로써 더없는 행복감을 갖게 된다. 집중된 생각은 인생의 돌파구를 열어 준다. 생각이 신념을 낳고, 신념이 생기면 그대로 되는 것이다.

2) 명상과 불교

불교의 명상은 선(禪)으로 대표된다. 인도에서는 선(禪)과 요가를 같은 것으로 여겨서 요가라고 하면 '선'을 포함하는 것으로 알고 있으나, 불교에서는 부처가 성도했을 때에 취한 수행방법을 선정(禪定)이라고 하여 일반적인 요가와는 구별하고 있다.

고(苦)나 낙(樂)의 두 극단을 떠난 중도(中道)의 생활방법이나 수행방법을 모두 선정으로 표현한다. 그러므로 이러한 중도적인 수행이 선정이라면, 격렬한 수행방법은 요가다. 선이라는 것은, 요컨대 마음을 어떤 대상에 매이지 않게 하여 모든 사물을 올바르게 보고 올바르게 생각하고 올바르게 행하는 사람이 되는 수행이다. 마음의 고요함과 지혜를 같이 닦는 것이 불교의 선이다.

3) 명상과 도교, 유교

자연 그대로인 상태에서는 일부러 노력하지 않아도 정신이 집중되어 텅 빈 것처럼 되면서 자연으로 돌아가는 것이 도(道)다. 그러므로 도(道)는 있는 그대로의 상태로 있는 것, 텅 빈 상태가 되는 것, 신(神)과 기(氣)가 합일한 망아(忘

我)의 상태에 이르러서 비로소 마음이 한결같이 고르게 되는 것이다. 이것이 요가 삼매의 세계요, 불교 적정의 세계다.

유교에서는 자기 자신을 이겨 내는 극기(克己)를 강조한다. 자기를 이긴다는 것은 참된 자기, 본래의 자기로 돌아가는 것이다. 이렇게 보면 이겨야 할 대상은 그릇된 자기요, 이긴 다음에 나타나는 것은 참되고 올바른 자기다. 우리의 마음은 이러한 것이니, 항상 마음을 텅 비게 하고 맑게 해야 한다. 이것이 유교의 명상이다. 거울 앞에서 사물의 모습이 있는 그대로 비쳐지듯이, 우리의 마음도 텅 빈 상태, 즉 맑은 거울 같은 상태에서는 사물의 모습이 그대로 비치게 된다. 마음이 항상 맑고 비어 있으면 때가 묻을 수가 없고, 아무것도 들어올 수 없다. 이와 같이 마음을 비우는 노력이 명상이다.

4) 명상과 기독교, 이슬람교

기독교의 명상은 자아 속에 '하느님의 세계'를 새롭게 채우는 것이다. 불교의 명상이 자아를 부정하여 텅 빈 상태로 만드는 것과는 다른 것이다. 기독교 명상에서는 신과의 합일이 최고의 목표다. 참된 기도는 인간중심적이거나 자기중심적이 아니고, 나라고 하는 인간이 무(無)로 돌아가서 비로소 신의 경륜으로 이루어져야 가장 높은 단계의 참된 기도가 되는 것이다. 그래서 '기도는 신과의 대화다.'라고도 말한다. 기도는 나의 모든 정성과 모든 있는 것으로, 신 앞에 그저 의지한 몸이 되고, 던져 버린 마음이 되었을 때에 신의 사랑의 손이 다가온다고 한다.

수피즘은 기독교의 영향을 받은 신비주의적인 교파다. 신에 대한 한결같은 묵상은 자기 자신의 삶을 알게 하고, 가장 순수한 정신세계로 돌아오게 하며, 아름다운 삶을 누리게 하는 것이므로, 수피의 메시지는 인간의 가장 순수하고 아름다운 정신적인 삶을 강조하고 있다. 그러기 위해서는 고요한 명상을 통해 신을 알아야 하는 것이다.

　명상이란 여러 종교나 문화적 전통에서 행해지고 있고 그 방법은 다양하지만 그 핵심은 현재 일어나고 있는 일에 집중하는 것이다. 우리의 의식을 과거나 미래, 또는 이 자리가 아닌 다른 데 두는 것이 아니라 지금 현재 이 순간 이 자리에 우리의 의식을 의도적으로 집중하는 것이다. 현재 몸과 마음에서 일어나는 일에 집중한다. 그중에서도 주로 호흡에 집중한다. 호흡이야말로 우리에게 가장 중요한 일이고 살아 있는 한 항상 계속되기 때문에 흩어지기 쉬운 우리의 의식을 호흡에 집중함으로써 우리의 의식을 한곳에 모으는 훈련을 할 수 있다. 수련을 통해서 의식을 한곳에 모을 수 있으면 항상 현재에 집중하면서 살 수 있다. 우리의 고통은 과거나 미래에서 벗어나지 못할 때 생긴다. 과거에 일어난 일을 잊지 못할 때, 미래에 일어날 일이 걱정될 때 우리의 마음은 안정을 잃는다. 과거도 놓아 버리고 미래도 생각하지 않을 때 그리하여 현재 일어나는 일에 오로지 집중할 수 있을 때 우리 마음은 평화를 얻는다. 불교경전인 『쌍윳다 니까야』에 천신과 부처님과의 대화가 있는데, 지금 이 순간에 집중하면서 현재를 지키는 것이 얼마나 중요한 것인지 잘 나타나 있다.

　명상 치유 프로그램에는 바디스캔, 보행명상, 요가, 좌선, 일상행위관찰, 자애명상, 이완 반응, 몸에 대한 마음챙김 등이 있다. 각각에 대해 간략하게 살펴보면 다음과 같다.

　바디스캔은 발가락에서 시작하여 정수리까지 감각을 관찰하는데 최면적인 요소가 가미되어 있어 만약 몸의 어느 부위에 긴장이 느껴지면 내쉬는 숨을 통해 긴장이 나가게 한다. 바디스캔을 통해 몸의 감각을 있는 그대로 느끼는 훈련이 되면 자기 자신을 평소에 잘 관찰하게 되고 어떤 변화가 올 때 빨리 감지하게 된다. 바디스캔을 하고 나면 몸이 개운해지고 집에서 테이프를 들으면서 바디스캔을 할 경우 잠이 잘 오기도 한다.

　보행명상은 걸을 때 걷는 동작 하나하나를 있는 그대로 관찰하면서 걷는 것이다. 평소보다 조금 천천히 걸으면서 발을 '들고, 가고, 놓는' 3단계 동작을 하나하나 지각하면서 걷는 명상이다. 보행명상이 익숙해지면 각 동작이 있게 하는 의도를 챙기면서 걷는 것에 집중한다. 보행명상을 통해 집중력이 너 상해지고 몸과 마음의 관계, 의도의 중요성을 알게 된다.

요가는 몸의 유연성을 크게 해 준다. 또한 우리는 평소에는 몸이 그냥 있는 것이라고 당연하게 생각하고 몸을 잊고 사는데, 요가를 하면 몸 구석구석을 잘 느낄 수 있다. 우리 몸과 대화하여 어디가 어떤지 알 수 있다. 몸의 현재 한계를 느낄 수 있고 그 한계가 극복되는 것을 경험할 수 있다. 요가는 균형을 중시한다. 몸과 마음의 균형을 중요하게 생각한다. 동작 간의 균형도 중시한다. 요가를 통해 균형 잡힌 삶을 살 수 있다.

좌선은 허리를 세우고 앉아서 호흡을 관찰한다. 호흡관찰은 호흡을 할 때 배가 부르고 꺼지는 것을 관찰하기도 하고 코를 통해 숨이 들락날락하는 것을 관찰하기도 한다. 생각이 들면 생각이 일어났다는 것을 알고 생각이 사라지면 다시 호흡에 집중한다. 이렇게 좌선을 하면 이완이 되고 집중력이 강해진다. 이완되고 집중된 상태에서 몸과 마음을 관찰하여 몸과 마음의 속성을 파악하게 된다. 이완되고 마음이 편안한 상태에서 어떤 일이든지 받아들이게 된다.

자애명상은 남에 대해 가진 적개심, 악의를 버리고 남을 위하는 좋은 마음을 갖게 한다. 우리가 남에 대해 적개심, 보복심, 원한을 가지면 제일 먼저 우리가 힘들다. 그리고 그런 마음을 가지고 있으면 우리 주위가 적으로 둘러싸여 있는 셈이다. 적개심, 악의를 내려놓고 자비로운 마음이 되면 우선 우리 마음이 부드럽고 편안하고 주위가 좋은 사람으로 둘러싸이는 것이 된다. 자애명상은 먼저 자기 자신에 대해 다음과 같은 기원을 한다. '내가 행복하고 평화롭고 모든 괴로움으로부터 벗어나기를 바랍니다. 내가 행복하고 평화롭고 모든 적의로부터 벗어나기를 바랍니다. 내가 근심과 우울함으로부터 벗어나기를 바랍니다.' 그리고 난 뒤 내 마음이 편안하고 행복한 것처럼 다른 사람도 그렇게 되기를 기원하고, 마지막으로는 모든 살아 있는 존재들에게 그와 같은 기원을 한다.

이완 반응은 하버드 대학교 의과대학의 스트레스 의학 전문가인 벤슨(H. Benson)에 의해 만들어진, 명상을 이용한 스트레스, 긴장, 불안을 다스릴 수 있는 아주 간편한 방법이다. 이완 반응을 하는 방법은 다음과 같다. ① 편안한 자세로 앉는다, ② 눈을 감는다, ③ 온몸의 근육의 긴장을 푼다, ④ 집중의 대상이 될 단어나 문구를 선택한 후(가장 도움이 되거나 편안하게 하거나 힘이 되는 종교적 또는 개인적인 단어나 문구) 숨을 들이쉴 때는 숨을 들이쉬는 것에 집중하고 숨을 내쉴 때 내쉬는 동안 이 단어나 문구를 소리 내거나 마음속으로 말한다. 명상 중에 잡념이 들면 '그래 괜찮아.' 하며 무시하고 선택한 단어나 문구에 다시 집중한다. 이러한 방법으로 하루 두 번 하고, 한 번에 10~20분간 한다. 평소 이와 같이 하고 긴장이나 불안이 일어나는 상황에서는 그때 '괜찮아. ○○야, 긴장하지 마.' 하고는 숨을 들이쉴 때 들이쉬는 데 집중하고 숨을 내쉴 때 평소에 하는 단어나 문구를 속으로 말한다. 안정될 때까지 한다. 이완 반응은 긴장과 과호흡 증후군, 두통과 요통, 협심증 발작 등의 고통, 고혈압, 항암제 작용의 부작용인 메스꺼움과 구토, 높은 콜레스테롤, 불면증에 효과가 있다.

몸에 대한 마음챙김은 불교 수행방법의 하나로 우리 몸을 있는 그대로 관찰하여 몸에 대해 욕심을 내지 않고, 집착을 버리게 하는 동시에 명상의 상태를 체험하게 해 준다. 몸에 대한 마음 챙김은 우리 몸을 32가지로 관찰하는 것이다. 겉에서부터 속으로 순서대로 되어 있으며, 각 몸의 부분을 색깔, 모양, 냄새, 위치 면에서 봐야 한다. 순서대로 기억해야 하는데, 다음과 같다.

머리털 → 몸털 → 손톱 → 치아 → 살갗 → 살 → 힘줄 → 뼈 → 골수 → 콩팥 → 염통 → 간 → 흉막 → 비장 → 허파(폐) → 창자 → 장간막 → 위 속의 음식 → 똥 → 뇌 → 담즙 → 점액질 → 고름 → 피 → 땀 → 지방 → 눈물 → (피부의) 기름기 → 침 → 콧물 → 관절활액 → 오줌

명상은 일상생활에 찌든 우리의 심신을 평온하게 하고 피로를 회복하는 데

아주 중요한 역할을 한다. 명상을 통해 내가 원하는 바를 이룰 수도 있고, 나의 건강을 병원의 도움 없이 스스로 지켜 낼 수도 있다. 명상은 우리가 잃어버렸던 영혼을 찾게 하고 나의 삶을 보다 더 성숙하게 한다. 명상을 하다 보면 증오와 갈등, 흥분이 없어지고 사랑과 감사, 상생의 마음이 절로 생기며 매사에 긍정적인 마음이 움튼다. 명상을 하면서 내가 천기(天氣)에 둘러싸여 있다고 상상한다면 그렇게 된다. 또한 내 몸이 가볍고 새 생명의 에너지가 순환하고 있다고 이미지를 그리면 실제로 내 몸은 생명의 에너지로 가득 찰 것이다. 이것이 명상의 힘이다. 이와 같이 명상은 우리에게 너무나 중요한 의미를 가진다. 우주의 근본은 자신의 내면세계에 있다. 명상에 익숙해지면 이러한 우주 진리를 자연히 터득하게 된다. 이외에도 우리 주위에는 다양한 명상법들이 나와 있다.

　음악을 통한 명상, 기도를 통한 명상, 침묵을 통한 명상, 자연이미지를 통한 명상법 등은 가장 일반화된 명상법들이다. 그러나 명상의 효과를 극대화하고 그 진정한 의미를 깨닫기 위해선 명상에 대한 긍정적이고 적극적인 자세가 선행되어야 한다. 명상은 결코 어려운 것이 아니며, 그렇다고 결코 가벼운 것도 아니다.
　요가에서 말하는 명상법이란, 외부 세계의 집착을 완전히 끊고 내면의 영적인 세계로 나아가기 위한 방편들이다. 즉, 명상을 통해 인간의 완전한 해탈을 구하고자 한다. 명상의 자세에서 가장 중요한 것은 의식을 어디에 두느냐. 의식의 흐름에 따라 명상의 효과도 다양하게 나타난다. 음악을 통한 명상일 경우 그 음악의 리듬에 의식을 빼앗겨서는 안 되고, 음악은 단지 마음의 이완을 돕는 수단으로만 활용해야만 보다 깊은 명상이 될 수 있다. 어떤 대상을 바로 보며 하는 명상도 마찬가지로 그 대상에 지나치게 집착한다면 내면의 의식이 경직되어 참 자아를 얻기가 힘들어진다. 그리고 명상 중 호흡은 항상 단전을 의식하며 한다. 단전(배꼽 아래 5cm)이 허약하면 몸의 균형이 잡히지 않고 깊은 명상을 할 수 없다. 단전을 강화하고 막힌 어혈을 풀어 줄 때 진정한 명상에 돌입할 수 있다. 그래서 요가에서는 명상법의 전단계로 신체적 수련인 아사나(체위법)를 필수 코스로 하였다. 불교에서도 선수행의 한 방편으로 신체수련을 예부터 해 왔다. 아무 준비 운동 없이 그냥 명상을 한다고 자세를 잡는다면 몸의 상태가 바르지 못하고 잡념이 과도해져서 쉽게 명상에 이를 수 없다. 이와 같이 아사나는 깊은 명상에 이르는 가장 빠른 길이 된다. 명상에 익숙해지면 장소에 구애됨 없이 사무실이나 적당한 공간만 있으면 3분 명상만으로도 좋은 효과를 얻을 수 있다. 명상은 멀리 있는 것이 아니라 바로 내가 있는 이 자리에 있다고 생각하면 된다.

◇ 요가 · 명상 · 댄스테라피를 활용한 몸과 마음의 균형 찾기

1. 요가

요가호흡	
호흡에는 세 가지 기본유형이 있다. 쇄골 호흡(얕은 숨) 늑간 호흡(중간 숨) 복식 호흡(깊은 숨)	
태양경배	**트리코나아사나**
아르다 찬드라아사나	**파도타나아사나**

비라아사나	**브장가(코브라) 아사나**

우르드바 다누라아사나		

파치모타나아사나	할라아사나

사르방가아사나	사바아사나

2. 명상

명상의 바른 자세

- 명상의 바른 환경은 주위가 약간 어둡고 조용해야 한다.
- 명상은 주변이 고요하고, 식사 1시간 후나 공복에 하는 것이 좋다.
- 명상에 들어가기 전에 항상 굳어 있는 몸을 적당한 운동으로 풀어 준다.
- 반가부좌로 앉아서 할 때는 허리를 곧게 펴고 두 팔은 무릎 위에 적당히 올려놓는다.
- 누워서 할 때는 팔과 다리를 어깨넓이만큼 적당히 벌리고 몸을 최대한 편하게 바른 자세로 취한다.
- 사무실 등에서 의자에 앉아서 할 때는 허리를 곧게 펴고 두 무릎을 가지런히 붙이고 양손은 무릎 위에 살짝 올려놓는다.
- 눈을 감고 턱은 당기며, 단전에 호흡을 집중하여 천천히 깊게 숨을 마시며 뱉는다.
- 숨을 마실 때는 아랫배(단전)가 나오고, 내쉴 때는 아랫배가 들어감을 의식한다.
- 음식은 가공식품이나 육류 섭취를 줄이고 가능한 채식과 잡곡을 위주로 한다.

미간 응시를 통한 명상

- 눈을 감고 양 미간에 의식을 집중하는 이 명상법은 초보자도 쉽게 영적인 깨달음에 다를 수 있는 대표적인 명상법이다. 미간은 제3의 눈이라고도 불린다. 고대 요가수련자들은 미간을 통해 현실과 우주에 대한 통찰이 가능하고, 직관력이 생겨난다고 하였다.
- 먼저 가부좌로 앉아서 눈을 감고, 의식은 양 눈썹 가운데 5mm 위쪽에 의식을 집중한다. 처음에는 알 수 없는 흑백의 형상들이 어지럽게 눈앞에 아른거리다가 차차 의식이 깊어지면 타원형의 하얀 빛이 생겨나거나 점차 커지는 것을 볼 수 있는데, 이때 나의 의식은 이 빛 속으로 빨려 들어가는 듯한 느낌을 가지게 된다. 미간 응시 명상을 매일 규칙적으로 하다 보면 영적인 비전이 열리는데, 지금껏 목격하지 못한 환상이나 다양한 영상들이 보이므로 결코 당황하지 말고, 그대로 계속한다. 얼마 지나면 의식이 가는 곳에 따라 비전이 보일 것이다.
- 이 미간 응시 명상법은 무리하게 억지로 하다 보면 두통이 생기고 상기(上氣)되기 쉬운데, 모든 명상법도 마찬가지지만, 항상 단전에 호흡의 중심을 두고 아주 자연스럽게 시작해야 한다. 단번에 효과를 보려고 하면 결코 되지 않는다. 명상은 집착을 떠나 기다리고 물러서야 바르게 된다.

걷기명상

걷기명상은 걸으면서 하는 명상이다. 우리가 일상생활 속에서 '의식의 집중이나 각성'이 가능하다면 무슨 일을 하든지 간에 모두가 다 명상이다. 우리의 의식이 과거나 미래로, 바깥 대상이나 공상으로 흐르지 않고 지금 여기에 깨어 있는 상태로 '호흡'이나 '발걸음'에 집중하며 알아차리는 것이다.

걷기명상의 진행 순서(여러 명일 경우)	
• 차수(叉手): 아랫배에 왼손을 대고 오른손으로 가볍게 감싸 쥔다. • 안행(雁行): 둘이 걸어도 앞뒤 일렬로 해서 걷는다. • 묵언(默言): 명상 중에는 말하지 않는다.	① 서로 마주 보고 인사하기 ② 간단한 몸 풀기, 발목 풀기 등 ③ 걷기 – 평상시와 같은 걸음걸이로 천천히 걷는다. – 일직선으로 걷되, 일자걸음으로 걷는다(팔자걸음 ×). – 발이 땅바닥에 닿는 것을 느낀다(발뒤꿈치부터 바닥에 접촉한다. → 발바닥을 바닥에 접촉한다. → 발가락 부분만 바닥에 접촉시키고 한쪽 발을 바닥에서 뗀다). ④ 눈은 3~4m 앞을 응시한다(두리번거리지 않는다). ⑤ 의식: 의식은 '호흡'에 두거나 '발바닥'에 집중한다. – 잡념이 들어오면 그 관심이 어디로 흐르는지 지켜본다. – 그런 다음 다시 걸음걸이에 주의를 기울인다. ⑥ 시간: 코스나 상태에 따라 정한다. – 최소 30분 이상 계속한다. – 예상 소요시간: 총 3~4시간 ⑦ 휴식: 사찰의 역사나 문화, 숲 이해하기, 몸 풀기 또는 호흡법 강의 ⑧ 숲속명상 수행: [좌선(坐禪)으로] 듣기명상, 또는 호흡법 수련 ⑨ 오르막길에서 뜀박질하기: 5~10분 ⑩ 마무리: 개별적 소감 말하기 등

3. 댄스테라피

활동 1: 음악에 맞추어 춤추기

• 다양한 음악을 들으면서 음악마다 어떠한 신체감각이 느껴지며, 그와 함께 어떤 기분이 느껴지는지, 음악이 달라짐에 따라 신체감각과 감정이 어떻게 달라지는지를 경험한다. 이를 위해 교수자는 음악을 느끼는 데 집중할 수 있도록 눈을 감게 한 후 다양한 음악을 들려준다 (30~40초 정도). 이때 대조적인 분위기의 음악을 번갈아 가며 들려주는 것이 신체감각의 차이를 느끼는 데 도움이 된다. 음악을 들으며 몸이 움직여지면 그대로 자연스럽게 동작으로 표현해도 좋다고 안내한다.

• 먼저, 교수자는 음악의 느낌에 따라 동작을 취하다 보면 춤이 될 수 있다고 말한 뒤 신나는 음악을 틀어 주고 이에 맞추어 신나게 춤을 출 수 있는 분위기를 조성한다. 이 과정은 본 활동(춤추는 거울)에 들어가기 전에 몸과 마음의 유연성을 기르고 분위기를 무르익게 한다. 참여자들이 춤을 추는 데 부담을 느끼지 않도록 "무릎을 까딱까딱 움직여 봅시다."라거나 "손을 올렸다 내렸다 해 봅시다."라고 안내한다. 짝 맞춰 춤을 출때는 "상대방 주변에 물방울이 있다고 상상하고 음악에 맞춰 물방울을 터트려 봅시다." "상대방과 손바닥을 마주치며 돌아 봅시다."라는 식으로 움직임을 유도한다. 또한 적당한 시점(춤을 추기 시작한 뒤 1~2분이 지난 후)에서 "지금 짝과 왼쪽 방향으로 세 사람 건너편에 있는 사람과 짝을 바꾸세요." 혹은 "내 뒤에 있는 사람과 짝을 바꾸세요!" 하고 안내함으로써 평소에 마주치지 않았던 사람들과도 만나는 기회를 만든다.

• 다음으로, 자연이 연상되는 음악을 들려주고, 느낌에 따라 동작으로 표현하게 한다. 음악을 들려주면서 자신이 자연의 일부(예: 새, 꽃, 바람, 시냇물 등)라고 생각하면서 그 느낌을 동작으로 표현해 보도록 한다. 이 과정에서 흥분된 분위기를 가라앉히고 숨을 고르면서, 내면의 느낌에 집중하게 되면서 '춤추는 거울' 활동으로 들어갈 수 있는 몸과 마음의 준비가 이루어진다.

활동 2: 춤추는 거울(mirroring)

• One-way-mirror: 두 사람이 짝을 지어 마주 보고 앉는다. 먼저 한 사람이 음악에 맞춰 천천히 동작을 취하면(춤을 추면), 다른 한 사람은 마치 거울이 된 것처럼 상대방의 동작을 그대로 따라한다. 이때 음악을 들으며 자기 감정에 집중할 수 있도록 다음과 같은 멘트로 안내를 한다.

> "어떻게 몸을 움직여야 할지 고민하지 않아도 됩니다. 선생님이 음악을 틀어 줄 텐데, 그
> 음악에 따라 몸을 움직여 주면 됩니다. 상대방과 눈이 마주치면 조금 민망할 수 있겠지요?
> 나 자신에게 집중하기 위해 눈을 감으면 좋을 거예요. 눈을 감고 음악을 들으며 내 느낌,
> 기분이 끌리는 대로 몸을 움직여 보세요. 단, 너무 빠르지 않게 천천히 내 감정이 내 몸을

느끼면서 움직이는 겁니다." [음악을 틀며 일정시간(약 3~4분) 움직임]

- 처음에는 교수가 먼저 동작을 취하고 참여자 전원이 거울이 되어 따라 하도록 하거나, 참
여자 중 한 명을 나오게 해서 교수자와 짝을 맞춰 시범을 보여도 좋다. 차분하면서도 내면
의 감정과 접촉할 수 있는 감동적인 선율의 음악을 들려주면 동작으로 표현하기 쉽다.
- 거울이 되었던 사람은 상대방의 동작을 보면서 어떤 느낌이었는지, 또 따라 하면서 어떠했
는지 자신의 경험을 이야기한다. 또한 거울의 느낌을 전달받은 당사자는 춤을 출 때는 어
떠했는지, 거울의 피드백을 받고 보니 어떤 마음이 드는지를 이야기 나눈다.
- 서로의 경험을 나눈 후에는 춤추는 사람과 거울의 역할을 바꿔서 하도록 한다.

• Two-way-mirror: 춤을 추는 사람과 따라하는 사람(거울)의 역할을 명시적으로 정하지 않
고 서로 마주 보고 자연스럽게 주고받으며 동작을 따라 하도록 한다.

"자, 이번에는 선생님이 순서를 정해 주지 않을 거예요. 처음에는 두 사람 중 누가 먼저 움
직이면 자연스럽게 다른 한 사람이 거울이 되어 따라 하겠지요. 그리고 어느 순간 눈빛으
로 '이젠 네가 먼저 할래?' 하고 신호를 보내면 따라 하던 사람이 먼저 동작을 바꾸어 가
며 춤을 추고 다른 친구가 거울이 되어 따라가는 거예요. 이렇게 춤을 주거니 받거니 하
면서 춤을 추는 사람과 거울이 되는 사람의 순서가 자연스럽게 바뀌어 가면 좋겠어요. 정해
져 있는 시간이나 순서는 없어요. 그냥 음악을 들으며, 서로가 눈빛으로 호흡을 맞춰 가며
이 역할을 바꿔 가면서 춤을 춰 보는 거예요."

- 눈짓이나 손짓으로 주도권을 받는 것은 허용하되, 소리 내어 말하지는 않도록 한다.
- 교수자도 자연스럽게 참여할 수 있도록 한 명과 짝을 이루어 진행하도록 한다.

활동 3: 경험 나누기

• 자리에 둘러앉아 어떤 느낌이었는지 소감을 나눈다.

"상대방과 동작을 주고 받으면서 어떤 느낌이 들었나요? 두 사람 중 누가 더 동작을 주도
했나요? 주도해 간 사람은 어떤 느낌이었나요?"
"누가 주로 거울이 되었나요? 거울이 되어 따라 하면서 어떤 느낌이었나요?"
"춤을 추는 사람과 거울이 되어 따라 하는 역할을 바꾸는 과정이 자연스럽게 이루어졌나
요? 어떻게 해서 자연스럽게 이루어진 걸까요? 둘 사이에 어떤 교감이 일어났나요? 이렇게
말없이 주도권을 주고, 받는 경험이 어떠했나요?"

〈읽기자료〉

1. 요가 호흡

　대부분의 사람들은 어떤 호흡법이 올바른 것인지 잘 모르고 생활하며, 그들은 입을 통하여 얕은 호흡을 하거나, 횡격막을 이용할 줄도 모르며 심호흡을 할 때, 복부를 수축하거나 어깨를 들어 올린다. 이러한 방법은 산소를 적게 받아들이며 폐의 윗부분만 사용함으로서 에너지 부족이나 질병에 대한 저항력을 약화시킬 뿐이다. 요가는 이러한 습관을 바꿔 준다. 정확한 호흡이란 입을 다물고 코로 숨 쉬는 것이며, 들이쉬고 내쉬는 것을 정확하게 폐의 기능을 충분히 살려 호흡을 하는 것이다. 숨을 내쉴 때 복부는 수축되고 횡격막은 밑으로 내려가서 복부에 있는 내장을 마사지해 준다. 아사나의 3단계(자세를 취함, 자세를 유지함, 자세를 풀어 줌)와 같이 프라나야마도 3단계가 있는데, 들이쉬고, 멈추고, 내쉬는 호흡이다. 요가의 호흡법은 멈추고 내쉬는 것을 아주 중요하게 다루며 내쉬는 시간은 들이쉬는 시간의 두 배로 하고 멈추는 시간은 네 배로 한다.

2. 옴(A-U-M)만트라

　산트크리트 문자로서 옴은 근원적인 만트라이며 모든 소리와 글자, 생각의 근원이다. '오'는 몸의 깊은 곳에서 일어나 위로 서서히 올라와 '옴'과 하나 되어 머리 전체를 울린다. 옴을 20분 정도 반복하면 몸의 모든 세포는 이완된다.

3. 삼목삼리 운동

손목, 발목, 목이 충분히 이완되고, 머리, 허리, 다리도 충분히 이완된다.

4. 아사나

- 태양경배: 아사나를 하기 위한 준비자세로 몸 전체를 부드럽게 마사지 해 준다. 각각의 자세는 바로 앞의 자세와 짝을 이루어 몸의 균형을 잡아 주며 가슴은 팽창 및 수축되어 호흡을 부드럽게 하게 한다. 매일 규칙적으로 수행함으로써 척추를 바로 세워 주고 관절의 인대에 탄력을 주며 허리를 유연하게 만들어 준다.
- 트리코나 아사나: 다리의 근육을 강하게 하고, 다리와 엉덩이의 뻣뻣함을 제거해 주

며, 다리의 어떤 경미한 결함을 고쳐 주고 고르게 발달하여, 등의 통증과 목의 뻠을 없애 주고, 발목을 강화시키고, 가슴을 발달시켜 준다.

• 아르다 찬드라아사나: 몸통 부분의 모든 근육, 특히 허리, 복부의 근육과 근력을 향상시킨다. 허리를 강화시켜 몸의 자세를 바르게 잡아 주며, 척추의 유연성을 길러 준다. 다리부터 머리까지 혈액순환을 원활하게 해 주며, 소화불량과 변비에도 효과가 있다.

• 파도타나아사나: 목, 어깨, 등이 펴지고 근육이 풀어지는 것을 느낄 수 있다. 종아리와 발목의 근육을 풀어 주며 강하게 한다. 물구나무가 어려운 사람은 이 자세를 먼저 연습한다.

• 비라아사나: 척추를 바로 세워 상체가 앞뒤로 기울어지지 않게 한다. 무리하여 발목이나 무릎에 부상이 생기지 않게 주의한다. 고혈압과 천식에 효과적이며, 여성에게는 월경전후의 증상을 완화시키는 데 효과가 있다. 허벅지, 무릎, 발목의 긴장을 해소한다. 임산부의 경우 다리의 부종을 제거하는 데 탁월하다.

• 브장가(코브라) 아사나: 브장가(Bhujanga)는 뱀이란 뜻이다. 척추 전체의 근력을 강화하고 척추를 건강한 상태로 만든다. 경미한 척추디스크를 완만히 하는 데 도움을 준다. 복부기관과 골반기관의 기능을 활성화시킨다. 가슴을 확장하고 심폐기능을 강화시킨다.

• 우르드바 다누라아사나: 초급과 중급 과정자에 맞는 정확한 자세 취하기, 팔과 손목 강화, 등과 척추를 강화시킨다. 또한 뇌파를 안정시키고 원기 회복에 좋으며 전신근육을 이완시켜 허리 유연성을 기르게 된다.

• 파치모타나아사나: 복부기관과 신장, 척추를 활성화하고 그 기능의 저하를 예방한다. 또한 위를 따뜻하게 하고 장의 연동운동을 촉진하며 소화기 계통의 부조화를 경감시킨다. 골반부에 보다 많은 산소를 지닌 혈액이 공급되고, 생식선을 활성화하여 발기부전 치료에 도움이 되고 성을 제어할 수 있게 된다.

• 할라아사나: 할라아사나를 수행하는 동안 발생하는 횡격막의 움직임은 모든 내장을 마사지하여, 소화를 활성화하고 변비와 소화불량을 완화시키며, 비장과 부신의 기운을 회복시키고, 췌장의 인슐린의 생산을 증진하며, 간과 신장의 기능을 개선한다. 이 자세는 등근육의 경직을 덜어 주며, 척추신경을 정상화하고, 교감신경계의 작용을 개선하며, 전신의 혈액순환을 증가시킨다. 몸의 신진대사율의

균형을 잡는 갑상선의 활동을 조절하고, 흉선을 자극하며, 면역력을 높인다. 천식, 기관지염, 변비, 간염, 비뇨기관 질환과 월경불순을 치료하는 요가테라피에서 활용된다.

- 사르방가 아사나: 모든 아사나의 어머니라 불리우는 사르방가 아사나를 행하면 턱을 꽉 누르기 때문에 혈액의 공급량이 증대되어, 목 부분에 위치한 갑상선과 부갑상선에 영향을 미친다. 게다가 몸이 거꾸로 놓인 상태이기 때문에, 정맥피가 중력에 의해 어떤 무리한 부담 없이도 심장으로 흘러 들어가며, 건강한 피는 목과 가슴에서 순환되게 된다. 그 결과로 숨참, 가슴 두근거림, 천식, 기관지염, 목 질환으로 고생하는 사람에게 매우 좋다. 또 신경이 가라앉고, 만성적인 두통에도 매우 좋은 자세이며, 일상적인 감기와 코 질환을 근절하며, 신경 안정 효과 때문에 긴장, 흥분, 조급증, 신경쇠약, 불면증을 다스려 준다. 몸 전체가 거꾸로 중력을 받으므로, 복부 기관에 영향을 주어 위장, 장궤양, 심한 복통, 대장염에 특히 좋으며 장이 활발히 움직여 변비가 해소된다. 그 결과로 조직 내 독소가 없어지고 에너지가 충만해진다. 또한 이 아사나는 비뇨기 질환, 자궁편위, 월경불순, 치질, 탈장에 권해진다. 또한 간질, 무기력증, 빈혈에 도움이 된다.
- 커플 요가: 둘이 함께하는 요가는 처음 요가를 시작한 사람에게 자신감을 불어넣어 준다. 서로의 몸과 힘을 이용하기 때문에 혼자 요가를 할 때보다 더 강한 자극을 주고 올바른 자세를 취할 수 있다. 상대방을 배려하게 되어 함께하는 친구나 연인, 부부, 동료 등 파트너와의 친밀도를 높여 주는 것 또한 장점이다.
- 커플 마사지: 둘이 함께하는 마사지는 커플 요가와 마찬가지로 서로의 몸과 힘을 이용하므로 혼자 할 때보다 더 강한 자극을 주고 올바른 자세를 취할 수 있으며, 운동 후 몸의 피로를 풀어 줄 수 있다.
- 사바아사나: 몸을 이완하고 호흡을 쉽게 하도록 하여 신경계를 진정시키고, 마음을 고요하게 한다. 신경의 긴장, 편두통, 불면증, 만성피로 증후군을 완화시키는 데 도움을 주며, 모든 만성질환이나 심각한 질병으로부터 빨리 회복하게 한다. 현대 문명의 스트레스는 신경의 긴장에 따른 것인데, 사바아사나는 가장 좋은 스트레스 해독제다. 사바아사나로 10~20분 정도 잘 이완하게 되면 2~3시간 수면의 효과보다 더 좋다.

제 2 부
조화로운 삶

인성교육은 조화로운 삶을 위해서도 중요하다. 그 첫걸음은 아마도 자신의 내면으로부터 들려오는 양심의 소리에 귀를 기울이는 일이다. 하지만 현대인은 인간 존재에 깃들어 있는 선량한 마음을 잃어버린 지 오래다. 어쩌면 우리는 이제라도 그 잃어버린 마음을 찾으러 나서야 할지도 모른다. 그 여정에서 맹자의 사단(四端), 즉 측은지심, 수오지심, 사양지심, 시비지심은 현대적으로도 충분히 음미할 가치가 있는 소중한 덕목이 아닐 수 없다.

행복만큼 조화로운 삶을 영위하는 데서 중요한 요소는 없을 것이다. 일상적으로 널리 쓰는 말이지만, 그 기준과 조건이 천차만별이어서 행복이라는 말은 오히려 중압감을 안겨 준다. 하지만 우리가 만일 행복이 무엇인지, 그리고 사람들이 왜 불행한지를 알게 된다면 좀 더 이성적으로 행복의 문제에 접근할 수 있을 것이다. 프랑수아 를로르(Francois Lelord)의 『꾸뻬 씨의 행복 여행』 이야기를 통해, 그리고 돈, 몰입, 인간관계와 행복의 관련성을 진지하게 생각해 봄으로써 우리는 진정한 행복이 어디에 있는지 그 비밀의 열쇠를 풀 수 있을 것이다.

인간은 사람과 사람 '사이'에 존재한다. 대인관계는 행복의 조건이며, 사회가 복잡해질수록 관계의 역량은 더욱 중요해진다. 우리의 잘삶을 위해서는 건강한 사람들이 다른 사람들과 어떻게 관계를 맺고 의사소통을 하는지를 살펴볼 필요가 있다. 사람과 사이를 이어 주는 것은 '소통'의 힘에서 나온다. 나의 대인관계와 의사소통 능력을 강화하기 위해서는 심리검사 도구를 활용하여 인간관계 특성과 대인관계 양식을 파악하거나 나의 의사소통 유형을 파악하는 일이 실제로 도움이 된다.

감정을 잘 다스리는 일은 조화로운 삶을 이끌어 나가는 지혜로운 방법이다. 내면의 조화를 위해서는 감정을 적절하게 잘 표현하고, 때로는 감정을 잘 조절할 수 있어야 한다. 여러 감정 중에서도 가장 강력한 힘을 지닌 것이 바로 화(분노)다. 그것이 나에게로 향할 때 자기파괴나 스트레스를, 상대방에게 향할 때 걷잡을 수 없는 결과를 초래하기도 한다. 감정도 정련을 위해서는 일종의 수업이 필요하다. 자신의 감정을 읽고 표현하기, 공감하기, 분노조절 전략 학습을 통해 우리는 조화로운 삶에 한 걸음 더 가까이 다가설 수 있을 것이다.

제5장
내면의 진정한 가치, 양심

1. 양심의 의미

우리는 일상생활에서 흔히 "양심이 있느냐? 마음이 찔리지 않느냐?" 또는 "가슴에 손을 얹고 생각해 보라."는 등의 말을 사용하며, 때로는 '양심선언'이라는 말도 종종 듣게 된다. 그만큼 양심은 우리에게 익숙한 단어다. 뿐만 아니라, 많은 사람들은 양심이 우리의 도덕적 행위와 관련하여 어떤 기능을 담당한다고 믿기도 한다. 하지만 양심이라는 단어가 함축하는 의미를 이해하기가 쉽지 않다.

우리나라 「헌법」 제19조에도 "모든 국민은 양심의 자유를 가진다."라고 명시되어 있을 정도로, 양심은 개인의 권리를 중시하는 삶의 중요한 가치 중의 하나다.

양심(良心, conscience, Gewissen)을 한자어로 풀이해 보면, '착할 양(良)'과 '마음 심(心)'이 결합해 '착한 마음씨'로 쉽게 생각할 수 있고, 사전에는 사물의 가치를 변별하고 자기의 행위에 대하여 옳고 그름과 선과 악의 판단을 내리는 도덕적인 인격적 의식이라고 정의 내리고 있다.

서구(西歐) 근대어(近代語)에서 양심으로 번역되는 'conscience'는 '함께 (with 혹은 together)'라는 뜻의 'con'과 '내가 알다'는 의미의 'sscio'가 결합하여 만들어진 것으로 어원적으로 '무엇과 함께-안다'를 의미하는 라틴어의 'conscientia'에서 유래한 것이며, 이는 그리스어 syneidēsis(자신과 함께하는 지식)로 거슬러 올라간다. 'con'은 양심의 공동체성(共同體性)을, 'scientia'는 양심의 이성적(理性的) 인식(지식)의 면을 나타낸다.

양심이란 나 혼자 보고 나 혼자 느끼는 나 혼자만의 가치판단이 아니라 남과 함께 생각하고 다른 사람들과 더불어 마음에 새기는 공동체적 윤리 판단이며 감정이나 의지의 차원을 넘어서는 이성적(理性的) 명제임을 말해 주고 있다. 양심을 통해 인간은 자신과 세계에 대한 공동의 '앎'을 소유할 수 있게 된다. 양심의 소리를 들을 수 있는 인간은 사회에 대한 지식을 타인과 공유하며, 공통된 정서작용을 통해 도덕적이고 윤리적 규범을 배울 수 있게 된다. 함께 인식하는 공동체적 이성, 이것이 서양적 양심의 어원적(語源的) 정의라고 할 수 있다.

서양에서 양심이라는 말은 우리말의 '양심'보다는 넓은 의미로 '의식(意識)'과 상통하는 면을 가진다. 이와 같은 사실은 인간의 양심이라는 것이 원래 사회적 규범과 개인적 욕망 사이에서 양자를 '함께-아는' 데서 성립되는 것이라는 것, 또한 인간의 '의식'은 많은 부분에서 양심과 중첩되는 것으로서, 사회적 성격을 갖는다는 것, 따라서 사회적 동물로서의 인간존재의 근본 구조를 형성한다는 것을 나타낸다고 볼 수 있다.

유사 이래 사람들이 모여 사는 곳에는 언제나 어떤 관습과 규범이 있었고, 그것을 위반하고 싶은 유혹을 느꼈던 사람은 아마도 마음속에서 울리는 어떤 저항의 음성을 들을 수 있었을 것이다. 이런 마음속의 음성이나 느낌은 서구에서 18세기에 이르러 비로소 도덕감(moral sense) 또는 양심(conscience)이라고 분명히 표현되었다. 이러한 억제하는 양심의 역할을 설명하는 마음의 기능에는 여러 가지 요소가 있음을 현대 심리학은 말해 준다. 이에 따라 양심의 개념에 대한 설명도 더욱 명확해지게 되었다. 양심의 기능을 우리는 대체로 인지적·감정적·의지적 기능의 세 가지 측면으로 나누어 생각해 볼 수 있다.

우선 양심의 기능을 주로 감정적인 측면에서 이해하고자 했던 사람들은 그것을 우리가 옳다고 믿는 일을 행할 때 우리에게 어떤 독특한 만족감이 뒤따르고, 나쁘다고 믿는 것을 행할 때에는 불쾌감이 따른다는 사실, 또 타인의 부도덕한 행위를 볼 때 우리에게 불쾌한 감정이 일어나고, 도덕적으로 올바른 행위를 볼 때 유쾌한 감정이 일어난다는 사실로 설명하고 있다. 이러한 주정주의적 입장에 따르면, 이와 같은 감정적 작용은 동시에 도덕적 행위의 동기가 되며, 양심의 근본적 힘도 바로 이러한 측면에서 찾아볼 수 있다.

다음으로, 양심의 기능을 주로 인지적 측면에서, 즉 도덕적 인식능력과 관련된 어떤 것으로 이해한 사람들에게 양심은 단순히 감정적인 어떤 것이 아니라 도덕적인 선과 악, 옳고 그름을 판별하게 해 주는 힘이다. 이러한 인지적 양심의 능력에 힘입어 우리는 도덕적 행위의 의의를 알 수 있고, 도덕 법칙을 인식하게 되며, 또 그 도덕 법칙을 합리적인 것으로 받아들이게 된다. 실제로 양심을 뜻하는 영어의 'con-science', 독일어의 'Ge-wissen'은 '함께 안다'는 말이며, 그 지적인 측면을 의미하고 있다고 하겠다.

그러나 사람이 아무리 도덕적 지식과 도덕적 감정을 가지고 있다 하더라도, 옳고 선한 것을 선택하고 실천하는 의지의 결단이 없다면, 그것은 결국 행위로 연결되지 못하고 말 것이다. 이러한 생각에서, 양심을 주로 그 의지적 측면에서 이해하고자 했던 피히테(J. G. Fichte)는 양심을 삶의 과정에 있어 자신의 도덕적 사명을 확신하여 끊임없이 활동하라고 명령하는 우리 마음의 작용으로 이해하고자 하였다.

한편, 브로드(C. D. Broad)는 양심이 이와 같은 세 가지 기능을 모두 가지고 있는 것으로 파악한다. 양심에 대한 이와 같은 포괄적 정의를 받아들인다면, 양심은 사실상 우리가 지니고 있는 '도덕적 본성' 자체를 가리키는 말로 이해되며, 일반적으로 도덕적 지식(knowledge), 도덕적 숙고(deliberation), 도덕적 감정(feeling), 도덕적 신념(belief), 도덕적 노력(striving) 등으로 표현되고 구분되는 것 모두를 포함하고 있는 개념이라 볼 수 있다.

또한 양심이란 우리가 스스로를 깨닫도록 도와주는 내적 지식이므로 '양심은 획득된 관념(후천설, 경험론)인가, 선천적 관념(선천설, 자연설)인가?'라는 물음이 제기된다. 양심의 원천에 대해서는 여러 가지 설이 있다. 선천설은 태어날 때부터 이미 양심이라는 요소를 가지고 태어나 무의식중의 선행 등 누구나 본성적으로 선을 향한 마음이 있다고 생각하는데, 대표적인 사람이 동양에서는 맹자, 서양에서는 소크라테스가 비슷한 맥락으로 말했다. 후천설은 태어난 후에 경험을 통하여 양심을 가지게 되므로 양심은 부모, 가족, 학교에서의 가르침과 교육에 의해 만들어지는 것이라고 생각한다.

양심의 생득설은 프로테스탄티즘이나 17세기의 R. 카드워스, 18세기의 버틀러(J. Butler) 등으로 계승되었고, 근대에 와서 칸트(E. Kant)에 의해 종래의 설이 비판적으로 집대성되었다. 칸트는 인간의 선천적 실천이성의 법칙에 따라 "자신의 생각들이 양심에서 고발되기도 하고 변호되기도 하는 인간의 내면적 법정에 관한 의식" 혹은 "모든 자유로운 행위들을 넘어서는 내적인 재판관"이라고 생각했으며, "저 하늘에는 무수한 별들이 있고, 인간의 마음속에는 양심이 빛나고 있다."라고 말하였다. 다른 하나는 이와 비슷하지만 인간의 이성보다는 신의 명령의 내면화로 받아들이는 기독교적 관점이 있고, 또 다른 하나는 프로이트(S. Freud)나 니체(F. W. Nietzsche)처럼 양심이란 외재적 규제나 억압의 내면화, 즉 프로이트의 표현으로는 억압된 욕구가 밖으로 표출되지 않고 내면화되어 자신이 자기에게 명령하는 것, 니체의 표현으로는 주인의 명령에 저항하지 못하는 노예의 주인에 대한 원한이나 복수심이 내면화되어 자신에게 명령하는 것이라는 관점이다. 그리고 현대에 와서는 하이데거(M. Heidegger)나 야스퍼스(K. Jaspers)에 의해 실존주의적 양심론이 전개되었다.

동양에서의 양심은 우선 『맹자(孟子)』의 「고자편(告子篇)」에서 인간이 ① '남에 대한 공감능력', 즉 '측은지심(惻隱之心)'과 ② '부당한 일을 보면 혐오하며 자신의 잘못에 부끄러워하는 정의감'인 '수오지심(羞惡之心), ③ '남과 조화를 이루는 능력'인 '사양지심(辭讓之心)' 그리고 ④ '옳고 그름을 구별할 줄 아는 판단능력'인 '시비지심(是非之心)'을 본래 타고난다고 보았다. 맹자는 이러한 인간의 선천적 도덕능력을 '양심(良心)'이라고 불렀다. '양심'이라는 말은 맹자가 처음 쓴 표현으로, 본래 이 네 가지의 '타고난, 물들지 않은 마음'을 지칭하는 것이었다. 요즘에는 '양심'을 흔히 후천적으로 교육시켜야 하는 무엇으로 생각하는 경향이 있다. 그러나 맹자가 말한 '양심'은 전혀 다르다. 맹자는 후천적인 교육에 물들기 이전의 정상적인 인간이면 누구나 갖춘 선천적 도덕능력을 '양심'이라고 보았다. 맹자는 '양심'을 '불인인지심(不忍人之心)'이라고 표현했다. '양심'은 '정상적인 인간이면 남을 향해 그런 마음이 일어나는 것을 참을 수가 없는 마음'이라는 것이다. 고대 그리스의 소크라테스도 맹자와 같은 맥락의 양심을 이야기하였다. 인간 영혼의 '덕'을 잘 보살피고 보존해야 한다고 역설하면서 인간이 영혼을 잘 보존하기 위해서 인간이 무엇보다도 의롭지 못한 짓(시비지심)이나 부끄럽거나(수오지심) 불경한 짓(사양지심)을 저지르지 말아야 한다고 소크라테스는 주장했다. 죽음도 또는 그 밖의 어떠한 것도 부끄러움보다 더 고려해서는 안 된다고 말했다. 동서고금을 불문하고 인간의 내면에서 오는 소리가 양심이 아닌가 싶다.

2. '인의예지신'의 의미

구전에 「도둑질하는 아버지와 딸」 이야기가 나온다. 한 남자가 이웃집 논의 벼를 훔치기로 하였다. 그는 어린 딸을 함께 데리고 갔다.

아버지: 아가야, 너는 망을 잘 봐라. 누가 오거든 알려 주렴.

딸: 아버지, 누가 보고 있어요! (딸이 소리쳤으나, 아버지가 주위를 살펴보니 아무도 없었다.)

딸: 아버지, 누가 보고 있어요! (딸은 계속 소리쳤다.)

아버지: (화가 나서), 도대체 너는 왜 자꾸 누가 보고 있다고 하느냐? 아무도 없지 않느냐?

딸: 누가 위에서 아버지를 보고 있어요.

　이 이야기에서 도둑질하는 아버지와 달리 딸은 양심의 가책 때문에 누가 보고 있다고 계속 소리친 것이다. 이 이야기에서 우리는 양심이 보이지 않는 것이라고 해서, 그것을 쉽게 무시하거나 속이면서 아무런 가책 없이 살아갈 수는 없다는 것을 알 수 있다.

　또한 아메리카 인디언들의 이야기에 "내 마음속에는 삼각형이 있다. 평소에는 가만히 있으나, 무언가 나쁜 일을 하면 빙글빙글 돌면서 모난 곳으로 내 마음을 찌르기 때문에 나의 마음은 심한 고통을 느낀다. 나쁜 일을 많이 하면 그 삼각형은 닳아 없어져 나의 마음은 조금도 아프지 않게 된다."라는 이야기가 전해 온다. 양심을 지키지 못하고 거짓된 삶을 살다 보면 언젠가는 양심의 기능이 마비되는 상태에 도달할 수 있다는 양심에 대한 믿음의 중요성을 알려 준다.

　인의예지는 『맹자(孟子)』「공손추상(公孫丑上)」에 "인간은 나면서부터 측은(惻隱: 남의 불행을 슬피 여김)·수오(羞惡: 나쁜 일을 수치로 여김)·사양(辭讓: 겸손하며 남에게 양보함)·시비(是非: 시비선악을 판별해 냄)의 마음이 있어 이것이 인의예지(仁義禮智)의 단서(端緖: 端初, 혹은 萌芽)가 된다."라고 한 말에서 비롯되었다. 맹자(孟子)에 따르면, 인간의 소박한 자발적 행위로 볼 때 사람의 본성은 선(善)한 것이다. 이것으로부터 연역하여 인(仁)·의(義)·예(禮)·지(智)의 덕(德)으로 발전되는 사단은 본래부터 인간의 마음에 구비되어 있다는 것이 사단설의 내용이다. 그는 인간에게 사단이 있는 것은 마치 인간이 두 손과 발을 갖추고 있는 것과도 같아 선한 본성은 태어나면서부터 갖고 있는 것이라 했다. 사단이 인간에게 고유한 것이라고 하는 한, 그것을 확충시켜 나가야 하는 것이며, 그럼으로써 왕도(王道)도 실현된다고 말한 것이다. 사단설은 맹자의 성선설(性善說)의 근간이 되었으며, 칠정(七情)과 더불어 후에 성리학의 큰 관심사가 되었다.

인의예지신(仁義禮智信)이란 사람이 항상 갖추어야 하는 다섯 가지 도리(道理)를 말한다. 어질고, 의롭고, 예의 있고, 지혜로우며, 믿음이 있어야 한다는 것인데, 이것을 오상(五常)이라고 한다. 이것을 이해하기 위해서 인간의 본성을 이해하여야 한다. 유학에서 인간의 본성은 하늘이 부여한 것이다. 다시 말해, 하늘이 인간에게 준 것이다. 하늘이 부여한 인간의 본성은 선(善)하다. 나쁜 것은 없고 모두 좋다는 것이다. 그런데 인간은 하늘이 부여한 본성으로만 인간이 될 수 없다. 본성은 형체를 부여받기 이전 단계다. 따라서 형체가 없는 본성만으로는 인간이 될 수 없다. 그래서 하늘은 또다시 기(氣)라는 것을 통해 인간에게 형체를 부여한다.

인간은 본성과 형체를 하늘로부터 부여받은 후 구체적인 사람이 된다. 구체적 사람이란 살아 숨 쉬고 활동하는 개별적 인간을 의미한다. 그렇다면 여기서 인의예지신, 즉 오상을 생각하여 보자. 오상 혹은 오덕(五德)이라고 하는 인의예지신은 본성에 속한다. 따라서 인의예지신이 마음이냐 몸이냐고 물으면 안 된다. 인의예지신은 인간의 본성이다. 다시 말해, 인간이 태어날 때 원래부터 가지고 있는 성품인 것이다. 그래서 인의예지신은 우리가 보고 느낄 수 없는 것이다. 보고 느낄 수 없으니 설명도 할 수 없다. 그렇다면 유학에서는 이것을 어떻게 설명하는가?

맹자는 오상 가운데 인의예지를 사단(四端)이라는 것에 의해 설명한다. 사단은 인의예지에 대응하는 것으로, 인의예지가 있다는 단서로 설명된다. 예로서 인(仁)은 '어질다' 혹은 '사랑한다'는 것을 말한다. 이 인의 단서는 측은지심(惻隱之心)[惻: 슬플 측; 隱: 숨을 은, 마음 아파할 은; 之: 갈 지, …의 지; 心: 마음 심]이다. 맹자는 우물에 빠지려는 어린아이를 보고 측은하게 느끼는 것으로 인(仁)의 예를 들었다. 모든 사람이 우물에 빠지려는 아이를 보고, 그러면 안 된다고 느끼면서 마음을 아파하는데, 그것은 바로 모든 사람이 인을 가졌기 때문이라고 하였다. 그러니까 인이라고 하는 것은 측은지심에서 느낄 수 있는 어진 사랑이다. 의(義)의 단서는 부끄러워하는 마음인 수오지심(羞惡之心)이다. 부끄러워한다는 것은 내가 무엇을 잘못하였기 때문에 느끼는 것이다. 그러니까 의라고 하는 것은 당연히 하여야 하는 옳은 것을 말한다. 예(禮)의 단서는 사양할 수 있는 사양지심(辭讓之心)이다. 사양한다는 것은 양보하는 것이다. 예라고 하는 것은 양보와 겸손으로 최소한의 예절을 지키는 것을 말한다. 지(知)는 시비지심(是非之心)이다.

시비지심이란 옳고 그른 것을 아는 것이다. 그러니까 '지'라고 하는 것은 사리를 판단할 수 있는 것을 말한다. 사단에 포함되지는 않지만 신이라고 하는 것은 믿는 것이다. 신(信)의 광명지심(光名之心)은 중심을 잡고 항상 가운데에 바르게 위치해 밝은 빛을 냄으로써 믿음을 주는 마음이다. 믿는 것은 말한 것을 실천하였을 때 믿을 수 있다. 따라서 신이라고 하는 것은 거짓을 말하지 않고 진실한 것만을 하는 것을 말한다. 그래서 사단의 현대적 의미는 다음과 같이 말할 수 있다.

"내가 받고 싶은 것을 남에게 베풀고, 내가 원하지 않는 걸 남한테 가하지 말자."

모두에게 이로운 것이 선이고 나에게만 유리하고 남한테 피해를 주는 것은 악이다. 자신의 양심을 어제보다 더 확충하고 모든 사람이 양심이 확충되도록 돕는 것이 진정한 인간의 길이고 군자의 길이다.

☞ 생각하고, 활동하고, 느끼기

◇ 양심 실천을 위해 함께 생각하기

1. 다음의 글은 2001년 1월 26일 오후 7시 15분경에 JR 동일본 야마노테 선 신오쿠보 역에서 일어난 인명사고에 관한 글입니다.

◈ 사례 1

> 사건의 전개
>
> 일본에서 아르바이트로 학비를 벌며 열심히 유학생활을 하던 평범한 대학생이었던 고 이수현 씨가 2001년 1월 26일 아르바이트를 마치고 집으로 돌아가던 중에 지하철 선로에 쓰러진 취객을 보는 순간, 선로로 뛰어들었다. 요코하마에 사는 사진작가인 세키네 시로(關根史郎)도 이를 보고 같이 뛰어들었다. 전동차가 급정거를 걸었으나, 결국 사카모토 세이코, 이수현, 세키네 시로 3명 모두 사망하였다.
>
> * 이 사건은 2008년 〈너를 잊지 않을 거야〉로 영화화되었다.

1) 자신이 이런 상황이라면 어떻게 했을지, 왜 그랬을지에 대해 서술해 봅시다.

2) 이 사례와 비슷한 경험을 했거나 유사한 사건을 찾아 서술해 봅시다.

3) 이 글을 읽고 맹자 사단의 입장에서 인간의 마음에 대해 성찰해 봅시다.

2. 다음의 시는 윤동주가 창씨개명 후 매우 괴로워해서 고통과 참담한 비애를 그린
「참회록」중의 일부입니다.

◈ **사례 2**

> 파란 녹이 낀 구리 거울 속에
> 내 얼굴이 남아 있는 것은
> 어느 왕조(王朝)의 유물(遺物)이기에
> 이다지도 욕될까
>
> 나는 나의 참회(懺悔)의 글을 한 줄에 줄이자
> ─ 만 이십사 년 일 개월을
> 무슨 기쁨을 바라 살아왔던가
>
> 내일이나 모레나 그 어느 즐거운 날에
> 나는 또 한 줄의 참회록(懺悔錄)을 써야 한다.
> ─ 그때 그 젊은 나이에
> 왜 그런 부끄러운 고백(告白)을 했던가

1) 자신이 윤동주 시인의 입장이라면 어떻게 했을지 말하여 봅시다.

2) 이 사례와 비슷한 경험이 했거나 유사한 사건을 찾아 서술해 봅시다.

3) 자신에 대한 수오지심의 시를 지어 봅시다.

3. 다음 김지하 시인의 「타는 목마름으로」 시의 일부를 읽고, 맹자의 사단의 입장에
   서 느낌을 말하여 봅시다.

◈ 사례 3

> 신새벽 뒷골목에
> 네 이름을 쓴다. 민주주의여
> 내 머리는 너를 잊은지 오래
> 내 발길은 너를 잊은지 너무도 너무도 오래
> 오직 한 가닥 있어
> 타는 가슴속 목마름의 기억이
> 네 이름을 남 몰래 쓴다. 민주주의여.
>
> 아직 동트지 않은 뒷골목의 어딘가
> 발자국 소리 호르락 소리 문 두드리는 소리
> 외마디 길고 긴 누군가의 비명 소리
> 신음소리 통곡소리 탄식소리 그 속에 내 가슴팍 속에
> 깊이깊이 새겨지는 네 이름 위에
> 네 이름의 외로운 눈부심 위에
> 살아오는 삶의 아픔
> 살아오는 저 푸르른 자유의 추억
> 되살아오는 끌려가던 벗들의 피 묻은 얼굴
> 떨리는 손 떨리는 가슴
> 떨리는 치떨리는 노여움으로 나무판자에
> 백묵으로 서툰 솜씨로
> 쓴다.

> 김지하 『타는 목마름으로』(1982) 중에서

4. 다음의 글을 읽고 사단과의 관련성을 말하고 자신이 이런 상황이라면 어떻게 했을지, 왜 그랬을지에 대해 말해 봅시다.

◆ 사례 4

> 철수는 간밤에 야근으로 늦게 일어나 회사 출근을 하기 위해 아침밥도 먹지 못하고 허겁지겁 문을 나섰다. 그런데 아파트 앞에 모르는 노파가 쓰러져 있었다. 시계를 봤더니 지금 지체 없이 가도 지각할 정도의 시간이었다. 주변에 아무도 없다.

5. 다음의 글을 읽고, 이때 자신이라면 과제를 참고할 것인지 말 것인지 말하여 보고, 맹자의 사단의 관점에서 말하여 봅시다.

◆ 사례 5

> 영희는 학생회 일을 하느라 과제물 마감 날까지 과제를 하지 못했다. 지금부터 부지런히 해도 내일 아침까지 과제물 제출이 어려운 상황이었다. 친구 길동이의 과제를 참고하면 충분한 과제를 할 수 있다. 그때 친구 길동이가 자신의 과제물을 보여 줄까 제의를 한다.

6. 다음의 글을 읽고, 이때 자신이라면 이런 상황을 어떻게 할지 연기하여 봅시다.

◆ 사례 6

> 슬픔에 빠져 있는 친구를 어떻게 위로해 줄 것인가? 또는 예약제 패밀리 레스토랑에서 예약 없이 오래 기다린 손님이 항의를 했을 때 자신이 직원이라면 어떻게 하겠는가?

7. 다음의 글을 읽고 맹자의 사단과의 관련성을 말하고, 자신이 B라면 어떻게 할 것
   인지 말해 봅시다.

◆ 사례 7

> 학교에서 땀 냄새가 심한 A라는 학생이 있다. B는 A와 짝꿍이다. 어느 날 반
> 친구들이 A에게 땀 냄새가 심하다고 놀리자, A는 울면서 교실 밖을 나선다. B는
> A를 쫓아갈까 생각하지만, 친구들의 시선 때문에 차마 나서지를 못한다. 결국 A
> 는 담임교사에게 상담을 요청하였고, 담임은 A가 지목한 가해 학생들을 불러 사
> 과문을 작성하도록 했다. A가 가해자로 지목한 학생들에는 B도 포함되어 있었
> 다. B는 가해자로 지목된 다른 친구들처럼 A를 놀리거나 괴롭힌 적도 없는데, 학
> 교폭력 가해자로 지목되어 당황스러워한다. 게다가 사과문을 제출한다면 생활기
> 록부에 기재되어 자신에게 불이익이 있지 않을까 고민에 빠진다.

8. 다음의 글을 읽고 맹자의 사단과의 관련성을 말하고, 황희 정승이 말하고자 하는
   것을 말해 봅시다.

◆ 사례 8

> 황희 정승의 하녀 둘이 싸우다가 황희 정승에게 와서 하소연하였다. 한 하녀가
> 자기의 사정을 이야기하자 황희 정승이 말하였다.
> "네 말이 옳다."
> 그러자 다른 하녀가 자기가 옳다고 주장하였다.
> 황희 정승이 말하였다.
> "네 말도 옳다."
> 그 광경을 보고 있던 부인이 말했다.
> "두 사람이 서로 반대의 이야기를 하는데 둘이 다 옳다고 하시면 어떻게 합니
> 까? 한 사람은 틀려야지요."
> 그러자 황희 정승은 말했다.
> "당신의 말도 옳소."

9. 다음의 글을 읽고 맹자의 사단과의 관련성을 말하고, 남자가 취한 인간의 심성에
   대해 말해 봅시다.

◆ **사례 9**

그는 서울 변두리 대형 할인매장에서 일하는 임시직 근로자다. 동그란 얼굴에 선한 눈매를 지닌 스물아홉 살의 그는 동료들 사이에서 사람 좋기로 이름나고 일손 빠르기로 정평이 나 있다. 그런 그에겐 한 가지 단점이 있다. 일이 끝나면 언제나 뒤도 안 돌아보고 '칼 퇴근'을 한다는 것이다. 회식이나 야유회는 꿈도 못 꾼다.

속 모르는 사람들은 집에다 꿀 발라 놓았느냐고 놀리기도 하고, 잘 모르는 사람들은 지금 신혼이냐고 묻기도 한다. 지난 11월에 결혼식을 올렸으니 아직은 신혼이다. 하지만 벌써 17개월 된 딸까지 있으니 신혼이라기엔 좀 쑥스러운 입장이다. 식만 5년쯤 늦게 치른 것뿐이다. 동갑내기인 아내는 살림이 손에 붙을 만도 한데, 아직도 남편이 없으면 아무것도 못한다. 아내는 뇌성마비 1급 장애인이다. 어려서부터 두 발 대신 휠체어 두 바퀴를 움직여야 했고, 두 팔 대신 입으로 많은 것을 해결해야 했다. 그가 칼 퇴근을 하는 이유도 여기에 있다. 아내를 대신해 소매를 걷어붙이고는 놀이방에 갔다 온 딸아이를 씻기고, 우유 먹이고, 청소하고, 밥 짓고, 찌개를 끓인다. 그러면서도 언제나 입가엔 벙긋 미소가 떠나질 않는다.

여행을 좋아해 평생 독신으로 날아다니겠다던 그가 스스로 날개를 접은 것은 첫 만남 때문이었다. 장애인 모임에 자원봉사를 하러 갔다가 유난히 활발하고 유머감각이 뛰어난 아내를 첫눈에 발견했다. 그렇게 웃는 모습이 예쁜 여자는 본 적이 없었다. 그의 마음을 읽기라도 한 듯 아내가 먼저 데이트 신청을 했고, 휠체어를 밀고 다니며 그는 아내에게 푹 빠지고야 말았다.

하루도 떨어지기 싫었던 두 사람은 양가 부모님 허락하에 함께 살기 시작했다. 그러나 연애는 달콤한 환상, 결혼은 씁쓸한 현실이라던가. 장모님의 병환은 깊어졌고 첫아이마저 뇌성마비로 태어났다. 뇌성마비 아내와 아들, 그리고 심각한 당뇨 합병증으로 고생하는 장모님까지, 세 사람 뒷바라지에 두 집 살림 돌보기를 몇 년. 장모님은 결국 세상을 떠나셨고, 아들마저 그들 곁을 떠났다. 하지만 슬픔에 빠져 있을 겨를이 없었다. 자기 탓이라며 죄책감에 시달리는 아내와 홀로 남은 장인어른을 위로하고 추스려야 했다. 젖먹이 둘째 아이까지 그의 손길이 닿지 않으면 안 되었다. 한 아이의 아버지, 한 여자의 남편, 한 집안의 사위이자 한 집안의 장남 노릇, 거기에 주부 노릇까지 그는 기꺼이 짊어지고 일어선 것이다. 취

미가 살림, 특기가 뜨개질인 남자. 그런 남편에게 밥 한 끼 지어 먹이고 우는 아이에게 우유 한 번 먹여 보는 게 소원인 그의 아내. 그러나 눈물로 절망하지 않는, 취미가 유머, 특기가 분위기 띄우기인 여자.

*사랑엔 이유도 기준도 없으니 – 이금희 / 방송인

출처: 경향신문 – 향기가 있는 아침

10. 양심 회복을 위한 실천 프로그램을 제안해 보고, 양심에 대해 글쓰기(시, 수필, 산문)를 해 봅시다.

제6장
행복으로 가는 길

1. 행복이란 무엇인가

모든 인간은 평생 동안 행복을 꿈꾼다. 그래서 끊임없이 다음과 같은 질문을 하고 그 답을 찾아 헤맨다.

"행복이란 무엇이고 어디에서 오는 것인가?"
"나는 행복하게 살고 있는가?"
"행복해지려면 무엇을 어떻게 해야 하는가?"
"행복의 조건에는 어떤 것들이 있는가?"

수많은 현자들이 이제까지 행복의 비밀 열쇠를 풀고자 하였으나 그리 시원한 답변을 제시해 주지는 못하고 있다. 그 이유는 행복에 대한 물음이 그만큼 큰 주제이면서도, 단번에 해답을 구하기 어려운 성질을 지니고 있기 때문이다. 그럼에도 불구하고 우선 정신적 안정과 마음의 평화가 행복의 열쇠라는 점을 부정할 사람은 없을 것이다.

시대마다, 논자마다 행복에 대한 생각은 달랐으나, 개인의 행복에 대한 잠언을 모아 본다면 대략 네 가지 범주로 정리해 볼 수 있을 것이다. 소위 행복에 관한 인류의 지혜라고도 부를 만한 것으로는 '너 자신을 알라.' '욕망을 다스려라.' '원하는 것을 하라.' '죽음을 기억하라.' 정도가 아닐까 한다.

하지만 보통 사람들이 정신적 안정과 평화를 가져다주는 평범하면서도 위대한 진리를 알면서도 실제적 삶 속에서 실천은 쉽지가 않다. '너 자신을 알라.'라고 하지만 인간의 존재를 알기 힘든 것처럼, 나의 존재 또한 알기가 힘들다. 더구나, 소크라테스의 경고처럼 나 자신이 무지하다는 자각을 하는 일은 얼마나 힘든가. 욕망 또한 매한가지다. 욕망은 이성으로 다스려야 한다는 가르침이 동양이나 서양에서 널리 받아들여져 왔다. 하지만 인간의 다양한 욕망을 제어한다는 것 또한 얼마나 힘든 일인지 우리는 모두가 너무나 잘 알고 있다. 그렇다고 신이 아닌 이상 욕망을 완전 억제하면서 살 수만은 없다. 지나친 욕망의 억제는 오히려 정신적 건강을 해칠 뿐만 아니라 순수한 열정을 발휘할 기회마저 가져갈지도 모를 일이다.

자기가 바라고 원하는 대로 인생을 살아갈 수 있다면 얼마나 좋을까. 그렇다고 실제 삶에서 원하는 것만 하면서 살 수는 없지 않은가. 때로는 자신의 의지와 상관없이 해야 하고, 하지 않으면 안 되는 일을 얼마나 자주 일상에서 만나는지 잠시 생각해 보면 그 일을 실행하기가 얼마나 어려운지 알 수 있다. 인간은 유한한 존재다. 죽음은 피할 수 없는 인간의 숙명이다. 하지만 죽음은 역설적으로 삶에 생기를 불어넣을 수 있고, 행복에도 긍정적으로 작용할 수 있다. 죽음을 두려워하거나 염려한 나머지 너무 삶을 냉정하게 대하지만 않는다면 죽음을 기억하며 사는 인생은 삶에 활력을 불어넣어 주고, 궁극적으로 더 나은 삶을 가져다줄 수 있을 것이다.

전해 내려오는 행복에 관한 온갖 지혜는 행복에 대한 나름의 통찰을 제공해 주며, 정신적 안정과 마음의 평화에 도움을 줄 것이다. 그러나 그 지혜를 어떻게 슬기롭게 활용하느냐는 결국 각자의 몫이다.

행복은 정신과 마음의 평화와도 관련되지만 몸의 행복을 떠나서도 생각할 수 없다. 인간이 행복을 얻기 위해 어느 정도 몸을 돌보거나 관리하는지만 보더라도 몸의 중요성을 실감할 수 있다. 식사, 운동, 다이어트, 성형 등 인간은 누구나 몸에서 오는 행복에 관심을 가지고 있다.

건강과 섭생은 인간 생존의 기본조건이다. 식량이 부족했던 과거에는 식사 자체가 문제가 되었다가 점차 배불리 먹는 쪽으로 발전해 왔다. 그리고 점차 유기농이나 건강 식단이 화두가 된 시대를 우리는 살고 있다. 선진국에서는 비만과의 전쟁을 선포할 정도로 건강한 섭생이 사회문제로 대두되고 있다. 인스턴트 식품이 넘쳐 나고, 과식과 폭식의 유혹이 도사리고 있는 현대 사회에서 섭생은 건강을 유지하는 지름길이며, 곧 행복과도 직결된다.

개인차를 고려한다면 개인의 운동 방식이나 운동량에 대해서 섣불리 규정하기 힘들다. 한 가지 변하지 않는 진리는 일과 여가, 일과 운동이 적절한 균형과 조화를 이루어야 행복해진다는 사실이다. 현대인의 고질병 중의 하나는 일 중독과 운동 부족으로 인한 피로감일 것이다. 이런 상황에서 많이 먹기만 하고 운동을 소홀히 한다면 몸의 건전한 보존과 육성은 그만큼 더 힘들어질 수밖에 없다.

몸과 섭생의 조화를 이루려는 노력으로서 다이어트는 얼마든지 환영할 만한 일이다. 가벼운 몸과 아름다운 몸매는 자신감을 가져다줄 뿐만 아니라 삶의 생기를 불어넣어 주는 요소다. 다만 문제는 지나친 혹은 과도한 다이어트로 건강을 해치는 경우다. 몸에 무리를 주는 요가나 운동을 한다거나 약물이나 주사를 통해 지방을 제거하려는 발상은 어쩌면 강박증에서 오는 것인지 모른다.

마찬가지 원리로, 성형을 하면 인간은 행복해질까? 보다 나은 미모를 꿈꾸는 것은 인간의 본능에 속할 것이다. 자신의 얼굴이나 몸의 일부분을 고쳐 아름다움을 간직하려는 노력을 함부로 탓하기는 곤란하다. 다만 성형과 관련하여 이야기할 수 있는 부분은 정도의 문제에 관해서다. 무리한 시술로 인해 자신의 소중한 신체의 일부가 손상되거나 불구가 되는 일이 발생하고 있다. 또 수술비용이 감당하기 힘들 정도로 높아 사회적 위화감과 박탈감의 원인이 되고 있다. 이런 경우 성형이 개인의 주관적 행복감을 증진시켜 주는 측면이 없지 않으나, 사회적 차원에서 보면 성형으로 인한 부작용도 많아 우울감과 불행을 초래하고 있는 점을 간과할 수도 없다.

그렇다면 행복의 조건에는 어떤 것들이 있는가? 고대 그리스의 철학자 플라톤은 다섯 가지 요소를 들고 있다. 즉, 재산, 외모, 명예, 체력, 말솜씨가 그것이다. 모든 사상이 시대적 산물임을 감안한다면 이 다섯 가지 요소는 어쩌면 고대 아테네라는 폴리스에서 널리 통용되던 이상적인 가치로 볼 수 있다. 하지만 시대를 초월해서 우리가 되새겨 볼 만한 점도 없지 않다.

돈과 재산을 제외하고 행복을 논할 수 없는 시대가 되었음을 우리는 너무나 잘 알고 있다. 하지만 돈을 많이 가지고 있으면 행복해지는가? 이에 대해서는 섣불리 동의하기 힘들 것이다. 재벌의 총수나 주식이나 채권으로 부를 거머쥔 사람이 행복할 것으로 보이지만 실제 이들의 주관적 행복감은 낮다. 한순간 일확천금을 쥐게 된 복권당첨자를 생각해 보아도 잘 알 수 있다. 갑자기 10억 원을 얻게 된 어느 복권당첨자의 말로가 어떤 것인지를 우리는 신문 기사에서 익히 잘 알고 있다. 분명 외모도 하나의 조건은 되지만, 그로 인한 폐해를 무시할 수 없다. 명예는 어떠한가. 주위 사람들로부터 적당한 인정을 받고 자신의 일을 묵묵히 수행하는 그런 사람이 출세, 명예, 명성을 추구하는 '개츠비 (Gatsby)'보다는 행복하지 않을까? 『개츠비』에서 부와 명성을 얻으면 행복할 것으로 믿었던 주인공 개츠비는 결국 나락으로 떨어지지 않았던가. 예나 지금이나 건강과 체력은 행복의 무시할 수 없는 조건이다. 인간의 덕성과 지성도 체력의 뒷받침이 있어야만 가능하며, 특히 '피로사회'를 살아가는 현대인에게 체력은 아무리 강조해도 지나치지 않을 것이다. 그렇다고 몸을 어떤 방식으로든 혹사해서는 불행을 자초하는 결과를 가져올 수 있음에 유의해야 할 일이다. 말솜씨와 행복의 상관관계는 어떠한가? 수사학이나 연설이 중시되었던 고대 시대에는 언변이 중시되었고, 출세의 지름길이 되기도 하였다. 세속적 성공을 떠나서라도 자기를 변호하고, 세상을 살아가는 데 여전히 도움을 준다는 점에서 적당한 말솜씨는 오늘날에도 행복의 수단이 될 수 있을 것이다. 하지만 침묵의 무게를 알지 못하는 말솜씨는 한갓 기교와 술수로 떨어질 수 있음을 새겨둘 필요가 있다.

2. 왜 나는 행복하지 못한가

행복이 무엇인지, 행복의 조건에 어떤 것이 있는지를 찾아 들어가는 것보다 그 저편을 직시하는 방법이 오히려 행복의 열쇠를 찾는 데 현실적으로 도움을 줄 수 있다. 이 방법은 행복론이 아니라 '불행론'을 탐구하는 것이다. 행복이 삶의 문제로 부각되는 경우는 대개 우리가 행복하지 못할 때다. 우리는 살아가면서 그 누구도 다음의 질문에서 자유롭지 못할 것이다.

"왜 나는 '남보다' 행복하지 못할까?"

여기 올림픽 메달리스트들에 대한 흥미로운 조사 결과가 있다. 금·은·동 메달리스트들의 만족도 조사에서 누가 가장 행복하고 불행한 사람일까? 당연히 금메달리스트가 가장 행복할 것이다. 그다음은 동메달리스트다. 동메달리스트는 아차 했으면 4위로 밀려났을지도 모르는데 그래도 메달을 딴 것이 기쁜 반면, 은메달리스트는 금메달을 놓쳤다는 자책으로 괴롭기 때문이다. 조금만 잘했으면 내 것이 되었을 행운이 너무도 아깝게 느껴지는 것이다. 두 가지 가운데 하나를 선택해야 하는 실험에서는 또 어떤가. "남들이 모두 120만 원을 벌 때 당신은 100만 원을 버는 게 나은가, 아니면 남들은 하나도 못 버는데 당신은 80만 원을 버는 게 나은가?" 흥미로운 점은 거의 모든 응답자가 두 번째 선택지에 답을 하였다는 사실이다.

여기서 알 수 있는 중요한 사실은 인간의 행복 혹은 불행이 '비교'와 밀접한 관련이 있다는 점이나. 첫 번째 사례는 은메달리스트가 남과의 비교에서 불행의 아이콘이 된 반면, 동메달리스트는 메달 취득 자체에 의미 부여를 함으로써 행복감이 증대된 것을 보여 주고 있다. 두 번째 사례는 인간의 이중적 본성을 잘 드러내 주는 경우로, 타인의 불행을 보면서 행복을 찾는 역설을 보여 준다. '사돈이 논을 사니 배가 아프다.'는 속담이 괜히 나온 것이 아님을 실감하게 된다. 우리는 타인의 행복을 겉으로는 축하해 주고 기뻐하면서도 자신은 정작 상대적 박탈감을 느끼는 모습을 엿볼 수 있다. 여러분에게도 '타인의 불행은 나의 행복'이라는 차마 드러내기 힘든 은밀한 공식이 통용되고 있지는 않는가?

행복이 우리 삶의 목표이므로 많은 사람들이 행복해지기 위해 끊임없이 애쓰고 노력하며 살아간다. 그러나 대부분의 사람들은 실망감을 느끼고 주저앉고 만다. 쾌락주의에 빠져 즐거움만 찾아다니는 이들도, 어느새 즐거움에서 고단함을 느끼고, 향락은 싫증으로 변질되는 것을 경험한다. 더구나 행복만을 최고 지상가치로 여기는 사회임에도 도리어 기쁨을 느끼는 능력을 잃은 사람, 우울증과 불안에 시달리는 이들은 더욱 늘어만 간다.

이런 모든 현상은, 행복이란 언제든 약간의 요령과 기술만 있으면 언제든 손에 넣을 수 있다고 착각하는 데서 나온다. 세상의 많은 사람들이 새로운 공식, 논문, 심포지엄, 자기계발서, 갖가지 종교까지 두루 동원해 가며 어떻게 하면 행복해질 수 있는지에 대한 해답을 찾으려 한다. 그런데 그 처방들이란 것이 하나같이 새로운 것이 아니며, 실제적 삶의 기술이 되지 못한다. 평범한 사람들의 행복 이야기, 인생을 세련되게 즐기는 방법, 수천 년 전부터 전래되어 온 실용철학과 처세술을 등장시킨다. 심지어는 행복을 가져다줄 호르몬, 감정, 뇌 의학을 동원하기도 한다. 이 과정에서 행복이 잘삶의 결과로 자연스럽게 오는 것이 아니라 인위적이고 과학적인 관리의 대상이 되어 버린다. 우리는 이것을 '행복 테크놀로지'로 부를 수 있을 것이다. 하지만 행복이 살벌한 세상에 맞서는 처방전이나 해독제 같은 것인가?

이 지점에서 우리는 행복에 대한 그릇된 환상이 우리를 불행으로 인도하는 것은 아닌지 돌아보게 된다. 행복이란 그저 즐겁고 긍정적인 경험을 합한 것만으로 가능한 것이 아니다. 그것은 설탕물처럼 단물만도, 아니면 장밋빛 탄탄대로만으로 이루어진 것도 아니다. 행복이란 우리 인생이 도달해야 할 최종 목적지인 것은 분명하지만 오직 순탄하고 반듯한 길로만 걸어서는 도달하기 힘들다는 점이다. 높은 산을 오르기 위해서는 올라가는 과정에서 넘어지고, 길을 잘못 들어서기도 하며, 지쳐 쓰러지기도 한다. 그 고난과 역경을 딛고 정상에 올랐을 때 그 기쁨은 형언하기 힘들 정도다. 정상에 섰을 때의 기쁨만을 행복으로 생각한다면 그것은 행복의 가치를 단면만 보는 것이나 마찬가지다.

행복은 하나의 완결된 프로젝트라기보다는 거기서 나오는 부산물 같은 것이 아닐까? 우리가 인생을 잘 살게 되면 그 삶이 무엇인가 대가로 남겨 주는 것이 행복이라는 말이다. 그리고 여기서 잘 산다는 것은 내가 누구인지를 자각하고, 뚜렷한 원칙과 가치관을 따르며 살려는 진지한 노력 자체를 뜻한다. 행복이란 인생 전체에 퍼져 있는 행복한 순간들을 단순히 합산한 것 이상의 의미를 지닌다. 아마도 그것은 우리의 삶 모두, 다시 말해서 기쁨, 고난, 슬픔, 아픔, 쾌락, 고통, 치유를 통틀은 것과 다르지 않은 말일 것이다. 이와 관련하여 탈 벤 샤하르(Tal Ben Shahar, 2004)는 『행복이란 무엇인가』에서 우리가 어떻게 고통 속에서도 행복하게 살 수 있는지 방법을 알려 준다. 오월의 장미가 아름다운 것은 어쩌면 가시 속에서도 찬란하게 피어나는 여린 꽃 때문이 아닐까?

산다는 게 아무리 고통스럽더라도 너무 평탄한 길을 걷지 않는 편이 낫다. 나는 뭐든 자기 마음대로 할 수 있는 왕이 있다면 그를 불쌍하게 여길 것이다. 그리고 만약에 어딘가에 신들이 존재한다면 그들은 약간 신경쇠약에 걸려 있을 것이다. 과거에는 신들도 나그네 행색으로 남의 집 문을 두드리며 다녔다고 한다. 신들도 틀림없이 굶주림, 갈증, 또는 사랑의 정념을 겪으면서 약간의 행복을 맛보았을 것이다. 다만 신들이 자신들의 힘을 조금이라도 생각했다면 그들은 이렇게 생각했을 것이다. 모든 일은 다 유희에 불과하고, 마음만 먹으면 시간과 거리를 없애 버리고, 욕망을 사라지게 할 수도 있을 것이라고 말이다. 요컨대 신들은 지루했던 것이다. 그 이후로 신들은 목을 매든가 투신자살을 해야 했을 것이다. 아니면 잠자는 숲 속의 미녀들처럼 잠자고 있을 것이다. 행복은 분명 언젠가는 우리를 각성케 하는 그 어떤 불안, 정념, 고통을 전제로 하고 있다.

샤하르『고통 속에서도 행복하게 사는 방법 3』중에서

3. 행복의 정복

'행복의 정복' 하면 가장 먼저 떠오르는 사람이 바로 영국의 현대 철학자 러셀(B. Russell, 1872~1970)이다. 그는『행복의 정복』이라는 자신의 책에서 일생의 경험을 토대로 행복의 비밀을 찾아 들어간다. 그 유명한 철학자 또한 행복을 찾아가는 방법은 우회로, 다시 말해서 불행의 원인을 찾는 것으로부터 시작한다. 그는 묻는다.

"현대인은 왜 행복하지 못한가?"
"현대인은 행복할 수 없는가?"
"행복할 수 없다면 그 원인은 무엇인가?"
"현대인이 현대인으로서 최대의 행복을 누리기 위해서는 어떻게 살아야 하는가?"

우리가 행복해지기 위해서는 먼저 행복의 정체를 알아야 하지만, 러셀은 행복보다는 불행에서 그 정체를 파악하기 쉽다고 생각한다. 그는 담담하게 현대

사회에서 중요하고 일반적인 불행의 원인이 어두운 인생관이나 세계관, 경쟁, 피로, 권태, 질투, 부질없는 죄의식, 피해망상, 여론의 횡포 등에 있음을 밝힌다. 20세기 초기 불행의 원인에 대한 진단이 지금 우리에게도 뭔가 울림을 준다는 느낌을 지울 수 없다.

행복이나 불행은 결국 내가 자신과 나를 둘러싼 세계를 어떻게 보느냐에 달려 있다. 그 관점이 부정적이거나 어둡다면 그 사람의 인생은 어둠으로 에워싸일 수밖에 없을 것이다. 심리학자들이 말하는 '프레임'이 중요한 것은 우리가 어떤 프레임으로 자기 자신과 세상을 보느냐에 따라 인생이 달라지기 때문이다.

앞서 비교를 언급하였는데, 경쟁은 어쩌면 비교 우위에 서고자 하는 인간의 욕망의 표현이라고 볼 수 있다. 경쟁은 필연적으로 또 다른 경쟁을 유발하며, 무한경쟁으로 인간을 내몰아 가는 특징이 있다. 그 경쟁의 소용돌이에서 앞선 자나 뒤처진 자 모두 불행의 심연으로 떨어지는 제로섬 게임을 펼치게 된다. 이미 유치원에서부터 경쟁이 가시화되는 우리의 교육 현실에서 아동과 청소년의 삶이 얼마나 황폐화되고 있는가? 또 OECD 국가에서 청소년의 행복지수가 만년 꼴찌를 면치 못하는 학생들의 삶은 어떠한가? 불행의 원인 중에서도 피로는 경쟁과 밀접한 관련이 있다. 무한 경쟁의 결과 개인에게 남는 것은 피로와 소진(burn-out)이다. 현대 사회는 한마디로 업적과 성취가 강조되는 사회다. 자신의 가능성과 역량을 모두 쏟아 업적을 쌓지 않거나 성취를 실증적으로 증명하지 않으면 경쟁 사회에서 도태되는 구조다. 현대인이 겪는 스트레스, 우울증, 무기력, 권태는 무한경쟁 사회의 몇 가지 증상일 뿐이다.

그렇다면 우리는 불행의 원인에서 벗어나 좀 더 나은 행복한 삶을 영위할 수 있는가? 그 해법은 불행의 원인을 찾아 가급적 제거해 나가고 그 반대편을 향하여 적극 나서는 의지와 용기에서 찾을 수 있을 것이다. 러셀도 어두운 세계관에서 벗어나려면 대외적인 관심의 폭을 넓혀서 가능하면 자기 자신의 운명이나 불행에 집착하는 옹졸한 태도를 갖지 말라고 권한다. 광활한 바깥 세계야말로 우리 행복의 광활한 보고라는 생활 태도가 필요하며, 어떠한 불행도 이겨 낼 수 있는 의지와 용기, 밝고 명랑한 인생관이 우리에게 필요하다는 것이다.

하버드 대학교 긍정심리학자 샤하르(2014)가 우리에게 일러 주듯이, 긍정심리학이 행복의 열쇠를 제공해 줄 수 있다. 그는 행복을 위한 다섯 가지 지침, 즉 자아를 위한 목표, 자존과 자아독립, 스트레스 해소, 완벽주의 극복, 친밀한 관계에 대한 다정다감한 이야기를 들려준다. 인생의 불행보다는 밝은 면에 주목하는 긍정심리학은 나, 배우자, 가족, 친구들을 모두 아우르며 모든 관계와 자아를 새롭게 배우고 긍정을 실천하도록 함으로써 결국 우리 모두가 진정한 행복을 찾아가도록 돕는다.

그렇다고 하더라도 행복은 개인의 노력에 의해서 정복되는 것만은 아니며, 이에 상응하는, 다시 말해 개인의 행복을 위한 노력을 뒷받침해 줄 사회적 조건이 마련되어야 할 것이다. 아무리 행복을 위한 개인의 의지와 열망이 강하다 하더라도 이를 든든하게 받쳐 주는 사회적 여건과 촉진적 분위기가 갖추어지지 않는다면 개인의 노력은 물거품이 될 것이 때문이다. 사회의 부를 최상위 1%가 독식하고, 나머지 99% 사회 구성원이 불행하다면 그런 사회의 건전성은 의심받을 수밖에 없다. 이런 사회에서는 양극화 해소가 그 어떤 일보다 선행되어야 할 것이다. 사회적 차원에서는 불평등의 해소가 행복의 조건이 됨을 분명하게 인식할 필요가 있다.

경쟁과 피로로 가득 찬 업적 위주의 성과사회에서 행복을 정복하는 방법의 하나는 생활의 여유를 갖고, 낙천적인 삶의 리듬을 회복하는 일이다. 우리는 왜 러셀이 '게으름에 대한 찬양'을 하게 되었는지 곱씹어 볼 필요가 있다. 일의 노예가 되어 피로로 찌든 현대인에게 그가 제안한 '느림의 미학'은 가뭄의 단비처럼 우리의 답답함을 해소해 준다. 우리가 하루 4시간만 노동을 하여도 세상은 문제없이 돌아간다는 그의 파격적 언사가 오랫동안 뇌리를 떠나지 않는다.

그는 90세에 가까운 일생 동안 헤아릴 수 없는 저술과 업적을 남겼음에도 단순한 삶(simple life)을 살았노라고 당당하게 고백한다. "내가 삶을 즐기게 된 비결은 내가 가장 갈망하는 것이 무엇인지를 알아내서 대부분은 손에 넣었고, 본질적으로 이룰 수 없는 것들에 대해서는 깨끗하게 단념했기 때문이다." 그러면서도 러셀은 삶의 조화를 이루기 위해서 부단한 노력을 하였던 것으로 보인다. "정신적인 통합이란 의식, 잠재의식, 무의식 등 인간 의식의 다양한 층들이 갈등하지 않고, 조화를 이루어 끊임없이 활동하는 상태를 가리킨다." 인생에서 여유와 여가를 누리면서도, 일을 할 때는 자신의 모든 힘과 열정을 쏟아부었던 것이다. 그는 우리에게 몰입이 바로 행복의 중요한 열쇠임을 깨닫게 해 준다.

☞ 생각하고, 활동하고, 느끼기

◇ 영화, TED, 독서를 통한 행복의 비밀 찾기

1. 다 함께 생각해 보기

• 여러분이 느끼는 행복이란 무엇인가?	
• 지금까지 살아오는 동안 가장 행복했던 순간은?	
• 자신이 불행하다고 생각했던 경험은?	

2. 영화 「꾸뻬 씨의 행복 여행」

벌써 10여 년이 훌쩍 지났다. 프랑스 파리에서 정신과 의사가 출간한 책 『꾸뻬 씨의 행복 여행』(2002)이 화제를 불러일으켰다. 그는 실제 프랑스 파리에서 의사와 작가로서 명성을 얻고 있던 프랑수아 를로르라는 인물이다. 이 책은 나중에 영화 「꾸뻬 씨의 행복 여행」(2014)으로 재탄생하여 세상의 모든 사람으로 하여금 행복의 의미를 생각해 보도록 하였다. 대도시에서 많은 환자들이 찾아와 병원도 잘 운영되어 아무 걱정이 없을 것 같은 그 의사에게 어떤 일이 벌어진 것일까?

영화 속의 주인공으로 등장하는 정신과 의사 꾸뻬는 진료실을 찾아오는 환자들을 보면서 왜 이토록 많은 사람들이 우울증이나 신경증에 시달리며, 자신의 삶이 불행하다고 토로하는지 그 원인을 캐 보고자 결심을 하게 된다. 내담자의 상당수는 많은 것을 갖고 있으면서도 자신을 불행하다고 여기는 사람들, 친절하면서도 사회적으로 성공한 남자를 찾는 여자, 신의 목소리를 듣는다고 주장하는 남자, 사랑의 상처로 더 이상 미래를 내다볼 수 없는 점성가와 같이 문제의 원인도 다양하고 복잡하였다. 사람의 수만큼이나 불행의 원인도 다양하며, 치유해야 할 마음의 병도 가지가지였던 것이다. 그는 자신의 진료실이 아니라 이 세상 속에 자신이 직접 뛰어들어 사람이 언제 행복한지, 또 불행한 이유가 무엇인지를 찾아 여행을 떠난다. 만일 여행에서 뭔가 깨달음을 얻는다면 자신이 돌아왔을 때 환자들을 치료할 행복의 비밀을 얻을 수도 있으리라는 기대를 안고서 말이다.

그 자신도 불행한 사람들의 불행한 이야기만 듣다 보니 거의 우울증에 빠진 시기에, 꾸뻬는 모든 것을 훌훌 털고 넓은 세상으로 나오니 그 자체로 치유가 되는 느낌을 받는다. 일상을 떠나 낯선 곳에서 수많은 사람들과 예측불허의 다양한 일들을 경험하면서 그는 새로운 활력과 깨달음을 얻는다. 누군가 말했듯이, 여행의 깨달음은 발견하는 자의 몫이라고 했던가. 그는 중국의 어느 도시, 아프리카의 어느 나라, 가장 풍족한 미국을 여행하면서 그때그때마다 나름의 깨달음을 얻는다.

중국의 낯선 도시에서 만난 잉리라는 중국 여성을 통해서 사랑의 고통과 슬픔의 본질을 깨닫는다. 가난하지만 늘 웃음을 잃지 않는 여인으로부터 달콤하면서도 씁쓸한 행복의 관점을 터득한다. 인상적인 부분은 중국 여행에서 노승이 던진 한마디다. "첫 번째 실수는 행복을 삶의 목표라고 말하는 데 있다." 행복을 삶의 목표로 삼는 그 순간부터 어쩌면 우린 불행의 늪으로 빠지게 되는지도 모른다.

독재와 가난, 잦은 범죄 등으로 꾸뻬는 아프리카에서 예상하지 못했던 일들을 경험하게 된다. 척박한 대륙의 상황에서도 그가 만난 사람들, 가령 가난한 사람들에게 필요한 존재라는 것만으로도 행복하다는 의사 장 미셸, 정당하지는 않지만 자신과 자신의 가족의 행복을 위해서는 그 어떤 일도 불사하는 마약상 알프레도, 부인 몰래 하는 외도가 일상의 행복인 호텔의 웨이터, 언제나 밝고 환하게 웃는 아프리카 아이들을 보면서 그는 또 다른 행복의 관점을 깨닫게 된다. 불안한 삶을 살면서도 웃음의 여유를 잃지 않는 아프리카 사람들을 통해 행복의 좀 더 구체적이고 사적인 비밀을 생각하게 된 것이다. 노상강도에 납치를 당하여 구사일생한 후 그는 자신이 살아 있다는 것이 얼마나 값진 것인지를 실존적으로 각성하게 된다.

꾸뻬가 보기에 미국은 가장 모순적인 나라였다. 물질적으로 가장 풍요하고 부족할 것이 없는 나라이면서 세계를 움직이는 강대국의 사람들은 행복할 것이라고 생각하였다. 하지만 실제 여행에서 그가 만난 이곳 사람들은 행복해 보이지 않았다. 겉으로는 풍요로워 보이지만 내실은 가족과의 불화, 질투와 경쟁, 타인에 대한 무관심, 젊은이들의 정체성 혼란으로 가득하였던 것이다. 그가 행복의 진실을 발견한 것은 오히려 가난한 사람들의 천진난만한 미소와 숲속을 자유롭게 뛰어다니는 한 마리 다람쥐의 모습에서였다.

큰 기대와 달리 꾸뻬가 행복을 발견한 것은 소소한 일상에서 만난 사람들로부터다. 여행 도중 비행기 옆자리에 앉은 사람들과의 대화, 호텔 바의 웨이터, 경호원, 술집여자, 지나는 행인들의 얼굴들 등에서 그는 치밀한 분석을 해내는 정신과 의사답게 삶의 의미를 찾아낸다. 이를 통해 그가 깨달은 것은 행복의 비밀이 '바로 지금 이 순간의 행복'에 있다는 것이다. 행복한 순간들이 모여서 삶 전체를 행복하게 만드는 것이지, 행복한 미래를 꿈꾸며 현재를 힘겹게 버티는 것은 어리석은 삶이라는 것이다.

모든 여행의 종착지는 결국 행복이라는 평범한 진리를 깨달은 꾸뻬는 여행을 돌아온 후 자신의 진료실을 찾아온 사람들에게 다음의 글귀가 적힌 카드를 즐겨 선물하였다. 그들은 대부분 불행하지 않음에도 불구하고 스스로를 불행하다고 생각하는 사람들이다.

춤추라, 아무도 바라보고 있지 않은 것처럼.
사랑하라, 한 번도 상처받지 않은 것처럼.
노래하라, 아무도 듣고 있지 않은 것처럼.
살라, 오늘이 마지막 날인 것처럼.

3. TED 〈잘 사는 비결이 뭘까요? 행복에 관한 최장 연구에서 얻은 교훈들〉

삶에서 무엇이 우리를 건강하고 행복하게 할까? 많은 사람들은 부와 명예라고 생각할지도 모른다. 그러나 미국 하버드 대학교 의과대학의 로버트 월딩거(Robert Waldinger) 박사는 그것은 착각이라고 말한다. 75년간 이루어진 성인발달 연구의 총책임자로서 그는 사상 최초로 행복과 만족감에 관한 데이터를 우리에게 공개하였다. 그는 TED 강연(원제목: What makes a good life? Lessons from the longest study on happiness, 2015)에서 성인발달 연구에서 얻은 행복하기 위한 세 가지 교훈과 더불어 장수하는 비결을 소개한다.

삶에서 무엇이 우리를 건강하고 행복하게 할까요? 지금 당신 미래를 위해 투자한다면 어디에 시간과 에너지를 써야 할까요? 인터넷 세대에게 그들의 가장 중요한 목표가 무엇인지 질문한 최근 조사에서 80%가 넘는 응답자들이 부자가 되는 게 주된 목표라고 대답했습니다. 또 다른 조사에서는 같은 나이 대의 젊은이 50%가 명성을 삶의 주요 목표로 꼽았죠. 우리는 일에 열중하라고, 더 몰아붙이고 더 성취하라는 이야기를 끊임없이 듣습니다. 그래서 잘 살기 위해서는 이런 것들을 좇아야 한다는 인상을 가지고 있죠. 하지만 그들이 살아가는 과정 전체를 지켜볼 수 있다면 어떨까요? 10대부터 노년이 될 때까지 무엇이 정말 그들을 행복하고 건강하게 만드는지 연구하면 어떨까요?

우리는 그 일을 했습니다. '하버드 성인발달연구'는 아마 성인의 삶에 대한, 역사상 가장 길게 지속된 연구일 것입니다. 우리는 724명의 삶을 75년간 매년 추적하면서 그들의 일, 가정생활, 건강에 대해 질문했습니다. 1938년부터 우리는 두 집단의 삶을 추적했습니다. 첫 번째 집단은 하버드 대학교 2학년생일 때 연구를 시작했습니다. 두 번째 집단은 보스턴 빈민촌의 소년들로, 1930년대 보스턴에서 가장 가난하고 문제 많은 가정에서 특별히 선별했습니다. 그런데 이 10대들은 사회 각계각층의 성인으로 성장했습니다. 공장노동자나 벽돌공이 되기도 하고, 변호사나 의사가 되기도 했습니다. 알코올중독이나 정신분열증에 걸린 사람도 있고, 바닥에서 꼭대기까지 사회계층의 사다리를 올라간 사람도 있습니다. 이들의 삶을 명확하게 파악하기 위해 우리는 질문지만 보내지 않았습니다. 그들의 집에서 면담했습니다. 의사로부터 의료 기록을 받았습니다. 혈액과 두뇌 검사를 하고, 그들의 아이들과도 이야기를 나누었습니다. 그들이 아내와 중요한 관심사에 대해 이야기하는 장면을 동영상으로 담았습니다.

그렇다면 우리가 얻은 결과는 무엇일까요? 75년간의 연구를 통해 얻은 분명한 메시지는 좋은 인간관계가 우리를 더 행복하고 건강하게 만든다는 사실입니다. 그게 전부입니다. 우리는 인간관계에 대한 세 가지 중요한 교훈을 얻었습니다. 첫 번째는 사회적 관계가 우리에게 정말 좋은 역할을 하고, 외로움은 우리를 죽인다는 사실입니다. 가족, 친구, 공동체와 관계를 잘 맺고 있는 사람은 그렇지 않은 사람에 비해 더 행복하고, 육체적으로 건강하고, 더 오래 삽니다. 외로움은 독약과 같은 역할을 합니다. 고립된 생활을 하는 사람들은 행복을 덜 느끼고 건강이나 두뇌 기능이 일찍 감퇴해 단명합니다.

두 번째 교훈은 친구가 몇 명이고 가깝게 지내는지가 아니라 얼마나 질 좋은 관계를 맺고 있는지가 중요하다는 사실입니다. 50세에 사람들과 좋은 관계를 맺고 있는 사람이 80세에 가장 건강했습니다. 친밀하고 좋은 관계가 노화를 막는 완충제 역할을 한 것 같습니다.

세 번째 교훈은 좋은 관계가 우리 육체뿐 아니라 두뇌도 보호한다는 사실입니다. 어려울 때 다른 사람에게 의지할 수 있다고 느끼는 관계를 맺고 있는 사람의 기억력은 오랫동안 잘 유지됩니다. 성인으로서 첫걸음을 시작한 세대는 잘 살기 위해서 명성과 부, 뛰어난 성취를 이뤄야 한다고 믿습니다. 하지만 75년에 걸친 우리 연구는 가족, 친구, 공동체와의 관계를 중시했을 때 가장 잘 살았다고 말해 줍니다. 좋은 삶은 좋은 관계로 구축됩니다.

하버드 대학교의 행복에 관한 종단연구의 결과가 주는 시사점은 무엇인가? 이는 우리가 행복하기 위해서 어떻게 살아야 할 것인지에 대한 조언을 제시해 주기에 되새겨 볼 만하다.

첫째, 외로움을 물리쳐라. 월딩거는 사회적 활동이 건강에 이롭다며 외로움을 물리쳐야 한다고 조언한다. 실제로 가족이나 친구와 함께 산 사람일수록 더 건강하며 오래 사는 것으로 나타났다. 반면, 고립된 사람일수록 건강이 나빴고 뇌 기능도 빨리 저하됐다. 주변 사람들과 더불어 잘 살아가는 일이 바로 행복으로 가는 길임을 명심하자.

둘째, 인간관계의 질을 높여라. 인간관계의 질도 중요한 요소다. 고립된 삶이 위험하긴 하지만 마냥 사람들에게 둘러싸여 있는 것만이 좋은 건 아니다. 따뜻한 인간관계가 중요하다. 월딩거는 "결혼을 하더라도 갈등이 쌓여 있다면 건강에 좋지 않다. 이혼하는 것보다 더 나쁠 수도 있다."고 말했다. 요컨대, 복잡다단한 만남이 아니라 따뜻하고 우호적인 인간관계가 행복과 장수에 도움이 된다.

셋째, 인간관계의 결속력이 강하면 몸과 마음도 더 건강해진다. 그는 어려움을 겪을 때 의지할 사람이 있다고 느끼는 사람일수록 기억력이 더 좋다고 말했다. 아울러 관객들에게 "주변 사람들과 많은 시간을 함께하고 장기적인 관계를 유지하는 것이 건강을 유지하는 방법이 될 수 있다."라고 조언했다. 좋은 만남이 심신의 건강과 행복을 증진하는 데 도움을 주는 만큼, 어렵지만 그런 만남의 기회를 만들고 가꾸어 나가는 노력을 우리는 지속해야 할 것이다. 결국 이 TED는 인간이 결국 '다른 사람과 함께 더불어 살아가는 데서 행복을 느끼는 존재'라는 평범한 사실을 다시금 일깨워 준다.

4. 이 한 권의 책 『행복교과서』

최근 연구 결과(2016년 제8차 어린이 · 청소년 행복지수 국제비교 연구)에 따르면, 한국 아동 · 청소년이 경제협력개발기구(OECD) 회원국에서 가장 스스로 행복하지 않다고 생각하고 있는 것으로 나타났다. 아동 · 청소년 5명 중 1명은 자살충동을 느낀 적이 있었으며, 특히 전체의 5%는 3번 이상 자살충동을 경험한 자살충동 위험집단에 속했다.

자기 스스로 생각하는 행복의 정도를 주관적 행복지수라고 하는데, OECD 평균(100점)과 비교하였을 때 주관적 행복지수가 가장 높은 나라는 스페인으로 118점이었으며, 오스트리아와 스위스가 113점으로 그다음이었다. 반면, 헝가리 · 벨기에(이상 89점), 캐나다(88점), 체코(85점)와 같이 한국은 82점으로 전체 조사대상국 22개 국가 가운데 꼴찌를 차지하였다.

이런 안타까운 현실에서 서울대학교 행복연구센터(센터장: 서울대학교 심리학과 최인철 교수)는 행복지수가 낮은 대한민국의 청소년들에게 행복에 대한 의미를 일깨우고 행복한 삶을 가꾸어 나가기 위해서 어떻게 노력해야 하는지 함께 공부해 보는 담대한 기획을 몇 해 전부터 해 왔다. 그것이 바로 『행복교과서』 프로젝트다. 서울대학교 행복연구센터에서는 '행복'이란 저절로 찾아오는 행운이 아니라, 적극적으로 추구하고 또 연습해야 하는 것으로 보고, 이를 위한 '행복 교과서'를 직접 제작하게 된 것이다.

『행복교과서』는 청소년의 행복 수업을 위한 충실한 교과서다. 동시에 수업 밖에서도 각자가 '행복'에 대해서 즐겁게 공부해 볼 수 있는 그야말로 살아 있는 행복교과서이기도 하다. 이 책에서 행복이란, 곧 '마음이 즐거운 상태'임을 강조한다. 그 즐거운 마음은 재미와 의미, 그리고 몰입에 의해 맞이할 수 있으며, 이는 아홉 가지 행복 원리를 연습함으로써 정말로 행복해질 수 있음을 보여 주고 있다. 실제 사례와 풍부한 실험 및 연구 결과는 이 책에서 말하는 내용이 행복에 대해 단지 추상적으로 접근하는 것이 아니라, 명확한 근거를 제시해 믿고 따라할 수 있도록 자신감을 심어 준다.

이 책에서는 제일 먼저 행복을 '마음이 즐거운 상태이고, 적극적으로 추구해야 할 인생의 기초 체력'이라고 분명하게 정의한다. 그에 따라 우리가 어떻게 행복할 수 있는지 하나하나 그 길을 제시한다. 여기서 제시하고 있는 조언들은 어쩌면 우리가 너무나 잘 알고 있는 평범하면서도 위대한 진리의 종합선물세트 같은 것인지도 모른다.

그 첫 번째가 관점 바꾸기다. 행복은 마음에 달려 있는 만큼 우리가 어떤 생각을 하느냐에 따라 인생도 우리가 생각한 대로 바뀌게 된다. 앞서 거듭 강조하였듯이, 타인과 비교하지 않는 것도 중요하다. 행복의 최대 적이 남과 비교하는 데서 온다는 것은 경험으로부터 너무나 잘 알고 있지 않는가. 무엇인가 하고자 하는 일에 목적을 세우고, 그 일에 푹 빠져 재미를 찾는 것, 다시 말해서 온전한 몰입이 행복을 위해서 중요하며, 행복하려면 현재의 순간을 즐길 줄 알아야 한다고 가르친다.

『행복교과서』는 또 나를 넘어서 타인과의 관계를 통해서 행복이 증진될 수 있다고 조언해 준다. 좋은 사람과 잘 지내는 일, 나누고 베풀면서 사는 일, 항상 감사하고 용서하는 일을 내면화하는 것도 행복이라는 인생의 기초체력을 연마하는 데 필수불가결하다는 것이다.

제7장
사이와 소통의 미학

1. 왜 인간관계에서 의사소통이 중요한가

　인간은 사회적 동물이다. 세상에 태어나면서부터 우리는 여러 방면에서 다양한 관계를 맺으면서 살아간다. 부모와의 관계를 시작으로 형제자매 등과의 혈연관계, 유치원, 학교를 들어 가면서 친구 및 교사와의 관계가 형성되고, 청소년기부터는 이성관계가 시작되기도 한다. 또한 직장생활을 하면서부터 직장의 안팎에서 다양한 사회적 관계를 맺게 된다. 어느 장소, 어느 상황에서나 다른 사람들과 관계를 맺고 같이 일하고 생활하면서 사이좋은 관계를 맺기 위해 노력하게 된다.

　하버드 대학교의 한 연구에 따르면, 사람이 직장과 사회생활에 적응하지 못하고 해고되는 위기는 대부분 성실하지 못하거나 전공지식 혹은 기술력이 부족해서가 아니라 의사소통 능력이 부족하기 때문이라는 결과가 나왔다. 미국의 경제잡지 『포춘(Fortune)』은 미국 500대 기업 하이테크 계열 회사의 최고기술경영자의 최고 자질에 대해서 발표하였다. 즉, 최고경영자가 갖추어야 할 자질은 첫 번째가 사람됨이고, 두 번째가 의사소통 능력이었다. 우리나라 삼성경제연구소가 최고경영자들을 상대로 '좋은 CEO의 자질'에 대해 물었던 결과도 『포춘』과 비슷하였다. 훌륭한 경영자의 자질로서 '인간관계 능력'이 1위로 뽑혔다(박민수, 2012). 즉, 인간관계란 의사소통 능력을 의미한다고 이해할수 있다.

의사소통이란 사람의 의사나 감정의 소통으로 커뮤니케이션(communication)이라고도 한다. 의사소통은 '가지고 있는 생각이나 뜻이 서로 통함'이라는 의미를 지니고 있으며, 인간이 사회생활을 하기 위해서 가장 필수적으로 가지고 있어야 하는 능력이다.

인간 의사소통의 본질을 연구해 온 학자들의 견해를 종합해 보면, 인간 의사소통의 특성과 원리는 다음과 같이 요약된다(한승주, 2012). 첫째, 전인성(全人性)의 원리로, 인간 소통은 단순히 말과 동작으로 이루어지는 것이 아니라그 인간 전체로 이루어진다는 것이다. 둘째, 맥락 의존의 원리로, 같은 말이라도 상황과 맥락에 따라 전혀 다른 의미로 소통되는 것을 말한다. 셋째, 응집성(凝集性)의 원리로, 형식과 의미의 일관성과 응집성이 없으면 혼란이 생겨 소통이 어려워지는 것을 말한다. 넷째, 지식 의존의 원리로, 소통하는 사람의 지식에 의존하는 것이며, 스키마(schema), 프레임(frame), 플랜(plan), 스크립트(script) 등 다양한 수준의 지식이 바탕이 되어야 한다는 것을 말한다.

의사소통이 갖는 기능으로는 사람을 사람답게 하여 주는 기능, 문화 전달의도구, 다른 사람을 알아가고 자기 자신을 발견하는 수단, 다른 사람과의 친밀한 관계를 맺고 유지하도록 하며, 다른 사람을 돕거나, 행동을 변화시키며, 사람들 사이의 협동을 가능하게 한다. 뿐만 아니라 긴장을 이완시키는 기능도 가지고 있다(구현정, 2009). 이와 같이 의사소통은 여러 기능을 가지고 있으므로실제 의사소통 상황에서 여러 기능이 복합적으로 작용하기 때문에 상황에 맞는 적절한 의사소통이 이루어질 수 있도록 노력해야 한다.

공자, 석가, 예수, 소크라테스 모두 언어로써 많은 사람들을 설득하고 제자들을 하나로 응집하는 훌륭한 의사소통 능력을 가지고 있었다. 이들의 가르침은 논어, 불경, 성경의 이름으로 간행되어 가장 많이 읽히는 책이 되었다. 소크라테스는 문답법을 사용하여 사람을 행복하게 하는 것은 무엇인가, 착하다는 것은 무엇인가, 용기란 무엇인가에 관하여 물으며 사람들로 하여금 자신에 대해 스스로 자각하여 탐색할 수 있도록 하는 데 도움을 주었을 뿐만 아니라 "너 자신을 알라."라는 충고와 함께 인간관계를 하는 데 있어 중요한 것은 타인을 이해하기 이전에 자신에 대한 이해를 바탕으로 해야 함을 전하고 있다.

세계는 너무 복잡하고 빠르게 변화하고 있고, 이처럼 우리는 변화하는 사회에 적응하면서 살기 위해 사람들과 잘 어울려 사는 방법을 배워야 한다. 인간은 나이가 들어 감에 따라 사회적 관계와 역할이 더 넓어지고 다양해지기 때문에 사회에 잘 적응하면서 살기 위해서 함께 어울려 살아가는 방법을 배우는 것은 중요하다. 대가족 시대에 살던 우리는 사람들과 어울려 사는 법을 부모, 형제, 주변의 어른들을 보고 관계를 맺으며 배워 왔다. 그러나 핵가족화되면서 다양한 사람들과의 사이좋은 관계를 위한 인간관계 및 의사소통 기술을 배우지 못한 채 학교를 다니며 친구관계나 학업생활에서의 어려움을 겪거나, 사회적 문제를 일으키는 경우가 과거에 비해 많이 발생하게 되었으며, 이러한 문제가 해결되지 않은 상태에서 어른이 되어 또 다른 어려움을 겪게 되는 삶을 살고 있기도 한다. 따라서 과거에는 어쩌면 삶 속에서 다양한 가족 및 친지들을 관찰하면서 배울 수 있었던 방법들을 이제는 의도적으로라도 학교에서 사회에서 서로 잘 지내기 위해, 서로 잘 살기 위해, 사이좋은 관계를 만들기 위한 소통의 방법을 배울 필요가 있는 시대가 되었다고 해도 과언이 아니다.

빠르게 변화하는 사회 속에서 우리는 인간관계에 대한 본질적인 의미도 파악하지 못하고 지속적으로 보다 많은 인간관계의 양과 질을 추구한다. 다양한 관계 속에서 누구나 자기 자신을 표현하려는 욕구가 있다. 이러한 욕구를 음악, 미술, 문학, 일상생활에서의 성취를 통해서뿐만 아니라 다른 사람과의 관계를 통해, 가족, 친구, 신, 자연, 자기 자신을 통해 여러 가지 욕구를 충족하고

자 한다. 그러나 자기 자신의 욕구가 상충될 때 갈등을 일으킬 수 있는데 자신의 욕구를 충족시키기 위해서는 다른 사람의 욕구를 인정하고 존중해 주어야한다. 자신처럼 다른 사람 또한 사랑과 인정받고 싶은 욕구가 있기 때문이다. 이 욕구가 충족될 때 상대방에게 마음의 문을 열고 상대방의 말을 들으려고 할것이다.

우리는 깨어 있는 시간의 70%를 의사소통을 하며 지내면서도 그것을 의식하지 못한다. 우리가 대화를 통해 나의 생각과 감정의 말을 주고받는 활동이 없다면 일상생활이 불가능할 정도로, 대화는 우리의 삶에서 중요한 기능을 한다. 의사소통을 바탕으로 인간관계가 형성되기 때문에 의사소통은 우리에게 없어서는 안 될 산소와 같은 것이다.

학교나 직장에서 다른 사람들로부터 신뢰받는 사람들에게는 뭔가 특별한 것이 있다. 미국심리학회에서 발표한 '재미와 생산성'에 관한 연구를 살펴보면, 직원들이 재미있게 일하는 곳이 생산성과 이익이 더 높다. 따라서 가정도, 학교도, 직장도 함께하는 구성원들이 재미있어야 하고 재미있는 장소가 되어야 한다(박민수, 2012). 대학에서 학생들에게 그룹 과제를 내 준 후 활동 내용 발표 시 학생들을 지켜보면, 그룹 과제를 재미있게 한 팀들은 조원들의 사랑과 인정의 욕구를 채울 수 있는 환경이 조성되어 좋았으며, 이들은 조원들이 발표할 때 열정적으로 돕고자 하고, 발표자는 활달하고 자신감 있게 발표할 뿐만 아니라, 그룹 활동도 재미있고 생산적인 활동이었다고 이야기를 한다. 관계에서의 사랑과 인정의 욕구는 대부분 의사소통에서 이루어진다. 따라서 자신의 인간관계 유형, 가족관계의 점검을 통해 자신의 의사소통 유형을 알아보고, 건강한 사람의 의사소통 양식에 대해 살펴보는 것은 중요하다.

2. 나의 인간관계 유형과 내가 선택한 의사소통

우리가 사람들과 관계를 맺을 때 그 사람의 태도, 행동, 성격 등에서 그 사람이 그렇게 할 수밖에 없는 과거의 경험에 의해 축적된 뿌리가 있음을 이해하는 것은 중요하다. 대부분의 사람들은 어린 시절 부모와 맺는 관계를 통해 행동과 태도가 형성된다. 어린 시절 부모와의 관계는 자기 자신에 대한 긍정적 또는 부정적 자아개념을 형성하고, 성인이 되어서도 인간관계에서 사회적 능력을 발휘하는 데 지대한 영향을 미치는 역할을 한다. 부모와 긍정적인 유대관계를 형성한 아동은 타인에 대해 신뢰감을 가지고 또래나 성인과 조화로운 관계를 맺게 된다.

지피지기면(知彼知己) 백전백승(百戰百勝)이다. 이세돌 9단 바둑기사와 알파고와의 대국 또는 김연아 선수의 피겨스케이팅과 같은 경기에서 승리하려면 경기의 규칙과 자신과 상대의 특성을 잘 알고 있어야 하듯이, 우리는 먼저 내 자신에 대해 객관적으로 잘 알고 상대방에 대하여 잘 알기 위해 노력하면 원하는 바를 이루어 낼 수 있다. 여기서는 여러분이 맺고 있는 인간관계와 의사소통 양식이 어떠한지에 대해 알아보기 위해 키슬러(Kiesler)의 인간관계 유형과 자기개방 영역을 알아볼 수 있는 조해리의 마음의 창(Johari's window of mind), 사티어(Satir)의 역기능적 의사소통에 대해 살펴보고자 한다.

1) 키슬러의 인간관계 양식

키슬러(D. Kiesler)는 대부분의 사람들은 자기만의 독특한 성격이나 인간관계의 유형이 있으며 그런 특성은 일관성 있게 지속된다고 하였다. 키슬러는 인간관계의 양식을 크게 힘의 차원(지배-복종)과 친밀성의 차원(친화-냉담)으로 구분하면서 이들 차원과 관련하여 지배형, 실리형, 냉담형, 고립형, 복종형, 순박형, 친화형, 사교형 등의 여덟 가지의 인간관계 유형(〈표 7-1 참조〉)으로 세분하였다(권석만, 2005). 자신의 인간관계 양식의 유형에 대하여 알고 싶다면, 이

〈표 7-1〉 카슬러의 인간관계 양식의 여덟 가지 유형

	유형	특징
1	지배형	자신감이 있고 자기주장이 강하여 지도력이 있음 논쟁적, 독단이 강하여 대인 갈등을 겪을 수 있음 타인의 의견을 경청하고 수용하는 자세가 필요함
2	실리형	이해관계에 예민하고 성취 지향적임 경쟁적, 자기중심적, 타인에 대한 관심과 배려가 부족함 타인의 입장을 배려하고 관심을 갖는 자세가 필요함
3	냉담형	이성적인 의지력이 강함 타인의 감정에 무관심, 거리감, 피상적 대인관계 타인의 감정 상태에 관심을 가지고 긍정적 감정을 부드럽게 표현하는 기술이 필요함
4	고립형	혼자 있거나 혼자 일하는 것을 선호함 사회적 상황을 회피, 자신의 감정을 지나치게 억제함 대인관계의 중요성을 인식하고 타인에 대한 비현실적인 두려움의 근원에 대해 깊이 성찰해 볼 것
5	복종형	타인의 의견을 잘 듣고 따름 수동적, 의존적, 자신감 없고 자기 주장성이 떨어짐 적극적인 자기표현과 자기주장이 필요함
6	순박형	단순, 솔직, 너그럽고 겸손한 경향 자기 주관이 부족함 타인의 의도를 헤아려 보고 행동하는 신중함, 자기를 주장하는 노력이 필요함
7	친화형	따뜻하고 인정이 많고 자기희생적임 타인의 요구를 거절하지 못, 타인을 즐겁게 하려고 지나치게 노력함 타인과의 정서적 거리를 유지하려는 노력이 필요함
8	사교형	외향적이고 쾌활하며 대화하기를 선호함 인정하는 욕구가 강함, 타인에 대한 관심이 많아서 간섭하는 경향이 있고, 흥분을 잘하고 충동적임 심리적으로 지나친 인정욕구가 있고 그 근원에 대한 통찰이 필요함

출처: 홍경자(2006).

장의 마지막 〈생각하고, 활동하고, 느끼기〉에서 제시한 인간관계 양식 체크리스트를 체크하고 나서 채점 결과를 살펴보길 바란다. 자신의 인간관계 양식을 살펴본 후 자신과 상반된 유형의 특성을 좀 더 개발하도록 노력한다면 인간관계가 훨씬 더 향상될 것이다.

2) 조해리의 마음의 창

자신의 인간관계 양식을 개선하고 세련되고 효과적인 의사소통이 이루어지기 위해서는 자신의 의사소통에 대한 지식이 있어야 할 뿐만 아니라 자기개방 또한 영향을 미친다. 인간관계에서 나 자신을 다른 사람에게 개방하는 것은 매우 중요하다. 인간관계에서 다른 사람들이 나에 대해 어떻게 느끼고 있는지를 잘 아는 것도 중요하다. 이것은 다른 사람들이 나에 대해 어떻게 느끼고 생각하고 있는지에 대하여 피드백을 듣게 됨으로써 알게 되고, 객관적으로 자기를 보는 눈이 생기며, 자신의 행동에 대한 통제와 조절 능력을 향상시킬 수 있다.

자기공개와 피드백 측면에서 인간관계를 알아 볼 수 있는 방법이 '조해리의 마음의 창(Johari's window of mind)'이다. '조해리의 창'은 심리학자인 조세프 루프트(Joseph Luft)와 해리 잉검(Harry Ingham)이 개발하였으며, 두 사람의 이름을 합성하여 조해리(Joe + Harry = Johari)의 창이라고 명명되었다. 두 심리학자는 사람의 자아를 마치 네 개의 창이 있는 것과 같은 구조로 파악하고, 이 창을 통해 상대방을 잘 살필 때 소통이 가능하다고 보았다. 조해리의 창을 이용하여 자신의 인간관계를 살펴보자.

조해리의 창은 개인의 자기공개 수준과 피드백을 구하는 수준에 대하여 네 개의 창으로 표시된다. 네 개의 창은 열린 영역, 보이지 않는 영역, 숨겨 놓은 영역, 미지의 영역을 보여 준다.

첫째, 열린 영역(open area)은 나도 알고 있고 다른 사람에게도 알려져 있는 나에 관한 정보다.

피드백

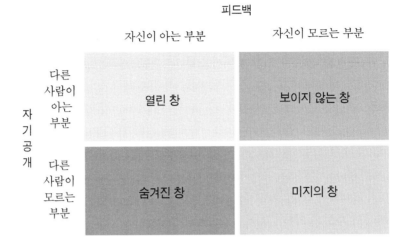

[그림 7-1] 조해리의 마음의 창

  둘째, 보이지 않는 영역(blind area)은 나는 모르지만 다른 사람은 알고 있는 나의 정보를 뜻한다. 나의 이상한 행동 습관, 특이한 말버릇, 독특한 성격에 대해서 '남들은 알고 있지만 자신은 모르고 있는 부분'이 있는데, 이를 보이지 않는 영역이라고 할 수 있다.

  셋째, 숨겨진 영역(hidden area)은 나는 알고 있지만 다른 사람에게는 알려지지 않은 나의 정보를 의미한다. 예를 들면, 나의 약점이나 비밀처럼 다른 사람에게 숨겨 놓은 나의 부분을 뜻한다.

  넷째, 미지의 영역(unknown area)은 나도 모르고 다른 사람도 알지 못하는 나의 부분을 말한다. 이것은 심층적인 무의식 세계로서 남도, 나도 잘 모르는 영역이다. 그러나 자신의 행동과 감정에 대한 지속적인 성찰을 하게 되면 미지의 영역은 자기에게 의식화될 수 있다.

  사람마다 마음의 창 모양이 다르다. 개인이 인간관계에서 나타내는 자기공개와 피드백의 정도에 따라 마음의 창을 구성하는 네 개 영역의 넓이가 달라진다. 이렇게 다양하게 나타나는 창 모양은 어떤 영역이 가장 넓은가에 따라 다음의 네 가지 유형으로 구분될 수 있다.

첫째, 개방적 인간은 열린 영역이 가장 넓은 사람이다. 개방형은 대체로 인간관계가 원만한 사람들이다. 다른 사람에게 호감과 친밀감을 주기에 인기가 있지만, 지나치게 열린 영역이 넓은 사람은 말이 많고 경박한 사람으로 보일 수 있다.

둘째, 자기주장적 인간은 보이지 않는 영역이 가장 넓은 사람이다. 자신의 기분이나 의견을 잘 표현하며 나름대로 자신감을 가지고 있고 시원시원한 사람일 수 있다. 그러나 다른 사람의 반응에 무관심하거나 둔감하여 때로는 독선적인 모습으로 보일 수 있으므로 다른 사람의 말에 좀 더 진지하게 귀를 기울이는 노력이 필요하다.

셋째, 신중한 인간은 숨겨 놓은 영역이 가장 넓은 사람들이다. 다른 사람의 이야기를 잘 경청하지만 자신의 속마음을 잘 드러내지 않는 크렘린 형의 사람으로서 계산적이고 실리적인 경향이 있다. 신중형은 적응은 잘하지만 내면적으로 고독감을 느끼는 경우가 많으며, 현대인에게 가장 많은 유형으로 알려져 있다. 따라서 조금 더 자기개방을 하여 다른 사람과 깊이 있는 교류를 시도할 필요가 있다.

넷째, 고립된 인간은 미지의 영역이 가장 넓은 사람이다. 이들은 인간관계에 소극적이며 혼자 있는 것을 좋아하는 사람들이다. 이런 유형 중에는 고집이 세고 주관이 지나치게 강한 사람이거나 심리적인 고민이 많으며 부적응적인 삶을 살아가는 사람들이 많다. 따라서 인간관계에 좀 더 적극적이고 긍정적인 태도를 가질 필요가 있다. 인간관계의 개선을 위해서는 미지의 영역을 줄이고 보다 더 자기를 공개하는 일이 요청된다.

여러분은 자기공개의 측면에서 어떤 유형에 속하는가? 다른 사람에게 자신의 모습을 잘 내보이는가? 또 다른 사람이 여러분에 대해서 어떤 생각을 가지고 있는지를 알아보려고 하며 잘 알고 있는가? 이 시간에 여러분의 그러한 특성을 파악해 보면 매우 유익할 것이다.

3) 사티어의 생존방식으로서의 의사소통

인간관계를 성공적으로 이끌어 갈 수 있는 사회적 기술이나 사교능력은 의사소통에 의해 영향을 받는다. 생각하고, 말하고, 듣고, 느끼기가 의사소통의 필수 요소인데도, 우리는 생각하고 느끼는 것을 제대로 표현하지 못할 때도 있고, 상대방의 의도를 잘 알아차리지 못해 인간관계에 어려움을 겪을 때도 있다. 특히 어렸을 때 가족, 즉 부모와의 관계가 원활하지 못하여 청소년이나 성인이 된 후에 인간관계 양식이 달라지는 경우도 많다.

가족치료 학자인 사티어(Satir)는 가족 간에 보이는 부적응적 대처방식은 역기능적 의사소통의 형태로 표출된다고 하였다. 사티어에 따르면, 모든 대화의 근본 메시지는 '나를 알아주세요(Validate me).'다. 사티어는 많은 가족들을 치료하면서 건강한 가족과 그렇지 못한 가족의 차이점이 의사소통에 있다는 것을 발견하였다. 특히 건강한 가족은 자존감이 높고 의사소통이 명확하고 일치적이며, 그렇지 못한 가족은 자존감이 낮고 의사소통이 불분명하였다. 즉, 건강한 가족, 건강한 의사소통, 가족의 자존감 수준은 밀접한 관계가 있다는 것이다. 인간이 동물들과 다른 것은 언어를 구사하는 데 있다. 그러나 모든 사람이 의사소통을 잘하는 것은 아니며, 실제 명확하고 일치적인 의사소통을 하는 사람은 단지 10% 정도뿐이라고 사티어는 말하고 있다. 사티어는 의사소통 방식을 대처방식이라고도 말하고 있다. 개인이 외부 세계와 접촉하는 의사소통 방식은 어린 시절에 배운 상황에 대처하는 생존방식이며, 이 생존방식은 부모가 나를 어떻게 대하였느냐에 따라 결정된다고 한다. 따라서 자신이 배워 온 생존방식, 즉 의사소통 방식을 일치적인 방식으로 바꾸어 타인을 대하면, 결과적으로 자존감 높은 사람으로 성장할 수 있다.

사티어가 이야기하는 의사소통 유형에는 자신ㆍ타인ㆍ상황을 적절하게 고려하여 적응적이고 건강하게 의사소통을 하는 일치형과 자신ㆍ타인ㆍ상황을 고려하지 못하여 부적응적이고 역기능적 의사소통을 하는 비난형, 회유형, 초

이성형, 산만형을 들 수 있다.

첫째, 비난형(blaming)은 자신이 다른 사람보다 우월하다는 것을 보여 주기 위하여 타인의 말이나 행동을 인정하는 대신 비난하고 통제한다. 이 유형은 타인을 무시하며 자기와 상황을 중요하게 여긴다. 또한 다른 사람들이 자기를 가치 있게 생각하고 인정한다는 것을 행동으로 표현해 주기를 바라며, 요구가 많고 화가 난 듯이 행동한다. 그러나 내면적으로는 자신이 외롭고 이해받지 못한다는 느낌을 갖고 있다. 이 유형의 사람에게는 타인을 존중하는 것을 가르칠 필요가 있다. 대부분 타인에 대한 기대로 인해 문제가 생기기 때문에 타인에 대한 기대 부분을 일치적으로 탐색하는 것의 중요성을 알게 한다.

둘째, 회유형(placating)은 타인의 사랑과 인정을 받고 타인에게 수용되기 위하여 자신을 무시하는 성향을 갖고 있으며, 자신을 낮추고 상대방을 만족시키려는 행동을 한다. 이 유형은 감정적으로 매우 여리고, 인정이 많으며, 대체로 갈등을 회피하고, 타인으로부터 받은 상처나 분노를 감춘다. 표면적으로는 만족한 듯이 행동하나, 내면적으로는 당연시되거나 소홀히 취급당하는 것에 대해 분개한다. 이 유형의 사람이 자기 자신이 어떤 사람이라는 것을 알게 되는 것은 타인뿐 아니라 자기 자신을 돌보도록 하는 것을 의미한다. 즉, 과거의 대처 방식에 자기가치감과 평등성을 첨가하는 것이다.

셋째. 초이성형(super-reasonable)은 스트레스 상황에서 합리적인 수준을 고수하면서 자기와 타인의 감정을 무시하고 상황만을 중시한다. 표면적으로는 무감각하고 무심하게 행동한다. 그러나 내면적으로는 쉽게 감정에 휘말리고 불안해하며 두려워한다. 이 유형의 사람들은 자기와 타인을 존중하고 수용하는 것이 중요하다는 것을 인식시킨다.

넷째, 산만형(irrelevant)은 어떤 갈등과 문제가 발생한 상황에서 마치 아무런 문제가 없는 것처럼 장난을 걸고 바보 같은 짓을 하며 공연히 바쁜 듯이 다른 일에 몰두한다. 그리고 초점이 없는 말을 하고 위선적이며 문제해결 능력이 결여되어 있다. 스트레스 상황에서 내적인 고통을 두려워하고, 외적으로는 다른 사람들과 연결되는 것을 어려워하며 자신의 내면의 역동과 외부와의 연결을 피하고자 한다. 즉, 자기·타인·상황을 모두 무시하기 때문에 집중하기가 가장 어렵디. 표면적으로 이들은 집중하기를 어려워하고 마치 광대와 같이 행동한다. 일반적으로 이러한 사람들과는 의미 있는 수준에서 관계를 맺기가 어렵다. 이 유형의 사람들은 자기·타인·상황을 모두 알아차리고 존중해 주는 것이 필요하다. 이들의 변화를 위해서는 신체적 감각, 신체적 접촉, 신체적 활동을 통해 접촉하는 것이 효과적인 접촉 방법이다. 밴먼(Banmen, 2002)은 산만형의 사람들에게 자기 주위에 있는 구체적인 사물들을 살펴보도록 하는 것은 주변 환경으로 인한 안정된 경계선을 만들어 치료적 신뢰를 갖게 한다고 하였다.

다섯째, 일치형(congnent)은 의사소통의 내용과 방법이 일치하는 것, 즉 전달하는 내용과 정서가 일치하는 것을 말한다. 적응적이며 효율적인 의사소통의 방식이다. 일치형은 언어적·비언어적으로 일치적인 형태로 의사소통을 한다. 자기 자신이 중심이 되어 다른 사람과 관계를 맺고 접촉하며, 자신·타인·상황을 모두 고려하여 반응한다. 이 일치형의 의사소통이야 말로 자아존중감이 높고 성숙하며 기능적이고 책임감이 있으며 진실한 인간의 의사소통 방법이다.

따라서 사티어는 자기가치 수준을 향상시키는 것을 중요한 치료 목표로 삼기 때문에 내담자가 자신의 역기능적 의사소통과 대처 방식, 즉 생존유형을 의식하고 표현하는 경험을 통해 일치적이고 건강한 의사소통을 하도록 돕는 것이 중요하다고 한다.

3. 건강한 사람들의 의사소통과 인간관계

건강하고 긍정적이며 일치적인 사람들의 삶에 대한 태도를 살펴보면 무엇보다 나 자신을 존중하고, 상대방을 존중하고, 또한 상황에 적절하게 행동한다. 건강하고 일치적인 사람은 자신의 내면에 대해 책임질 수 있으며, 자신을 적절하게 개방할 뿐만 아니라 자신의 생각이 왜곡되지는 않았는지, 자신의 기대가 지나친 것은 아닌지, 자신의 과거 경험 때문에 어떤 상황에 그렇게 반응하는 것은 아닌지를 분명하게 알고 있다. 그리고 상대방의 입장에 대해서도 충분히 이해하고 그 사람의 입장을 존중할 수 있다. 자기 것을 끝까지 우기지 않고, 상대방의 입장을 이해하고 타협할 수 있는 능력을 가지고 있다.

사람들이 건강하고 긍정적이며 일치적이 되는 것은 남을 이기기 위해서, 다른 사람이나 상황을 통제하기 위해서, 자기 자신을 방어하기 위해서, 또는 다른 사람을 무시하기 위한 것이 아니다. 긍정적이고 건강한 의사소통을 한다는 것은 우리 자신이 되기를 선택하는 것이며, 다른 사람들과 만나고 관계를 맺고 상호작용하기를 선택하는 것이다. 이것은 자신과 다른 사람 그리고 상황 모두를 존중하는 것이다.

일치성은 내면에서 일어나고 있는 생각, 감정 및 신체 메시지에 대한 자각, 그리고 내가 경험한 것에 부여한 의미를 자각하는 것에 그 기초를 두고 있다. 우리는 살아남기 위해서 불일치적인 것을 배웠다. 그러므로 일치성을 학습하기 위해서는 자신을 새롭게 평가하고 스스로에게 귀를 기울이며, 매순간 자기 가치감을 재평가하는 것이 필요하다. 우리가 일치적이 될 때 감정의 폭발을 자제할 수 있고, 더 이상 과거의 희생양이 되지 않을 수 있다. 일단 과거와 현재의 경험을 인식하고 수용하게 되면 더 이상 자동적으로 복종하지 않게 되고, 과거로부터 오는 역기능적인 대처 유형이나 규칙 등에 얽매여 살지 않게 된다. 또한 과거의 경험들을 무조건 무시하거나 부인하지 않게 된다.

사람들의 대처방식은 자신에 대해서 어떻게 느끼느냐 하는 자존감의 수준에 따라 결정된다. 높은 자존감을 가진 사람들은 '나는 나 자신과 다른 사람으로부터 사랑을 받는다.'고 믿으며 일치적인 대처 자세를 가지고 상황에 적절하게 반응하고, 자신의 선택과 책임을 분명히 인식한다. 자신과 타인을 수용하고 감정, 전인성 및 인간성을 수용한다. 이러한 사람은 새로운 것을 시도하거나 모험할 수 있는 능력과 용기를 지니고 있으며 현재 지향적이고 변화를 시도한다. 반면에 낮은 자존감을 가진 사람들은 '나는 사랑받기를 원한다.'라고 느끼며 불일치한 대처 자세를 지니고, 경직되고 심판관 같은 태도를 가진다. 가족의 규칙이나 의무감 등에 따라 행동하기 때문에 이들의 행동은 외부로부터 규정된다. 방어적 혹은 반동적으로 행동하고 자신의 감정을 억압하고 올바른 것 대신에 안전하고 익숙한 것을 선택한다. 과거 지향적 태도를 지니고 변화보다는 현 상태를 유지하고자 한다.

우리는 생존에 대해 조금이라도 위협적으로 느끼게 되면 방어적이 된다. 이러한 생존방식은 갈등 상황이 되면 자동적으로 작동된다. 이러한 반응은 우리의 삶이 다른 사람들의 손에 달려 있으며, 다른 사람이 없으면 내가 존재할 수 없기 때문에 내가 이들의 의견이나 느낌에 의해서 정의되고 나의 가치가 결정된다는 무의식적 사고에서 나오는 것이다.

위대한 작곡가 모차르트는 자신에게 음악을 배우러 찾아오는 많은 사람들에게 항상 제일 먼저 하는 질문이 "당신은 음악을 배운 적이 있습니까?"였다. 어느 날 한 청년이 음악을 배우러 찾아왔다.

〈표 7-2〉 사티어의 일치적인 사람의 특징

일치적인 사람의 특징
• 자기의 독특성을 인정한다.
• 개인 내면에 있어서나 대인관계에서 에너지가 자연스럽게 순환된다.
• 개성이 뚜렷하다.
• 자신과 다른 사람들을 기꺼이 신뢰한다.
• 모험을 하려고 하며, 상처받는 것을 두려워하지 않는다.
• 자신의 내적·외적 자원들을 활용한다.
• 친밀성에 대해 개방적이다.
• 나 자신이 되는 것과 다른 사람을 수용하는 것에 자유롭다.
• 자기 자신과 다른 사람들을 사랑한다.
• 변화에 대해 유연하고 개방적이다.

출처: 김영애(2004).

모차르트: 당신은 음악을 배운 적이 있습니까?

청년 1: 예, 어렸을 때부터 피아노를 쳤고 바이올린도 10년을 배웠지요.

그의 대답을 들은 모차르트는 고개를 끄덕이며 제자로 받아들이겠으니 원래 수업료의 두 배를 내라고 말했다. 그런데 얼마 지나지 않아 또 다른 청년 하나가 찾아와서 제자가 되기를 원했다. 이번에도 모차르트가 물었다.

모차르트: 당신은 음악을 배운 적이 있습니까?

청년 2: 전에 음악을 배운 적은 없지만 열심히 하겠습니다.

모차르트: 좋소. 제자로 받아들이겠으니 수업료를 반만 내시오.

그러자 먼저 찾아왔던 청년 1이 모차르트에게 항의하듯이 물었다.

청년 1: 선생님! 음악을 전혀 모르는 저 사람에게는 수업료를 반만 내라고 하시고, 10년이나 음악을 공부한 저에게는 수업료를 두 배로 내라고 하시니 그건 부당한 처사가 아닙니까?

모차르트는 그 이유를 말해 주었다.

모차르트: 아닐세. 음악을 배운 사람들을 잘 가르치기 위해서 나는 먼저 잘못된 연주 습관이나 태도를 고쳐 주지. 그런데 그 일은 아주 힘이 들거든. 그 사람이 지니고 있는 나쁜 버릇이나 태도를 바로 고쳐 주는 일은 그냥 음악을 가르치는 것보다 곱절은 힘든 일이지. 그러나 음악을 배우지 않은 사람은 그런 나쁜 습관이 없기 때문에 바로 음악을 가르칠 수 있거든. 그리고 처음 배우는 사람들에게는 순수한 열정이 있지, 내 말뜻을 알아듣겠나?

출처: 박민수(2012).

앞의 예화에서 알 수 있듯이, 우리는 처음에 무엇인가를 배울 때 어색하고 힘들다. 그렇지만 잘못 형성된 행동 습관을 수정하는 것은 더 힘들고 곤혹스러운 과정을 거쳐야 한다. 따라서 효과적이고 관계 형성을 잘할 수 있는 의사소통을 위해서는 잘못된 습관을 변화시키고 도움이 될 수 있는 새로운 기술은 배워야 한다.

사이좋은 관계형성을 위한 기본적인 의사소통 기술을 살펴보면 다음과 같다. 의사소통에는 비언어적 의사소통과 언어적 의사소통이 있다. 언어적 의사소통은 말로써 이루어진 메시지를 의미하며, 낱말을 사용하여 정보를 주고받는 것이다. 즉, 언어적 의사소통은 '무엇을 말하는가'다. 비언어적 의사소통은 '어떻게 말하였고, 어떻게 보며, 어떻게 들리는가'를 의미한다. 심리학자 메라비언(A. Mehrabian)의 연구에 따르면, 의사소통의 93%는 비언어적인 것으로 이루어진다고 한다. 의사소통 중 말의 내용의 전달력은 7%, 목소리의 음조, 즉 말하는 사람의 속도 · 높이 · 음량 등이 38%, 신체적인 언어 · 몸짓 · 태도 · 손짓 · 얼굴표정 등은 55%의 전달력을 가지고 있다고 한다. 따라서 사람들과 대화를 할 때 얼굴표정, 시선 맞추기, 몸의 움직임과 자세, 신체적 접촉, 거리, 어조, 억양 등의 비언어적 의사소통을 정확하게 활용하는 것은 매우 중요하다.

피치(W. V. Pietsch)는 어떤 사람을 있는 그대로의 자신이 될 수 있도록 해 주는 조건을 신뢰, 경청 및 명료화라고 말한다. 이 세 가지 조건은 인간관계를 맺는 비법이자 의사소통의 나침반 같은 역할을 한다. 대화를 할 때 이 세 가지 원칙을 기억한다면 유능한 의사소통자가 될 것이다. 효과적인 의사소통은 이 세 가지 원칙에 의해 상대방에게 관심을 기울이고 있다는 것을 보여 주면 가능할 것이다. 먼저, 신뢰는 타인이 나를 신뢰하기보다 내가 먼저 타인을 신뢰하는 것을 말한다. 내가 먼저 타인을 신뢰할 때 비로소 타인도 나를 신뢰하게 되고, 이로써 서로 간에 진정한 신뢰가 형성된다. 다음으로, 신뢰와 더불어 어떤 사람을 있는 그대로 자신이 될 수 있도록 해 주는 조건 중 하나가 경청이다. 상대방과 이야기할 때 예의를 갖추어 진지하게 경청해 주는 자세를 취하는 것을 적극적 경청이라고 한다. 어떤 사람과 대화를 할 때 시선을 맞추고 상대방의 어조나 억양의 특징, 언어적 · 비언어적 표현의 불일치 여부 등에 주의를 기울이는 것이 적극적 경청의 태도다. 또한 상대방의 이야기 주제나 흐름을 따라가 주는 것이 중요하다. 적극적 경청을 할 때는 상대방 감정의 리듬에 맞장구를 치며, 어떤 이야기인지 열심히 들어 주며, 기분을 이해해 주고, 역지사지, 즉 공감해 주며, 생각의 차이가 있음을 인정하면서 대화를 이끌어 가는 것이 중요하다. 마지막으로, 상대방의 감정을 수용하고 상대방이 전하고자 하는 감정을 듣고 나누는 것을 **명료화**라고 한다. 명료화는 상대방에게 내가 잘 이해하고 있는지 확인해 보는 것이다. 따라서 "당신이 하신 말씀은 …란 뜻이지요?"라고 하면서 되물어 보는 것이다. 또는 "당신이 느끼기에는 …란 감정인 것 같네요." 또는 "당신의 말씀은 ……란 말씀인 것 같네요?"라고 되물어 봄으로써 상대방의 입장에서 이야기를 들어 주고 상대방의 감정을 이해하고 있음을 전달하는 것이다.

로저스(Rogers)는 타인과 대화 시 대화를 이끌어 가는 사람이 가지고 있어야 할 기본적인 자세로서 타인에 대한 무조건적 존중, 공감적 이해, 진솔성이 중요하다고 이야기한다. 이렇듯 건강한 의사소통을 통한 인간관계를 맺기 위해서는 마음의 문을 열고, 상대방의 입장을 이해하고, 감정을 읽어 주는 것이 중요하다.

상대방의 입장에서 이야기를 들어 주고 마음을 읽어야 한다는 것, 이것을 모든 사람이 머리로 이해는 하는데 일상생활에서 적용하려고 하면 잘 안 되는 이유는 무엇일까? 어쩌면 '나는 안 돼.' '이제서 변화될 수 있을까?' '건강하게 의사소통하는 것이 중요한 것은 알지만 너무 어려워.'와 같이 의사소통에 대해 부정적인 생각이 마음속에 박혀 있기 때문일 것이다. 그러나 효과적이지 못하고 건강하지 못한 의사소통을 효과적으로 변화시키고자 노력한다면 달라질 수 있을 것이다. '나는 안 돼.'에서 '나는 할 수 있어.'로, '이제서 변화될 수 있을까?'에서 '이제부터라도 변화될 수 있도록 노력해 보자!'로, '처음에는 어렵

지만 처음부터 잘하는 사람은 없으니 열심히 연습하고 노력하다 보면 언젠가
는 나도 건강하고 효과적으로 대화를 잘할 수 있을 거야.'로의 긍정적인 생각
전환은 효과저인 의사소동을 할 수 있도록 도울 것이다.

☞ 생각하고, 활동하고, 느끼기

◇ 나의 인간관계 및 의사소통 유형 탐색하기

1. 나의 인간관계 양식을 알아봅시다(조해리의 '마음의 창'에 비친 인간관계 특성, 키슬러의 인간관계 양식)

◆ 자기의 성격이나 대인관계를 잘 나타내는 정도에 맞추어 적절한 숫자에 ○표 하세요

번호	문 항	전혀 그렇지 않다	약간 그렇다	상당히 그렇다	매우 그렇다	번호	문 항	전혀 그렇지 않다	약간 그렇다	상당히 그렇다	매우 그렇다
1	자신감이 있다	1	2	3	4	21	온순하다	1	2	3	4
2	꾀가 많다	1	2	3	4	22	단순하다	1	2	3	4
3	강인하다	1	2	3	4	23	관대하다	1	2	3	4
4	쾌활하지 않다	1	2	3	4	24	열성적이다	1	2	3	4
5	마음이 약하다	1	2	3	4	25	지배적이다	1	2	3	4
6	다툼을 피한다	1	2	3	4	26	치밀하다	1	2	3	4
7	인정이 많다	1	2	3	4	27	무뚝뚝하다	1	2	3	4
8	명랑하다	1	2	3	4	28	고립되어 있다	1	2	3	4
9	추진력이 있다	1	2	3	4	29	조심성이 많다	1	2	3	4
10	자기 자랑을 잘한다	1	2	3	4	30	겸손하다	1	2	3	4
11	냉철하다	1	2	3	4	31	부드럽다	1	2	3	4
12	붙임성이 없다	1	2	3	4	32	사교적이다	1	2	3	4
13	수줍음이 있다	1	2	3	4	33	자기주장이 강하다	1	2	3	4
14	고분고분하다	1	2	3	4	34	계산적이다	1	2	3	4
15	다정다감하다	1	2	3	4	35	따뜻함이 부족하다	1	2	3	4
16	붙임성이 있다	1	2	3	4	36	재치가 부족하다	1	2	3	4
17	고집이 세다	1	2	3	4	37	추진력이 부족하다	1	2	3	4
18	자존심이 강하다	1	2	3	4	38	솔직하다	1	2	3	4
19	독하다	1	2	3	4	39	친절하다	1	2	3	4
20	비사교적이다	1	2	3	4	40	활달하다	1	2	3	4

* 각 유형별 문항에 대한 응답을 다음 칸에 합산하세요. 점수가 높을수록 인간관계 양식이 강하다고 해석됩니다. 이 결과는 자신의 인간관계에 대하여 주관적으로 지각한 것일 뿐이므로 고정관념을 갖지 않도록 유의하세요.

						총점								총점
• 지배형	1	9	17	25	33		• 실리형	2	10	18	26	34		
• 냉담형	3	11	19	27	35		• 고립형	4	12	20	28	36		
• 복종형	5	13	21	29	37		• 순박형	6	14	22	30	38		
• 친화형	7	15	23	31	39		• 사교형	8	16	24	32	40		

• 나의 인간관계 유형은 무엇인가요?

◆ 다음 물음에 대해 자신의 상태를 기준에 따라 적당한 숫자에 표시하세요.

영 역	문 항	전혀 아니다		약간 그렇다		어느 정도 그렇다		상당히 그렇다		매우 그렇다
자기공개적 수준	나는 사람들에게 내 자신을 잘 나타내 보이며, 다른 사람에게 속마음을 잘 내보이는가?	1	2	3	4	5	6	7	8	9
타인의 피드 백을 듣는 수 준	나는 다른 사람들이 나에 대해 어떤 생각을 가지고 있는지를 알아보려고 노력하고, 다른 사람이 나를 어떻게 평가하고 있는지 알고 싶어 하며, 나에 대해 하는 말에 귀를 기울이는가?	1	2	3	4	5	6	7	8	9

* 앞의 두 영역에 대해 체크한 숫자를 [그림 2]의 표에 표시한 후 가로 세로 선을 긋고 수직축으로 분할하면 4개 영역의 4분면의 사각형으로 분할됩니다. 자신의 마음의 창 영역이 어느 분면이 넓은지 살펴봅시다.

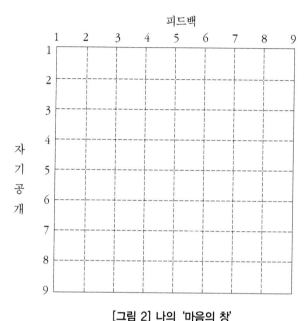

[그림 2] 나의 '마음의 창'

출처: 홍경자(2006).

• '마음의 창'에 비친 나의 인간관계 유형은 무엇인가요?

여러분은 자기공개의 측면에서 어떤 유형(개방형, 자기주장형, 신중형, 고립형)에 속하나요? 다른 사람에게 자신의 모습을 잘 내보이나요? 다른 사람이 여러분에 대해서 어떤 생각을 가지고 있는지를 알아보려고 하며 잘 알고 있나요?

2. 나의 의사소통 유형을 알아봅시다(사티어의 의사소통 유형 활용).

3. 가족조각을 활용한 자신의 의사소통을 탐색하는 연습을 해 봅시다.

- 조각(sculpture)이란 어느 시점을 선택하여 그 시점에시의 인간관계, 타인에 대한 느낌과 감정을 동작과 공간을 사용하여 표현하는 비언어적인 기법을 말한다. 조각은 근육을 사용하여 감정을 표현하게 함으로써 감정을 직접 몸으로 느끼게 만드는 것이다. 또한 삼차원적 시각적인 모델을 제시함으로써 내적인 감정을 표면화하고 은밀한 생각과 느낌을 외면화시킨다. 즉, 정보는 말로 전해지는 것이 아니라 행동과 관찰을 통해 경험하게 된다.
- 가족조각은 한 가족 구성원이 다른 가족 구성원에 대해 느끼는 내적 정서상태를 자세와 동작 및 소도구를 사용하여 공간적으로 나타내는 것이다. 조각기법은 "역동적, 능동적, 비선형적 과정으로 사건이나 태도가 동시에 지각되며 경험될 수 있다. 관계의 의미와 은유(metaphor), 상(image)을 제공하므로 참여자와 관찰자가 모두 함께 공유할 수 있다." (Duhl, Kantor, & Duhl, 1973)
  - 한 명의 스타(star)를 정한 후 여섯 명이 한 팀이 되어 스타 가족에 대한 조각을 합니다.
  - 조각한 후의 느낌을 서로 나누어 봅시다.
  - 조각을 통해 은밀한 감정이나 사고가 분명하게 표현되고 이해되었는지를 확인해 봅시다.

제8장
감정을 다스리는 힘

1. 왜 정서조절이 중요한가

"친구가 미국으로 어학연수를 갔는데, 오랫동안 소식이 없어 걱정되고 불안한 마음이 듭니다. 그러던 중 친구가 미국에서 보낸 메일을 받았을 때, 안도의 한숨과 함께 기쁘고 반가운 마음이 들었어요."

"친구들과 식사를 하고 카페에 앉아 서로에 대한 안부와 이런저런 이야기를 나눴어요. 그런데 친구랑 헤어지고 집에 가면서 친구가 무심코 했던 말이 자꾸 떠오르면서 점점 기분이 상하더니 마음이 울적해지는 거예요."

"방금 본 기말시험이 너무 어렵게 느껴져서 왠지 시험을 망친 것 같아 기운이 빠져요."

"교수님께서 내 준 과제를 나름 열심히 했다고 생각하며 평가를 기다리는데, 교수님께서 내 이름을 부르며 잘했다고 칭찬을 해 주셨어요. 친구들 앞에서 어깨가 으쓱거리고, 뿌듯하고 기분이 좋아요."

"내가 한 일이 아닌데, 비난을 받거나 야단을 맞을 때는 정말 억울해요. 그런 억울한 마음을 알아주었으면 하는데, 엄마가 내 얘기는 자세히 듣지도 않고 야단치실 때 정말 화나요."

이와 같이 우리는 의식하지 못하는 사이 다양한 사람을 만나며 다양한 자극을 받고, 그에 따라 여러 가지 감정을 느끼고, 영향을 받으며 살아간다. 우리는 얼마나 자주 감정을 느끼는가? 또한 자신의 감정을 얼마나 잘 조절할 수 있는가?

김춘수의 「꽃」에서 '내가 그의 이름을 불러 주었을 때 그는 나에게로 와서 꽃이 되었다'와 같이, 감정도 그러하다. 어떤 감정이 생겼을 때 내가 그 감정을 인식하지 않고 부르지 않는다면 거기에 그칠 뿐 그것이 감정이 되지는 않는다. 우리가 느끼는 긍정적 · 부정적 감정 모두 마찬가지다. 부정적인 생각이나 감정은 그 자체로 생겨나는 순수한 것이 아니다. 감정은 외부 자극에 대한 나의 생각과 해석을 통해 재구성된 나만의 정서다. 길을 지나가다 누군가 어깨를 세게 툭 쳤다고 했을 때, 순간 생각하는 것은 '아프다'다. 그냥 아픈 것에만 그친다면 그것은 감정이 되지 않는다. 그러나 '왜 저 사람이 내 어깨를 쳤지? 나를 무시하나? 내가 뭐 잘못했나?'라고 해석이 붙여지는 순간 '기분 나빠!'라는 부정적 감정이 생긴다. 이렇게 자신만의 생각에 의해 새롭게 구성된 감정에 의해 우리는 힘들어한다. 물론 긍정적 정서 또한 마찬가지다.

감정은 이처럼 우리가 살아가는 곳곳에 자리하고 항상 함께 있지만, 그러한 감정이 우리에게 어떠한 영향을 미치는지 그 중요성과 역할에 대해 잘 모를 때가 많다. 어떤 사람은 자신의 감정이나 기분을 묻는 질문에 그리 오랜 시간이 걸리지 않고 쉽게 대답할 수 있지만, 어떤 사람은 순간 멍한 표정으로 당황하고 한참을 생각해도 뭐라고 대답해야 할지 잘 떠오르지 않을 수 있다. 감정은 자극에 대한 그 사람의 실제 반응이고 태도다. 사람마다 감정을 얼마나 자주 느끼는지 그리고 얼마나 강렬하게 느끼는지와 같이 감정의 빈도와 강도에 있어서 조금씩 차이가 있겠지만, 모든 사람은 매일 다양한 자극에 반응하며 감정을 경험한다.

긍정적인 정서는 행복, 즐거움, 사랑, 기쁨, 만족스러움 등과 같은 기분 좋은 정서로 우리는 긍정적 정서를 느낄 때 타인과 더 많은 상호작용을 하며, 새로운 경험을 하게 되고 개방적이며, 이타적인 행동도 한다. 이러한 긍정적 정서는 스트레스로부터 벗어날 수 있는 부정적 정서의 필터 역할을 하기 때문에 힘들고 절망적인 상황에서 회복할 수 있는 탄력성을 키우고 부정적인 상황에 대처하는 능력을 향상시킬 수 있다. 부정적 생각이나 감정 때문에 생활하는 것이 힘들고 괴롭다면 긍정적 정서를 통해 새로운 감정으로 변화시키는 연습을 해 보는 것은 중요하다.

감정은 정신적 작용이지만 우리의 행동에 영향을 미치고 우리를 지배하고 이끌어 가기도 한다. 기분, 감정, 정서라는 말은 어떻게 다를까? 행복하고 즐거울 때 우리는 "기분이 좋네."라고 말하지 "감정이 좋네."라고 말하지는 않는다. "나쁜 감정을 품었어."라고는 말하지만 "나쁜 정서를 품었어."라고는 말하지 않는다. 심리학에서 사용하는 개념을 살펴보면 정동(affects)은 외부에서 볼 때 객관적으로 관찰되는 감정으로, 자극에 대해 외부로 표출되는 무의식적이고 생리적인 반응이라고 정의 내리고 있다. 감정(feeling)은 비교적 오랜 기간 유지되는 감정으로 외부로 표출되지는 않는다고 본다. 기분(mood)은 감정상태가 일정 기간 지속되는 것을 말한다. 즉, 기분은 정동에 대해 주관적으로 느껴지는 감정으로, 생리적 감각인 긴장되고, 어질어질한 느낌 등과 감정에 의해 유발된 모욕감, 행복감, 편안함 등의 느낌을 말한다. 정서(emotions)는 생리적 반응을 함께 보일 때를 말하는 것으로 공포가 기쁨같이 쾌, 불쾌의 감정보다 분화된 상태를 말한다. 정서적 자극 상황에 대처하기 위해 특정한 신체적 변화와 동기화된 행동을 수반한다고 말한다(김선현, 2016).

정서를 조절하기 위한 방법은 다양하다. 이 장에서는 정서조절이란 무엇이며, 정서조절 방법에는 어떤 것이 있으며, 적응적 정서조절 방법을 통해 자신의 감정의 주인이 되기 위한 시간을 갖고자 한다.

2. 감정을 느끼고, 표현하고, 공감하기

사람은 태어나면서 갓난아기 때 자신의 정서를 울음으로 나타내다가 생후 3~4개월이 지나면 감정이 '불쾌'와 '쾌' 감정으로 나누어져 나타난다. 감정은 정신적 작용이지만 우리의 행동에 영향을 미쳐 우리를 지배하고 이끌어 가기도 한다. 오늘날 사회에서 억압된 감정이 분노로 폭발하면서 여러 가지 사건·사고가 많이 일어나고 있다. 감정이 잘 조절된다면 이러한 사회적 문제도 줄어들 것이다.

감정조절은 주변 사람이 상처받지 않고 다치지 않게 감정을 표현하는 것을 말한다. 그러나 사람들은 저마다 각기 다른 감정을 가지고 있기 때문에 감정을 적절하게 표현하는 과정은 복잡 미묘할 수밖에 없다. 따라서 내 감정을 변화시키기 위해서는 먼저 타인의 감정을 알아차리고 이해하고 수용한 후 그 감정과 소통하는 것이 필요하다. 뿐만 아니라 그 감정을 아는 것에서 그치지 않고 그 감정을 느끼고 느낀 감정을 표현함으로써 타인에게 공감적으로 반응할 수 있어야 한다. 자신의 감정과 타인을 이해하기 위한 감정과의 대화, 즉 자신의 감정을 잘 조절하고 대화를 잘 이끌어 갈 수 있는 방법에 대해 아는 것은 중요하다.

자신을 이해하고 타인과의 관계 개선 또는 증진을 위해 가장 기본이 되는 것은 '자신에 대한 이해'와 '타인에 대한 이해'다. 이를 위해서는 타인에게 관심을 갖고 타인의 이야기에 귀를 기울이며 서로의 생각과 마음을 나누는 지속적인 과정이 필요하다. 여기에서는 타인에 대한 관심의 태도를 경험하고 연습하며, 그동안 타인을 대할 때 자신의 태도가 어떠했는지 점검하는 시간을 갖고자 한다. 소통에 대해서는 앞 장에서도 언급하였지만, 여기서는 대화의 기본적인 태도로 타인에 대한 이해를 위해 필요한 관심갖기, 경청하기, 감정 읽기, 공감하기를 다루고자 한다. 자신의 감정을 느끼고, 표현하는 방법을 탐색함으로써 감정을 다스리는 힘의 중요성에 대해 살펴본다.

소통을 위한 기본적인 태도는 관심갖기다. 타인에 대한 관심과 존중, 자신의 생각을 고수하는 것만이 아니라 타인과 서로 영향을 주고받을 수 있는 유연성 등이라고 할 수 있다. 그러한 기본적인 태도의 중요성에 대해서 충분히 인식하고 약간의 경험과 연습을 하면 자신과 타인의 감정을 다스리는 능력이 향상될 것이다.

감정을 잘 다스리기 위해서는 먼저 기본적으로 타인에게 관심을 갖는 태도를 연습하는 것이 중요하다. 경청을 하기 위해서는 우선 타인에게 관심을 기울이고 주의를 집중하는 태도가 필요하다. 바쁜 생활 속에서 잠깐씩 만나고 이야기하는 시간이 길지 않더라도 타인의 변화나 느낌을 관찰하고 관심을 갖는다는 것은 진정한 소통을 위한 준비 작업이 될 수 있다. 그러기 때문에 경청하기 위한 준비 작업으로 타인에게 집중하고 관심을 쏟는 경험을 해 보는 것은 중요하다(☞이 장의 끝에 제시한 생각하고, 활동하고, 느끼기에서 '2. 공감하기 연습' 참조).

인간관계에서의 의사소통 분야를 오랫동안 연구한 캘리포니아 대학교 메라비언(Meharabian)은 사람들이 처음 만났을 때 받는 첫인상을 결정하는 요인을 분석하였는데, 말하는 사람의 의미전달 중 말의 내용, 즉 언어적인 메시지는 타인에게 7%, 목소리의 톤·어조·높낮이는 38%, 비언어적 메시지인 몸짓, 얼굴표정 등의 55%가 타인에게 전달된다고 주장했다. 이는 시각적인 메시지나 표현, 음성 톤 등의 비언어적 메시지가 가지는 힘의 중요성을 보여 주고 있다. 따라서 언어적 메시지를 잘 전달하기 위해서는 말하고자 하는 내용을 효과적으로 전달할 수 있는 표정과 몸짓을 활용해야 한다. 말할 때 활용하는 언어적 메시지로 자신의 감정과 의사전달 효과를 극대화할 수 있는 몸짓 미소 등은 바람직하지만, 다리를 떨거나 손을 비비거나 코나 턱을 만지거나 목을 흔드는 등의 말하는 내용과 관계없는 행동은 나쁜 습관이어서 바람직하지 않다.

적극적 경청은 말하는 사람의 비언어적·언어적 메시지 모두를 주의 깊게 듣는 것을 가리킨다. 적극적 경청 시에 상대방의 요구와 기대에 특히 관심을 가지고 경청한다. 또한 열심히 듣고 있다는 것을 말하는 사람에게 전달해야 한다. 적극적 경청은 말하는 사람과 듣는 사람 간의 우호적인 관계 형성을 위한 기반이 될 수 있다. 적극적 경청을 통해, 열린 마음으로 말하는 사람의 이야기를 내용과 내용에 포함되지 않는 뉘앙스까지 읽어 내고 끝까지 듣는 것이 중요하다. 상대방의 이야기가 길어지면 집중력이 약해져서 건성으로 듣게 되는 경우도 많다. 다른 사람의 말을 들을 때는 고개를 끄덕이면서, "으음." "네." "그렇군요." "저런." "아하!" "지금 하신 말씀은 ······하다는 의미인가요?"처럼 맞장구를 치면서 듣는 것이 중요하다. 말하는 내용을 주장하는 바와 그 근거로 구분하면서 듣는 것도 제대로 듣는 방법이다. 적극적 경청이 이루어지기 위해서 가장 중요한 것은 진실된 마음으로 듣는 것이다. 즉, 듣는 사람이 언어적 · 비언어적 메시지를 일치적으로 진솔성 있게 표현하면서 들어야 한다.

◆ '경청하기' 역할 활동
① 두 명씩 짝을 짓고 마주 앉으세요.
② 한 사람은 말하는 입장, 다른 한 사람은 이야기를 듣는 입장이 됩니다. 말하는 사람은 상대방에게 자신이 하고 싶었던 이야기를 하고, 듣는 사람은 아무런 말도 할 수 없습니다.
③ 서로 역할을 바꾸어 다시 경험해 보도록 합니다.
④ 소감을 나누어 봅시다.

말하는 사람, 듣는 사람의 역할 활동을 하고 나면 경청이 얼마나 중요한지 알 수 있다. 자신이 듣기만 하는 사람의 입장이었을 때, 무슨 말을 해 주고 싶었는지, 듣고 있는 사람의 생각을 바탕으로 참견하고 싶어 끼어들고 싶은 마음에 참기가 힘들지는 않았는지, 또 말하는 사람의 입장이었을 때의 듣는 사람의 태도나 반응에 대해서 어떤 느낌과 생각을 갖게 되었는지를 알 수 있다.
주로 말하기만 하는 사람은 보통 타인의 입장을 들을 준비가 안 되어 있거나, 듣기만 하는 사람은 일방적으로 당하기만 하는 사람의 역할을 한다고 볼 수 있다. 듣기만 하는 입장은 속으로만 이런저런 생각을 하고 항변을 할 뿐 상당히 무기력한 상태가 된다. 그럴 때 말하는 사람의 이야기는 그냥 떠드는 소리일 뿐 전혀 자기 이야기로 수용되지 않는다. 서로가 마음을 열지 않은 채 하는 이야기는 상대방에게 의미 있는 이야기로 받아들여지기 어렵게 된다. 한편, 말하는 사람도 듣는 사람이 귀기울여 주고 비언어적으로 또는 언어적으로 반응을 해 오지 않으면 말을 이어 가기가 어렵다. 하고 싶은 이야기가 너무 많을 때는 기분이 상하고 화가 날 수도 있다.

관심을 갖고 경청하면서 자신과 타인의 감정을 알아차리는 것은 중요하다. 감정은 뇌 활동에 핵심적인 역할을 하기 때문이다. 우리가 운전을 할 때도 계기판에 나타난 속력을 보고 내가 얼마나 속력을 내고 달리는 것인가를 알기에 속력을 조절할 수 있으며, 연료표시기를 보면서 연료가 얼마나 남았는지를 알 수 있기에 얼마나 가서 주유를 해야 하는지를 알 수 있다. 감정도 마찬가지다. 우리의 감정도 내가 화가 났는지, 기쁜지, 즐거운지, 편안한지, 슬픈지, 답답한지, 속상한지, 짜증이 났는지를 잘 알아야 자신의 감정을 조절하고 감정을 다스릴 수 있게 된다. 무작정 감정을 누르고 부인하고 회피한다고 부정적인 감정이나 스트레스가 사라지지는 않는다. 부정적 감정과 스트레스는 적절하고 효과적인 대응을 통해 사라진다. 따라서 자신과 타인의 감정 읽기를 위해 다양한 감정을 표현하는 어휘들을 살펴보고, 이 중에서도 비슷한 듯하지만 감정의 정도에 따라 미묘한 차이가 있는 단어들이 있으므로, 이를 상황에 맞게 사용하는 것도 알아보며 표정을 지어 보는 연습을 하는 것도 중요하다. (☞ 이 장의 끝에 제시한 생각하고, 활동하고, 느끼기에서 '1. 감정 읽고 표현하기 연습' 참조)

공감이란 '상대방의 상황과 감정을 내 식대로 이해하는 것과 달리, 그의 입장에서, 그의 틀로 이해하는 것을 의미한다. 상대방의 입장이 되어, 그의 마음의 소리를 듣고 이해하는 것이다. 말로, 또는 비언어적으로 표현하는 내용 이면의 더 깊은 동기, 감정 등을 인식할 때 심층적인 공감이라고 표현하기도 한다. 이렇게 공감하고 이해한 것을 상대방에게 전달하는 것은 또 하나의 주제가 된다. 때로는 말 없이 끄덕임이나 침묵으로, 때로는 손을 잡아 주거나 머리를 쓰다듬어 주는 비언어적인 행동으로, 또 때로는 "…마음이었구나!" 하는 언어적 표현으로 마음을 함께 나누고 있음을 전달할 수 있다. 공감하고 이해하고 있음을 적절하게 전달할 때, 의사소통이 더욱 촉진된다.

　우리는 갈등 상황이나 고민거리가 생기면 자기만이 가지고 있는 문제성 있는 자기 논리에 빠질 때가 있다. 나름대로 혼자 해결해 보려고 노력하지만 불가능한 난관에 봉착을 하게 되면 누군가에게 도움을 요청한다. 이때 도움 요청을 받은 사람이 공감적인 이해를 바탕으로 대화를 잘 이끌어 나가면 고민이나 갈등 상황에 처한 사람의 부정적 사고와 논리는 긍정적으로 확대되고 발전되어 문제가 해결되는 경우가 많다. 그렇지만 도움 요청을 받은 사람이 도움을 요청한 사람의 고민과 생각이 잘못된 생각이라며 설득·비판·평가하면서 반대 논리를 등장시키면 도움을 요청한 사람은 문제성 있는 자기 논리를 고수하면서 문제가 해결되지 않게 된다. 다음의 예화를 통해 공감적 이해의 핵심 사항을 살펴보자.

◆ 공감적 이해 ◆

달과 공주

　옛날 어느 나라에 어린 공주가 살고 있었다. 공주는 왕과 왕비의 사랑을 듬뿍 받으며 아름답고 건강하게 잘 크고 있었다. 그러던 어느 날 공주는 하늘 높이 금빛을 내며 떠 있는 달을 보고 불현듯 그 달을 가지고 싶은 마음이 들었다. 그리하여 공주는 왕과 왕비에게 달을 따다 달라고 보채기 시작했다. 왕과 왕비는 공주에게 달은 따 올 수 없는 것이라고 열심히 설득하려고 하였다. 그러나 공주는 들은체 만체하며 여전히 달을 따다 달라고 졸랐다. 공주가 쉽게 물러서지 않자 왕은 유명하다는 학자와 의원도 불러들이는 등 온갖 노력을 다하였다. 그들은 한결같이 공주에게 달은 따 올 수 없는 것이라고 말하였다.

"공주님, 달은 너무 멀리 있어서 가까이 다가갈 수도 없습니다. 달을 따 온다는 것은 불가능합니다."

"공주님, 달은 너무 커서 가까이 갔다 하더라도 따 올 수는 없습니다."

"공주님, 달에 대해 너무 많이 생각하셔서 병이 든 것 같습니다. 제발 더 이상 달 생각을 하지 마십시오."

그러나 공주는 자기의 뜻을 굽히지 않았다. 달을 따다 달라는 요구를 들어주지 않자 드디어 공주는 단식투쟁에 들어섰다. 왕과 왕비는 속수무책으로 설득과 협박을 반복했지만 공주는 서서히 말라 가기 시작했다. 이때 공주와 친하게 지내던 광대가 나타났다. 전후 사정을 잘 알고 있는 광대는 공주를 만나자 몇 가지 질문을 던졌다.

광대: 공주님, 달은 어떻게 생겼나요?
공주: 달은 동그랗게 생겼지 뭐.
광대: 그러면 달은 얼마나 큰 가요?
공주: 바보, 그것도 몰라? 달은 내 손톱만 하지, 손톱으로 가려지잖아.
광대: 그럼 달은 어떤 색인가요?
공주: 달이야 황금빛이 나지.
광대: 알겠어요. 공주님. 제가 가서 달을 따 올 테니 조금만 기다리세요.

공주의 방을 나온 광대는 왕에게 아뢰고 손톱 크기만 한 동그란 황금 구슬을 만들어 공주에게 가져다주었다. 공주는 뛸 듯이 기뻐하였다. 단식투쟁까지 하면서 그렇게 원하던 '달'을 드디어 손에 넣은 것이다. 기뻐하는 공주를 바라보며 광대는 슬그머니 걱정이 되었다. 달을 따 왔는데 마침 보름날인 오늘 밤 달이 또 뜨면 공주가 뭐라고 할까? 염려가 된 광대가 공주에게 찾아가 말을 건넸다.

광대: 공주님, 달을 따 왔는데 오늘 밤 또 달이 뜨면 어떻게 하지요?
공주: 이런 바보, 그것을 왜 걱정해. 이를 빼면 새 이가 또 나오게 되어 있

어, 그리고 달이 어디 하나만 있니? 달은 호수에도 떠 있지, 물컵
에도 떠 있지, 세상 천지에 가득 차 있어. 하나쯤 떼어 온다고 문제
될 게 없지.

공주의 장신구

옛날, 한 국왕에게 15명의 왕자와 한 명의 공주가 있었다. 국왕은 공주를 특
히 총애하여 한시도 떨어지지 않고 곁에 있게 하였다. 또한 공주가 갖고 싶다는
것은 무엇이든지 구해 주었다. 그러던 어느 날 저녁 큰비가 내려 빗물이 땅에
흥건히 고였다. 그 위에 빗물이 떨어지자 여러 모양의 물거품이 생겨났다. 물거
품은 궁궐의 불빛을 받아 마치 휘황찬란한 보석처럼 보였다. 그 광경에 반한 공
주가 국왕에게 말했다.

공주: "아버님, 저 물거품으로 장신구를 만들어 머리에 달면 정말 예쁘
겠어요."

국왕은 공주의 말을 듣고 웃으면서 대답했다.

국왕: "애야, 저 물거품은 손으로 잡을 수 없는 것인데, 어떻게 장신구를
만들 수 있겠느냐?"

이에 공주가 말했다.

공주: "몰라요. 사람들을 시켜 만들어 주시지 않으면, 죽어 버리고 말
거예요."

국왕은 공주의 성격을 잘 알고 있는 터라, 황급히 유명한 장인들을
불러 모았다.

국왕: "너희들은 솜씨가 매우 훌륭해서 만들지 못하는 것이 없다고 들었
　　　다. 지금 내 딸이 물거품으로 장신구를 만들어 달라고 하니, 서둘
　　　러 만들도록 하여라. 만일 만들어 내지 못하면 죽은 목숨으로 생각
　　　하라."

　장인들은 국왕의 말을 듣고 어처구니가 없는지라 서로 멍하니 얼굴만 쳐다
보았다. 그리고 이내 물거품으로 장신구를 만들 수 없는 노릇이라고 서둘러 말
하기 시작했다. 그런데 한 늙은 장인이 나서서 충분히 만들어 낼 수 있노라고
말했다. 국왕은 매우 기뻐하면서 그 사실을 공주에게 급히 전했다.

국왕: "물거품으로 장신구를 만들 수 있다고 하는 사람이 있으니, 직접
　　　와서 만나도록 해라."

　그 소식을 들은 공주가 늙은 장인 앞에 나타나자, 그 늙은 장인은 공주에게
말했다.

장인: "공주님, 저는 하잘 것 없는 사람이라 아름다운 물거품을 분간해
　　　낼 수 없으니, 먼저 공주님께서 직접 물거품을 가지고 오시면 장신
　　　구를 만들어 드리겠습니다."

　그러자 공주는 물거품을 가지고 오겠다고 나섰다. 그러나 물거품은 손을 대
기만 하면 이내 사라져 도저히 잡을 수가 없었다. 공주는 하루 종일 애써 보았
지만 허리만 아플 뿐이었다. 지친 공주는 화를 내며 포기하고선 돌아서 버렸다.
국왕은 공주가 돌아오는 모습을 보고 물었다.

국왕: "그래, 물거품으로 만든 장신구가 완성되었느냐?"
공주: "전 물거품으로 만든 장신구 따위 필요 없어요. 물거품은 실제로
　　　존재하는 것도 아니고 오랫동안 있는 것도 아니에요. 아버님께서

금으로 만든 장신구를 주신다면, 그것은 쉽게 부서지지 않을 테니
밤낮으로 머리에 꽂을 수 있을 거예요."

출처: 박성희(2001).

공감적 이해에서는 두 가지 방식으로 문제를 해결하게 된다. 하나는 고민을
가지고 있는 사람이 원래 자신이 의도했던 목적을 달성함으로써 소원을 성취
하는 것이다. 다른 하나는 자신이 주장하던 논리의 모순을 깨닫고 스스로 자기
논리를 폐기하는 것이다. 『달과 공주』 예화에서는 공주가 원하는 달을 얻어 소
원을 성취하게 되고, 공주의 장신구 예화에서는 소원 성취는 불가능했지만 자
신의 논리를 폐기함으로써 문제가 해결되었다. 『달과 공주』 이야기에서 공주
가 가지고 싶어 하던 달과 사람들이 생각했던 달은 달랐다. 그러나 대부분의
사람들은 공주가 달을 갖고 싶어 할 때 딸 수 없는 달을 생각하여 설득·협
박·비판·평가하며 무조건 달을 가질 수 없는 것이라며 공주가 원하는 달에
대해 공주 입장에서 생각하지를 못했었다. 광대와 공주의 대화를 통해 공감이
라는 것은 상대방의 엉뚱한 논리를 인정하고 존중하는 것, 상대방이 사용하는
낱말의 의미를 정확하게 파악하는 것, 상대방의 논리를 확장시키고 발전시키
는 것임을 알 수 있다. 공감적 이해는 상대방의 문제를 상대방의 입장에서 이
해하고, 상대방의 말과 논리를 그대로 존중하며, 상대방의 인격을 존중하는
로저스의 인간중심상담의 핵심 개념이다.

3. 마음 안의 화(분노)를 다스리기

이세돌 바둑기사가 알파고에게 3연패를 당하면서 감정조절을 하며 다음 대
국에 도전하는 모습, 김연아가 경기 도중 넘어지고도 벌떡 일어나 끝까지 최
선을 다하여 우승까지 하는 장면을 보면서 인간의 정신력과 심리상태는 참 대

단하다고 생각하게 된다. 많은 사람들이 실패를 하고도 끊임없이 힘겨움을 극복하고 도전하는 모습은 우리에게 큰 감동과 용기를 준다. 이처럼 도전에 대한 실패·좌절, 어려운 상황에서 감정을 조절하는 것은 쉬운 일은 아니다.

　많은 사람들이 화를 내지 말아야 한다고 생각한다. 한편으로, 누군가에게는 엄격하고 강하게 대해야 한다는 생각으로 쉽게 화를 내기도 한다. 또는 화를 참고 누르고 쌓아 두다가 한계점에 다다르면 폭발적으로 화를 내는 경우도 많다. 타인과의 감정의 줄다리기에서 드러나는 상대방에 대한 화난 분노의 감정을 어떻게 다스릴 것인가? 이 질문에 대한 핵심은 '상대방의 인격을 비판하지 않으면서' 그냥 자신의 감정 자체, 즉 자신이 화가 나 있다는 것을 언어적으로 표현하는 방법이 있다. 이를 위해서는 자신의 감정을 느끼고 언어로 이름을 붙일 수 있는 능력, 그것을 비폭력적인 말로 표현할 수 있는 능력, 평소 정서적 안정을 유지할 수 있는 안정성 등이 중요한 요인이라고 생각한다. 따라서 분노조절을 위해서는 우선 자기 스스로를 점검하고 분노 및 감정을 조절하기 위한 방법이 무엇인가에 대해 탐색하고 노력하는 것이 중요하다.

　감정조절 능력은 어려운 상황에 처했을 때 부정적 감정을 스스로 통제하는 것만이 아니라, 앞으로 나아가는 도전 의식을 가지고 평온함을 유지하며 필요할 때 긍정적 감정을 불러올 수 있는 능력을 의미한다. 감정조절을 위해서는 자신의 충동을 통제하는 능력과 왜 화가 났는지 원인을 분석하는 능력이 중요하다. 충동을 통제하는 능력은 감정에 쉽게 휩쓸리지 않고 갑작스러운 욕구나 반응을 억제하는 능력이다. 단순히 인내심이 강한 것과는 다르게 스스로 동기를 부여하고 조절하는 것까지 의미한다. 원인분석 능력은 내가 처한 상황을 객관적으로 파악하여 해결 방안을 찾아내고 이를 다른 사람에게도 분명히 설명할 수 있는 능력이다.

　분노조절, 즉 화를 조절하는 감정조절 능력은 공격적이고 적대적인 행동으로 표현되기 전에 조절되어야 한다. 조절되지 않은 분노는 공격행동으로 나타나기 쉽고, 공격적이고 적대적인 방향으로 표출되는 것은 분노를 해소하기 위한 것이다. 이러한 분노가 조절되지 못하고 공격성과 연합되었을 때 나타날 수 있는 가장 일반적인 사회적 문제는 폭력이다. 뉴스에 자주 등장하는 기사들 속에서 길을 가던 사람이 갑자기 자신을 처다본디고 폭력을 행사하거나 사람을 죽게 했다거나, 침을 뱉고 욕을 하는 등의 불미스러운 내용들을 접할 수 있는데, 이는 모두 분노조절 장애로 인한 결과들일 수 있다. 이러한 공격적인 행동들을 예방하고 조절하기 위해서는 분노조절을 통한 감정을 다스리는 힘을 기르는 것이 필요하다.

사람들은 분노를 경험하면 표현하거나 억제하거나 회피한다. 이처럼 분노를 표현하는 방식을 살펴보면 분노표출형, 분노억제형, 분노조절형 등이 있다. 분노표출형은 화가 날 때 자신의 감정을 참거나 조절하지 못하고 주위 다른 사람이나 물건에 분노를 표출하는 것이다. 분노 억제형은 화나는 감정을 참거나 억압하거나 화나지 않은 것처럼 행동할 수도 있다. 어떻게 생각하면 분노억제형이 분노표출형보다 더 나을 것 같기도 하지만, 이 두 유형 모두 역기능적인 분노표현 방식이다. 특히 분노억제형은 화나는 감정을 참고 마음에 담아두다 정서적인 감기인 우울이나 신체화 증상, 또는 보복성의 분노표출로 나타날 수도 있다. 그러나 분노조절형은 화난 상태를 자신이 자각하고 화를 진정시키기 위해 다양한 전략을 구사할 수 있는 순기능적인 역할을 한다.

누군가와 대화를 하다가 자신의 의견이 잘 받아들여지지 않고, 이해받지 못하는 생각이 될 때는 감정이 앞서서 대화를 그르칠 수도 있다. 따라서 감정을 조절하면서 대화를 잘 이끌어 나가는 방법을 배울 필요가 있다. 대화하는 친구 되기 또는 도움 주는 친구 되기 위한 또래상담자 집단상담 훈련 프로그램에서는 학생들에게 대화하는 친구가 되기 위해 대화를 잘 이끌어 가는 방법과, 분노조절을 하는 방법을 알기 쉽게 제시하여 학생들을 지도하고 있는데, 이를 살펴보면 다음과 같다.

대화를 잘 이끌어 가기 위한 모델로 '어기역차 전략'은 ① 사람들과 대화할 때는 어떤 이야기인지 잘 들어 준다. ② 기분을 이해해 준다. ③ 역지사지(공감)를 해 준다. ④ 생각의 차이가 있음을 서로의 생각이 다를 때 인정한다.

또한 상대방과 대화할 때 자기도 모르게 좋지 않은 감정이 머리를 가득 채울 때가 있다. 그런 상황이 되면 좋지 않은 감정 때문에 논리적이거나 객관적인 생각이나 대화를 할 수 없다. 이때 우리는 극도의 감정 때문에 다투거나 폭력을 휘두르는 상황까지 이를 수도 있다. 이럴 때 사용하는 분노조절 방법으로 '잠하둘셋! 전략'이 있다. '잠깐!' 이야기를 나누다가 좋지 않은 감정이 끓어오를 때는 잠깐 이야기와 감정 상태를 멈추고 깊게 심호흡을 내쉬어 본다. 만약 억제할 수 없을 정도로 감정이 예민해져 있다면 일단 장소를 벗어나 본다. '하나!' 마음속으로 '하나, 둘, 셋……' 수를 세면서 심호흡을 하며 복식호흡을 하며 여유를 가져 본다. '둘!' 생각한다. '내가 하고자 했던 이야기는?' '감정을 내세우지 않고 내가 할 말만 한다면?' 하고 생각한다. 이 상황에서 너무 힘들어서 어떤 대안도 떠오르지 않는다면 인생의 상담자 역할을 해 주시는 사람이나 도움을 줄 만한 사람에게 도움을 청하는 것도 좋다. '셋!' '이렇게 해 보자.' '이렇게 말하자.' 만남이나 할 이야기를 계획해 본다. '잠하둘셋! 전략'을 단계별로 접근하는 것은 처음부터 잘 되는 것은 아니다. 연습하고 노력하며 자신의 분노를 조절하는 방법을 익히는 것이 중요하다.

이지영(2011)은 효과적으로 정서를 조절하는 단계를 4단계로 다음과 같이 제시하고 있다.

단계 1-알아차리기: 정서를 조절하기 위해 가장 먼저 해야 할 것은 내가 어떤 감정을 느끼고 있는지 알아차리는 것이다. 내 감정이 무엇인지 알고, 내적인 상태와 외적인 상태를 파악해야 그 감정을 조절하기 위해 어떠한 조치를 취할 것인지 결정할 수 있다. 내 감정을 살펴본 후 감정이 고양되었다면 불쾌한 감정에 접근하여 직접 다룰 수 있는지 여부를 판단한 후, 만약 다룰 수 없는 상황이라면 단계 2로, 만약 다룰 수 있는 상황이라면 단계 3으로 들어갈 수 있다.

단계 2-주의분산적 방법 도입하기: 불쾌한 감정이 고양되어 있는데 그 감정에 접근하여 직접적으로 다루기 어려운 상황에서는 주의분산적 방법을 사용함으로써 일시적으로 불쾌한 감정을 완화하는 작업이 필요하다. 주의분산적 방법 중 ① 인지적 방법에는 생각하지 않으려고 하거나 잊으려 하는 인지적 회피 및 억제, 주의를 관련 없는 데로 돌리기, 다른 유쾌하고 즐거운 일을 생각하기, 위안이 되는 말을 되뇌기 등이 있다. ② 체험적 방법으로 심상을 사용하여 편안하거나 유쾌한 장면을 떠올릴 수 있다. ③ 행동적 방법으로는 감정 유발 상황이나 장소 피하기, 유쾌하거나 기분 좋은 활동하기, 즐거운 장소에 가기, 중성적인 활동에 몰입하기 등이 있다. ④ 신체 감각을 활용하는 생리적 방법으로는 긴장이완 훈련과 복식호흡을 사용할 수 있다.

　단계 3-접근적인 체험적 방법 도입하기: 고양된 감정이나 충동을 다룰 수 있는 상황에서는 감정 접근하는 체험적 방법을 도입할 수 있다. 고양된 감정이나 충동은 느끼고 표현되기를 요구하는데, 단계 2의 주의분산적 방법만을 사용한 채 그대로 내버려 두면 심리구조 내에 축적되어 다양한 방식으로 부정적 영향을 끼친다. 계속 충동이 느껴지고 신경이 쓰여서 주의집중이 잘 되지 않거나, 다른 사람의 말이나 상황을 왜곡되게 지각할 수도 있다. 때로는 자신도 모르게 욱하거나 원치 않은 표현을 함으로써 후회하기도 한다. 따라서 궁극적으로 정서를 조절하기 위해서는 감정을 느끼고 표현하고 만나는 체험적 과정이 반드시 필요하다. 접근적인 체험적 방법은 다음의 네 가지 단계로 세분화할 수 있다.

　첫째, 감정을 명명한다. '그냥 답답해.' '불쾌해.'라고만 인식하면, 막연하게 느껴지기 때문에 정확히 어떤 감정인지 알지 못하여 구체적으로 조절하기가 어렵게 느껴진다. 정확이 자신이 어떤 감정인지 알아차리고 언어로 명명하는 과정 자체가 정서조절 효과를 준다. '내가 속상해하고 있었구나!' '내가 불안해하고 있었구나!' '내가 화가 나 있었구나!' '내가 억울해하고 있었구나!'라고 명명하면, 흐릿하고 뿌옇던 것이 걷히고 맑아지는 느낌이 든다. 그리고 그만큼 감정이 명확해지니 그 감정에 대해 개입하고 조절할 수 있게 된다.

　둘째, 느끼고 표현한다. 심상, 빈의자 기법, 역할 연기 등의 방법을 통해 느껴지는 감정을 그대로 느끼고 표현함으로써 미해결된 감정, 즉 느껴지지 못했거나 표현되지 못했던 감정을 표현하여 해소한다.

셋째, 감정과 만난다. 감정을 느끼고 표현하다가 가슴 깊숙이 뭔가 밖으로 분출하고 발산하고 싶은 욕구가 느껴질 때, 뭔가 자꾸 치밀어 올라 때리고 싶은 충동이 들기도 하고, 울컥해서 실컷 울고 싶은 마음이 들기도 한다. 그러나 이 단계는 쿠션을 마음껏 때리거나 펑펑 소리 내어 우는 등 과격한 언어적 표현과 행동이 나타나기 때문에 안전한 상황에서 들어가야 한다. 충분히 분출하고 나면 내면에 있던 충동이 해소되고 가라앉는 느낌을 받는다. 그러나 굳이 충동이나 발산하고 싶은 욕구가 올라오지 않을 때는 느끼고 표현하기에서 멈추어도 된다.

넷째, 감정을 수용한다. 감정이 유발되어 감정과 만나고 해소하는 과정을 거치다 보면, 감정을 받아들이고 인정하는 단계에 이르게 된다. 대부분의 불쾌감은 수용하지 못하는 데서 온다. '불안하면 안되는 데….' '우울하면 안되는데….' '화나면 안되는데….' 등 이러한 자신의 감정을 받아들이지 못할 때 불쾌한 감정은 오히려 더욱 커지고 악화된다. 즉, 감정을 그렇게 느낄 만하다고 타당화해 주지 않으면 감정은 부인되고 부적절하게 지각될 뿐 아니라 표현하지 못한 감정은 차곡차곡 쌓이게 된다. 모든 감정은 다 이유가 있고, 살펴보면 모두 그럴 만하니까, 스스로 인정하고 다른 사람으로부터 공감받고 이해받으면서 '내가 화날 만했구나!' '내가 억울한 상황이었구나!' '내가 두려워할 만했구나!'라고 자신의 감정을 수용하면서 그 감정으로부터 벗어날 수 있게 된다.

접근적인 체험적 방법을 사용하지 않으면서 고양된 감정이나 충동을 해소하는 대안적 방법으로는 달리기, 줄넘기, 복싱, 테니스 등의 격렬한 운동과 춤을 추거나 노래를 부르거나, 산에 올라가 소리를 지르는 방법 등이 있다. 이러한 체험적 효과를 극대화하기 위해서는 접근적인 체험적 방법을 사용할 때와 마찬가지로, 자신의 핵심적인 감정이 무엇인지 느끼면서 그것을 표현하고 발산하는 의식으로서 이 행위들을 해야 한다. 예를 들어, 달리면서 속상했던 마음을 몸에 실어 털어 버리고, 땀에 슬픔을 밖으로 꺼내어 놓는다. 샌드백을 내게 상처를 주었던 사람이라 생각하며 감정을 실어 주먹을 날리고, 날아오는 공을 그 사람이라 생각하며 힘껏 때려 넘긴다. 특히, 춤은 동작 치료나 무용 치료로 구현되어 치료적 효과를 내는 데 활용되고 있다. 몸에서 느껴지는 감각과 감정들에 주의를 기울이고, 그 감각이나 감정들이 꿈틀거리는 대로, 하고자 하는 대로 몸을 맡겨 역동적으로 표현하면서 억누르고 표현하지 못했던 감정을 해소할 수 있다. 이렇게 불쾌한 감정에 집중해서 발산하는 의식을 하면, 속에 응어리졌던 감정들을 어느 정도 해소할 수 있다.

단계 4-접근적인 인지적 방법을 도입하기: 감정이 고양되어 있을 때는 감정을 느끼고 표현하는 체험적 방법을 사용하여 그것을 해소하는 작업이 필요하지만, 감정이 고양되어 있지 않을 때는 바로 인지적 방법을 사용해도 좋다. 감정이 어느 정도 누그러지고 사고가 활동할 수 있는 단계에 이르렀다면, 그 감정의 원인과 과정에 직접적으로 접근하여 이해하는 인지적 작업이 필요하다. 만약 체험적 방법만을 사용한 채 인지적 작업을 하지 않으면, 감정의 표현이나 분출에 혼란스러워하여 감정 경험을 통합하는 데 어려움이 있을 수 있다. 접근적인 인지적 방법은 다음과 같이 두 가지 단계로 구분할 수 있다.

첫째, 감정의 원인과 과정을 이해한다. 감정을 유발한 원인이 무엇인지 찾아 똑같은 상황이 발생하면 똑같이 반응하지 않도록 한다. 그런 감정을 느끼게 된 상황이 무엇인지, 그런 상황에서 그 감정을 유발한 자극은 무엇이고, 그러한 자극에 대해 어떻게 의미를 부여하고 해석하였는지 확인해야 한다.

둘째, 합리적이고 적응적인 사고로 대체한다. 생각이 달라지면 감정이 달라진다. 반이 채워진 물컵을 보면서 '반이나 차 있네.'라고 생각하면 안심이 되고 기분이 좋지만, '반밖에 없잖아.'라고 생각하면 실망스럽고 짜증이 난다. 감정은 우리가 자극에 대해 어떤 의미를 부여하느냐에 따라 달라진다. 불쾌한 감정을 유발한 생각에 대해 과연 그렇게 생각할 만했는지, 그 타당성 · 현실성 · 효과성을 무엇보다 그렇게 생각하는 것이 내 자신이 원하는 것을 얻는 데 도움이 되는지 따져 보아야 한다. 그리고 달리 생각해 볼 수는 없는지 좀 더 현실적이고 긍정적인 방식으로 대안적인 생각을 찾아본다.

〈감정을 효과적으로 전달하는 방법〉

- 화가 나는 것과 화를 내는 것은 별개다.
- 화가 났음을 전달하는 것과 화를 내는 것은 구분해야 한다.
- 화를 내지 않아도 당신의 말을 듣게 할 수 있다.
- 먼저 효과적인 정서조절 과정 4단계를 거쳐라.
- 너-전달 기법을 사용하지 마라. "너는 왜 매번 네 생각밖에 안 하니?"
- 나-전달 기법을 사용하라. "나는 ……해서 속상하다.", "나는 네가 ……해서 많이 서운한 마음이 들었다." "나는 ……해서 화가 난다."
- 감정을 효과적으로 전달하는 세 가지 요소
  1단계: 상대방의 입장과 감정에 대한 이해를 전달한다.
  2단계: 당신이 어떤 이유로 어떠한 감정이 들었는지 전달한다.
  3단계: 상대방에게 진정으로 원하는 것이 무엇인지 전달한다.
  예) "네가 요새 많이 바빠서 나와의 약속을 깜빡 잊을 수 있다는 것은 충분히 이해해. 그런데 네가 나와 했던 약속을 자꾸 잊는 것이, 나와의 약속을 별로 중요하게 생각하지 않는 것처럼 생각되어서 나는 참 서운해. 앞으로는 조금만 더 나와의 약속을 잘 지켜 주었으면 좋겠어."

〈주인으로서 감정에 쓰는 편지〉

난 너에게 더는 휘둘리지 않을거야.

난 더는 너에게 끌려다니는 노예가 되지 않을 거야.

난 더는 너를 겁내거나 두려워하지 않을 거야.

난 예전에도 너의 주인이었고, 앞으로도 너의 주인이야.

이제부터는 주인으로서 주인답게 행세할 거야.

주인으로서 너를 제대로 다룰 거야.

그렇다고 너를 통제하려는 것이 아니야.

주인으로서 너에게 관심을 두고 너를 이해히려 할 거야.

네가 무엇을 원하는지 귀 기울일 거야.

물론 네가 원하는 것을 그 즉시 해줄 수 없을 때가 잦을 거야.

그건 네가 이해해 주길 바라.

그래도 여건이 마련되면, 너를 바라보고, 너의 마음을 듣고,

네가 원하는 것을 가능한 한 충족시켜 주도록 애쓸 거야.

우리 이제부터는 괜찮은 주인과 충실한 신하로서 잘 지내 보자꾸나!

출처: 이지영(2014).

☞ 생각하고, 활동하고, 느끼기

◇ 사례를 활용한 정서조절 연습하기

1. 감정을 읽고 표현하기를 연습해 봅시다(사진 · 그림 · 걱정인형 활용).
   - 감정 읽기
     - 『The Blue day book』에 나오는 다양한 동물 표정들을 살펴보며 동물의 기분을 읽어 보도록 합니다.
     - 감정카드에 나타난 사람들의 얼굴표정 그림을 보면서 감정언어로 표현해 보도록 합니다.
       기쁨, 즐거움, 심술, 못마땅, 놀라움, 당황스러움, 울적함, 힘없음, 슬픔, 괴로움, 분노, 열받음 등
     - 나만의 걱정인형을 만들어 걱정과 근심을 모두 날려 보내는 시간을 가져 봅시다.

2. 공감하기를 연습해 봅시다(친구들과 파트너 되어 연습하기).
   - 관심 갖기
     - 둘씩 짝을 지어 앉아 서로 상대방에게 느껴지는 오늘의 기분과 분위기를 나누어 봅시다.
     - 얼굴표정과 눈빛 옷차림 등을 관찰하면서 이야기하되, 상대방에게 질문을 세 가지 이상 하지 않도록 하고, 상대방에게 느껴지는 느낌을 5개 이상 관찰하여 이야기해 주세요.
     - 지난주 만났을 때의 느낌이나 분위기와 달라진 점이 있다면 어떻게 다른지 서로 이야기해 주세요.
     - 활동을 마친 후 상대방으로부터 피드백 받은 내용이 평소에도 많이 듣던 내용인지 혹은 다른지, 다르다면 어떻게 다른지 함께 이야기해 봅시다.

• 공감하기, 나-전달법 연습하기 등

공감하는 데 걸림이 되는 말	공감하는 데 도움되는 말	평소 나도 모르게 사용하는 걸림돌과 도움되는 말

3. 분노조절 전략을 배우고 연습해 봅시다(분노를 시각화하고 다스리기).
   • 나의 평소 정서조절 방법의 패턴에 대해 토의해 봅시다.

〈읽기자료〉

걱정인형의 유래와 심리치료

잠자리에서 걱정이나 고민은 초대받지 않은 손님이다. 그러면서도 들러붙어 갈 생각을 좀처럼 하지 않는 달갑잖은 손님이다. 걱정이란 아무짝에도 쓸모없는 것이라고 스스로를 설득해도 쉽게 떨어지지 않는다. 걱정은 잠을 갉아먹고, 뒤척이는 밤을 강요한다. 걱정은 아이라고 해서 봐주지 않는다.

내일은 무슨 신나는 일이 벌어질까 하며 곯아떨어져야 하는 게 아이다. 어린아이가 걱정으로 잠을 이루지 못한다는 건 안타까운 일이다. 그 안타까움이 중부 아메리카 과테말라(Guatemala)에서는 '걱정인형'을 낳았다.

걱정인형은 "걱정일랑 내게 맡겨. 그리고 너는 잠이나 자."라고 속삭인다. 듣기만 해도 위로가 되는 그 듬직한 역할 덕분에 걱정인형은 세계의 많은 사람들에게서 사랑을 받고 있다. 하지만 세계의 여러 인형들 중에서 외모로만 치자면 크기도 가장 작을 뿐더러 얼굴 역시 그리 예쁘지 않은, 특이한 인형이다. 걱정인형은 옛 마야 문명의 발상지인 중부 아메리카의 과테말라에서 오래전부터 전해 오는 인형이다.

아이가 걱정이나 공포로 잠들지 못할 때 부모는 작은 천 가방 혹은 나무 상자에 인형을 넣어 아이에게 선물해 줬다. 그 속엔 보통 6개의 걱정인형이 들어가 있다. 아이가 하루에 하나씩 인형을 꺼내 자신의 걱정을 말하고 베개 밑에 넣어 두면 부모는 베개 속의 걱정 인형을 치워 버린다. 그리고 아이에게 "네 걱정은 인형이 가져갔단다."라고 이야기한다. 이 과정이 특히 중요하다. 아이들은 인형이 자신의 걱정과 함께 사라졌다는 사실을 확신하기 때문이다.

아이들은 걱정인형에게 자기의 걱정거리를 이야기하는 순간부터 걱정을 지워 나간다. 부모에게도 쉽게 말할 수 없는 크고 작은 모든 걱정들을 털어놓을 수 있다. '걱정 인형이 내 걱정을 대신해 줄 것'이란 믿음은 의학적으로도 유용한 '처방'이다. 실제로, 병원이나 아동상담센터 등에서 아이들의 수면장애나 심리치료의 목적으로 이용하기도 한다. 걱정이 없어진다는 믿음이 진짜로 걱정을 없애는 것이다.

과테말라의 역사는 수난의 연속이었다. 유럽인의 침략에 이어 끔찍한 내전이 있었다. 마야 원주민들은 집단 학살과 고문, 성폭행 등의 고통을 겪어야 했다. 언제 터질지 모르는 화산도 걱정거리다. 1986년에야 문민정부가 들어서면서 상황이 나아지고 있지만 빈부격차는 여전히 심하다.

'걱정인형'이라는 마법 같은 인형이 생겨난 곳이지만 걱정인형이 없었을 때나 지금이나 과테말라 어린이들의 삶은 힘겹다. 많은 아이들이 엄마, 아빠를 따라 시장에 나와 일손을 도와야 하는 현실이다. 걱정인형을 탄생시킨 '마리아'와 '디에고'들이 지금도 과테말라에 살고 있는 것이다. 고단한 나날들 속에서도 서로를 아끼고 위로하는 마음이 걱정 인형을 만들어 냈다. 걱정인형이 세계 사람들의 마음을 움직인 것은 그런 배려 때문일 것이다.

제 **3** 부

더불어 사는 삶

인간은 사람 사이에서 함께 더불어 살아가는 존재다. 나라는 존재는 주변의 모든 사람, 즉 부모와 형제자매, 이웃, 친구, 동료 등의 도움으로 가능하다. 인간은 탄생부터 죽음의 순간까지 지속적으로 주변의 도움이 필요하다. 살아가는 동안 우리가 매사에 감사하고 베푸는 삶을 살아야 하는 이유가 여기에 있다. 인생의 한 가지 역설은 나누고 베풀면서 오히려 행복감을 느끼게 된다는 사실이다. 일상 속에서 감사일기와 다양한 감사 체험활동을 통해 감사와 나눔의 삶을 습관화해 나갈 필요가 있다.

인간은 사회적 존재로서 국가와 사회의 한 시민으로 살아가게 된다. 개인의 인성은 좀 더 높은 차원에서 시민성과 만나게 된다. 적어도 민주적 시민성을 갖추기 위해서 우리는 시민적 지식과 덕성, 태도를 길러야 할 것이다. 다문화와 글로벌 사회로 진전된 현대사회에서 시민성은 '다름의 인정'과 '차이의 존중'과 같은 세계시민 의식으로 승화된다. 민주시민성은 일상 속에서 대화와 토론을 통한 집단적 의사결정, 참여와 연대의식 고양, 다문화 및 상호 문화 이해 능력을 바탕으로 길러질 수 있다.

하지만 다양한 사람들이 모여 사는 사회에서 갈등은 피할 수 없다. 민주사회의 묘미는 갈등 제로의 상태가 아니라 끊임없이 이어지는 반대, 이견, 갈등, 충돌을 대화와 타협으로 지혜롭게 극복하여 상호 간 합의를 도출하는 과정에서 찾을 수 있다. 갈등 상황은 내 자신의 내면의 갈등부터 주변 사람들과의 갈등이나 조직 내에서의 갈등, 그리고 지역, 인종, 종교 갈등까지 매우 다양하다. 우리는 삶의 여러 상황에서 마주하는 갈등 상황에 유연하게 대처할 수 있는 힘과 전략을 필요로 한다. 우리가 다양한 갈등 상황 사례를 활용하여 문제해결력을 기른다면 최소한의 마음의 평화를 이루게 될 것이다.

더불어 살아야 하는 범위가 비단 인간으로만 국한되는 것은 아니다. 지구상에 함께 존재하는 동식물과 무생물에 이르기까지 상생과 공존의 범위는 훨씬 깊고도 넓다. 그 출발점은 생명의 존엄성에 대한 가치의 인식이다. 인간중심주의를 넘어 모든 인간 외적 존재와 평화를 유지해 나가는 생태주의가 뿌리내릴 때 하나뿐인 지구가 살아남을 것이다. 지구가 살아야 인간이 산다.

제9장
감사와 나눔의 삶

1. 감사에 대하여

유엔 총회에서는 2000년을 '세계 감사의 해'로 선포하면서 "감사는 인간의 기본적 성향이며 온 세계가 이를 행한다. 감사는 인간 공동체를 한데 묶어 주며 형제애와 나눔을 촉진한다."라고 감사의 의미를 강조했다. 2008년 스위스 다보스에서 열린 연례 세계 경제 포럼에서 마이크로소프트의 창업자 빌 게이츠(Bill Gates)는 종전의 자본주의 시스템은 가진 자만이 혜택을 받기 때문에, 기업 이익을 가난한 사람들을 위해 사용해야 한다는 창조적 자본주의(creative capitalism)를 주장했다. 이것은 기업과 비정부단체(NGO)가 협력하여 세계 경제의 불평등 해소를 위한 시스템을 만들자는 나눔의 자세다.

가장 위대한 과학자 중 한 사람인 아인슈타인은 자신의 기념비적 업적에 대해 질문을 받았을 때 다음과 같이 고마움을 전했다. "나는 내 안에서 이루어지는 삶과 밖에서 이루어지는 삶이 죽은 사람이든 살아 있는 사람이든 다른 사람들의 노고에 의존하고 있다는 사실을 매일 하루에 백 번씩 스스로에게 일깨운다. 또한 내가 받은 만큼, 그리고 지금도 받고 있는 만큼 주기 위해서 열심히 노력해야 한다고 매일 하루에 백 번씩 스스로에게 일깨운다."

중세 신학자인 에크하르트(M. Eckhart, 1260 ~1328)는 "딩신이 살아오면서 받은 모든 것에 감사하라(과거). 당신이 살면서 받고 있는 모든 것에 감사하라(현재). 당신이 삶에서 원하는 것을 이미 받은 것처럼 고마워하라(미래)."라고 말했다. 당신이 받는 것과 현재 받고 있는 것에 고마워하지 않는다면 당신은 사랑을 주지 못하고 현재 상황을 바꿀 힘을 갖지 못한다.

우리가 받는 것 그리고 지금도 계속 받고 있는 것에 감사하는 마음을 주면 그것은 '더 크게 늘어난다.' 그와 동시에 감사하는 마음이 우리가 원하는 것을 가져다준다.

우리가 삶에서 원하는 것을 받은 것처럼 고마워하라. 그러면 끌어당김의 법칙은 그것을 '반드시' 받게 된다고 말한다. 우리는 단순히 감사하는 마음으로도 우리가 좋아하는 모든 것이 몇 배씩 늘어나고 삶이 완전히 바뀔 수 있다.

1) 감사란 무엇인가

부자가 되는 것보다 사실 부자라고 느끼는 것이 더 중요하다. 부자가 되는 방법을 알려 줄 수 없지만, 부자라고 느낄 수 있는 간단한 방법은 바로 감사하는 마음을 갖는 것이다. '감사는 가장 즐거운 덕목이며 또한 가장 도덕적인 즐거움이다.' 고마움을 느낀다는 것은 선물을 받았다는 사실을 인식하고, 그 선물의 가치를 인식함과 동시에 선물을 준 사람의 선의가 마음에 전달되었다는 뜻이다. 이때 받은 선물이나 이익은 물질적인 것일 수도 있고 눈에 보이지 않는 감정적인 형태일 수도 있다.

감사를 뜻하는 영어 단어 'gratitude'는 호의를 뜻하는 라틴어 'gratia'와 기쁘게 함이란 뜻의 라틴어 'gratus'에서 유래한 것으로 사전적 의미로 '고마워하는 특성이나 상태, 호의에 보답하려는 의도'다. 이 라틴어 어원에서 나온 모든 파생어는 친절, 관대함, 선물, 주기와 받기의 아름다움, 아무 대가 없이 무엇인가를 얻는 것 등과 의미가 연결되어 있다.

감사는 자신의 삶에서 뭔가 좋은 것을 인식하는 것이다. 감사를 느낄 때 우리는 삶에 대해 긍정적이 된다. 무엇인가를 받았다는 사실을 인식하면 그 선물의 존재, 또는 그 선물을 주기 위해 상대가 기울인 노력 등에 대해 고마운 마음이 생기고 자신도 나눔의 실천을 해야 한다는 동기가 생긴다.

감사는 이러한 '좋음'의 원천 중 일부가 밖에서 온 것임을 깨닫는 것이다. 감사는 내가 아닌 다른 사람을 향한 감정이다. 사람은 다른 사람, 신, 동물에게 감사할 수는 있어도 자신에게 감사할 수는 없다. 이것은 감정적인 상태와 감사를 구별하는 중요한 특징이다. 감사를 느끼려면 '상대방이 나에게 친절을 베풀었다.' '상대방은 내게 어떤 이익을 주려는 의도를 가지고 있다.' '상대방이 베푼 친절은 내게 가치가 있다.'라는 세 가지 사실들을 기꺼이 인정해야 한다. 즉, 감사는 '사고를 통해 나는 인식한다.' '의지력으로 나는 인정한다.' '감정적으로 나는 고맙게 느낀다.'라는 세 가지가 합쳐져야 비로소 완성된다. 감사는 상대의 호의에 대한 정중함이나 피상적인 고마움의 감정을 뛰어넘는 것이다. 감사를 통해 삶을 변화시키기 위해서는 깨달음이 수반되어야 한다. 그리고 감사는 겸손을 수반한다. 이것은 다른 사람의 도움 없이는 지금의 나도 없었을 것이라는 인식이다. 또한 감사는 어떤 힘이 이타적으로 작용할 수 있다는 깨달음이다.

사람은 자신이 성취한 바를 자랑스럽게 생각함과 동시에 그 성취가 다른 사람의 도움이 없었다면 이루지 못했을 것임을 깨달아야 한다. 이러한 깨달음이야말로 감사가 싹을 틔우는 토양이 된다.

시련의 시기에 갖는 감사의 마음은 단순히 '긍정적 사고' 또는 '행복의 기술'이라기보다는 '삶의 최악의 순간에도 좋은 측면을 발견할 수 있다.'는 사실에 대한 심오한 인식이다.

기독교, 불교, 힌두교 모두 감사에 대한 시각을 가지고 있다. 이 세 종교 모두 도덕적 삶을 강조하며 감사의 윤리를 통해 성실함, 모든 혜택에 대한 감사, 박애주의, 정의, 진실, 정직성 등을 강조한다.

중국에서는 감사를 '보은(報恩)'이라는 두 개의 한자를 조합하여 표현한다. 보은은 '되갚기' 또는 '반응'이라는 뜻이며, 사회적 관계에서 핵심적인 기반을 이룬다. 받은 것을 갚지 못한다면 감사의 경험은 완전하지 못한 것이 되는 것이다.

동양적 시각에서 볼 때 삶에 대한 긍정적인 자세는 존재하는 모든 것에 대한 깊은 감사에서 나오며, 이런 자세는 사람의 모든 생각, 말 행동에 스며들어 있다. 이렇게 심오한 의미에서의 감사는 단순한 삶의 자세, 깊은 느낌, 아니면 바람직한 미덕 이상의 것이다. 이런 의미에서 감사는 삶 그 자체만큼 본질적인 것이다.

2) 감사는 왜 중요한가

"너에게 잘해 주는 사람에게 고마워하라. 축복받은 것에 감사하라."

감사는 인간의 삶을 더 풍부하게 만들어 준다는 데서 그 의미를 찾을 수 있다. 감사는 인간의 감성을 고양시키고 활력을 주며, 영감을 불어넣고, 태도를 탈바꿈시킨다. 감사를 경험하고 표현하면서 사람들은 차츰 감동을 받고 마음을 열며 겸손해진다. 감사는 삶 자체를 선물로 포장하여 인생에 특별한 의미를 부여한다.

더욱 감사하는 마음이 중요한 이유는 감사의 대상을 이전보다 훨씬 큰 관심과 소중함으로 생각하게 됨으로써 삶의 태도가 긍정적이고 질적으로 성숙하게 된다는 점이다.

감사는 객관적인 삶의 조건, 즉 건강, 부, 미모 등의 영향을 받지 않는다. 감사는 선택적인 측면을 가지는데, 인생을 살아가면서 겪어야 할 여러 가지 대응 방식 가운데 감사를 고를 수 있다는 뜻이다.

감사가 선택이라는 뜻은 삶이 선물이라는 사실을 깨닫고 인정하는 능력을 더욱 갈고닦는 의식적인 결정을 뜻한다. 여기서 의식적인 결정의 의미는 기분 좋은 것이지만 노력 없이는 결코 쉽게 얻어지지 않는다는 뜻이다.

감사를 느꼈던 순간을 떠올려 보라. 그때 어떤 감정을 느꼈는가? '평화로움' '만족스러운' '따스한' '베푸는' '친근함' '기쁜' 등의 감정을 나타내는 단어들이 떠오를 것이다. 즉, 감정은 긍정적이고 바람직한 상태임을 쉽게 알 수 있다. 모든 것은 선물이다. "삶은 첫 번째 선물, 사랑은 두 번째 선물, 이해는 세 번째 선물이다." "모든 물건은 선물처럼 보일 때 더 가치가 있어 보인다."

긍정적인 경험을 선물로 받아들이는 태도는 긍정적인 느낌을 더 강화하고 증폭시켜 준다. 즉, 세상에서 만난 사람들의 호의, 자신의 장점 혹은 재능, 자연의 아름다움에의 경탄 등을 좋은 선물로 인식하는 태도로 인해 기분이 더 좋아진다.

우리는 자신에게 필요한 것을 스스로 해결해야 한다는 압력을 받는다. 그리고 실제로 스스로 해결해 나가다 보면 누구의 도움 없이 자립할 수 있다고 착각하게 된다. 이 착각이 깨지는 계기는 질병, 장애, 위협 또는 죽음이다. 우리는 모두 남에게 의지한 상태에서 삶을 시작했고, 또 그런 상태에서 삶을 마감한다. 일생의 대부분을 남에게 의존하면서 살면서도 우리는 이를 인정하지 않으려 한다. 감사는 우리 자신을 밖으로 끌어내어 관계망 안에서 의존적인 면을 인정하는 상호적 관계를 형성하게 한다. 삶이란 주고, 받고, 갚는 과정이다. 사람들은 남의 도움, 선물, 친절 등에 의존하는 약한 존재이므로 항상 감사를 의식해야 한다. 받은 친절을 돌려줄 수 있을 때 우리는 감사에 따라오는 의존성을 기꺼이 받아들일 수 있다. 우리가 과거에 받은 것과 같은 것을, 지금 필요로 하는 사람들에게 베풀 수 있다면 삶은 완벽해질 것이다.

3) 감사를 방해하는 것들

만약 선물이나 도움의 손길을 내미는 쪽이 스스로 관대하고 자비로운 존재로 인식받고 싶어 하거나 혹은 받는 이를 '우리가 베푸는 선물에 의존할 수밖에 없는 비참한 지경'으로 몰아넣고 자비를 베푼다는 식으로 오해를 사게 되면, 그러한 인식이 옳든 그르든 간에 받는 사람이 가져야 할 감사의 마음은 날아가 버린다.

삶을 들여다보면 감사를 방해하는 "부정적 왜곡, 의존에의 두려움, 내적인 갈등, 부적절한 선물, 비교하고 평가하기, 나는 희생자일 뿐이야, 자연을 거스르는 교만의 죄, 내 힘으로 했는데 뭐가 고마워.' 등등의 강력한 요소들이 존재함을 아프도록 깨닫는다.

부정적 왜곡은 우리 마음속으로 들어오는 감정이나 생각을 즐겁게 인식하기보다는 불쾌해할 가능성이 크다는 뜻이다. 의존에의 두려움은 에머슨의 『선물』이라는 에세이에서도 나오듯이, "이익을 받는 행위는 위험한 수로이므로 조심스럽게 항해해야 한다. 남에게서 받는 것을 당연한 것처럼 여겨서는 안 된다. 어떻게 사심 없이 남에게 베풀 수 있는가? 우리에게 먹이를 주는 손에 의해 언젠가는 물어뜯길 수도 있다."라는 표현 속에서도 남에게 의존한다는 것은 자아를 위축시킬 수 있다는 의미이다. 하지만 상호 의존은 사람에게 없어서는 안 되는 다른 사람에게 의지해도 좋다는 기쁨과 마음속에서 우러나오는 감사의 원천이 되도록 자아를 확충하는 개념으로 생각해야 한다.

내적 갈등은 '한 사람에 대해 분노와 고마움을 한꺼번에 느낄 때 어떻게 대처할까?' 할 때 생기는 마음이다. 부적절한 선물 교환은 철저하게 상호성의 법칙을 따르기 때문에 여기서 감사란 이 선물을 적절히 되갚으려는 의지의 표현이기 때문에 턱없이 큰 선물은 반감, 죄의식, 분노, 의무감, 심지어 모욕감까지도 불러일으킬 수 있다. 비교 평가하는 것은 인간의 본성에 속한다. 인간은 상황, 사건, 다른 사람, 우리 자신을 이런저런 기준에 따라 끝없이 평가한다. 이런 비교하고 평가하는 습관은 감사의 느낌을 곧잘 방해한다.

배은은 망각과 다르며 무감사와도 다르다. 배은하는 사람은 선물과 도움을 준 사람을 적의나 반감을 드러내거나 무참히 깎아내리는 행위다. 그래서 배은은 '자연을 거스르는 죄악'으로 사회성 결핍의 증거로 받아들여진다.

고마움을 표현하는 일에 주저하는 심리적 의식에는 '자신이 약하다는 느낌을 떨쳐 버리기 위해, 은혜 갚아야 할 부담감을 떨치기 위해' 하는 의식적 이유와 '나약한 자존심을 지키는 데 급급해, 스스로 선물 받을 자격이 없다고 평가해 선물을 혜택으로 못 알아보게 하는' 무의식적 이유가 있다.

성공은 '내 노력', 실패는 '남의 탓'이란 심리가 배은을 부추긴다.

무의식적 배은의 동기를 정신역학의 관점에서 살펴보면 다음과 같다.

• 열등감과 무능함 같은 기본 감정을 공격적인 방법으로 은폐하려는 경우
• 수혜자가 선물을 오래된 빚의 아주 작은 일부라고 생각하는 경우
　예) '당신이 나에게 진 빚을 생각하면 이 정도로는 아직 멀었지.'
• 시혜자가 약하기 때문에 선행을 한다고 심리적으로 왜곡하는 경우로서 오히려 공격하는 경우
• 수혜자가 시혜자의 동기를 오해한 경우
　예) '잘난 척하려고 한다.' '나를 이용하려 한다.' 혹은 테레사 수녀님의 선행에 대해 '하느님에게 점수 따려는 것이다.'로 비판하는 것

로마의 철학자 세네카는 "배은처럼 인간 사회의 조화를 해치는 악은 없다."라고 말했다.

자기도취적인 사람은 '내 힘으로 했는데 뭐가 고마워.'라고 생각한다. 이들은 다른 사람들과 진실하고 만족스러운 관계를 맺는 데 필요한 공감대를 형성하지 못한다. 이들은 자신이 가진 바와 자신이 일궈 낸 성공을 끊임없이 과시하려고 한다. 즉, 종종 자신이 특권을 누릴 자격이 있다고 오해한다. 이것이야말

로 나르시시즘의 가장 뚜렷한 특징이다. 선물을 받으면 그들은 그것이 당연한 권리라고 생각한다. 자신의 권리 주장에 비상한 관심이 있고 남이 자기에게 빚진 것이 있으면 반드시 받아 내려 한다.

나르시시스트는 감사를 느끼고 표현해야 할 상황에서 시혜자의 행동에 무관심한 척하거나, 심지어 선물을 받아 줌으로써 상대방의 요구를 충족시켜 주었다는 식의 주장을 하거나, 정반대로 자신은 그러한 이익을 얻을 자격이 없다고 하며 진심이 의심스러울 정도로 지나치게 감사의 말을 쏟아 낸다. 감사를 방해하는 또 하나의 걸림돌은 다른 사람에게 감사를 기대하는 마음이다. 좋은 일을 해 준 후 감사를 기대하는 걸림돌이 작용하는 순간 고마운 마음과 감사의 표현은 사라져 버리고 만다.

4) 시련과 생활 속에서의 감사

애니 딜러드(Annie Dillard, 미국 펜실베이니아 주 출신의 퓰리처상 수상작가, 1945-)는 죽는 순간 드리는 기도가 '제발'이 아니라 '감사합니다.'가 되어야 한다고 말한다. 손님이 떠날 때 문간에서 초대해 준 주인에게 고마움의 인사를 하듯이 말이다.

물질적인 성공, 예기치 않은 승진, 사랑스러운 아기의 탄생, 사랑에 빠질 때의 기쁨, 친구와 동료들의 쏟아지는 찬사 등의 좋은 시절에는 거의 자동으로 튀어나오던 감사도 역경과 시련 속에서는 힘을 잃고 만다. 시련은 감사하는 능력을 쉽게 앗아 가 버린다. 마음먹은 대로 상황이 진행되지 않을 때 감사하는 것은 인간에게는 벅찬 과제다. 이럴 때는 분노나 반감 같은 부정적인 느낌이 더 자연스러운 반응처럼 보인다.

매슬로(A. Maslow, 미국 심리학자, 1908~1970)는 "가장 중요한 배움의 순간들은 재난, 사망, 정신적인 상처 등이라고 말한다. 이런 것들은 사람의 인생관을 강제로 바꾸어 버리며 그가 하는 모든 행동을 바꾸어 놓는다."라고 하였다.

마음을 여는 감사의 발견(이창희 옮김, 2008, p. 267)에 따르면 배우자 상실에 대한 감정적 피해는 35%만이 한 달 이상 우울증에 걸려 있었고, 약 18개월 후에는 81%가 일상생활에서 긍정적인 생활을 하고 있는 것으로 조사되었다. 유아 돌연사 증후군으로 인해 아이를 잃은 부모 연구에서 3개월 정도 지나면 부정적인 감정보다 긍정적인 감정이 더 우세한 것으로 조사되었다고 한다.

여러 연구에서 이런 저런 요인들을 살펴보면 누가 상실을 극복할 수 있고 누가 그럴 수 없는지 예측할 수 있다. 낙관주의가 그 요소 가운데 하나다. 종교를 갖고 있느냐의 여부 역시 또 하나의 중요한 요소다. 감사의 태도는 비극적인 사건을 성장의 기회로 바꿀 수 있는 동기가 된다. 감사하는 마음을 가지면 어떤 위기에 처해도 심리적인 보호를 받는 것 같다. 감사는 생애 전체에 걸쳐 더 광범위한 유연성을 가져다주기도 한다.

낙관주의, 유연성, 유머감각, 사회의 도움, 목적의식, 의미 추구, 영성 등에서 강력한 복원력을 만들어 낸다는 사실을 많은 연구 결과들이 뒷받침하고 있다.

5) 생활 속에서의 감사

게르트너(A. Gertner, 독일의 교수 · 신학자 · 시인, 1912~1996)는 "감사를 이야기하는 것은 예의 바르고 기분 좋은 일이며, 감사를 실천하는 것은 너그럽고 고귀한 일이다. 그러나 감사하는 마음으로 충만한 삶을 사는 것은 하늘에 이르는 길이다."라고 말했다. 감사에는 한 가지 역설이 깔려 있다. 감사하는 마음을 함양하는 것이 사람을 지속적으로 행복하고 건강하게 만든다는 분명한 증거가 있음에도 날마다 감사를 실천하는 일은 여전히 어렵다는 사실이다.

아인슈타인은 자신이 얼마나 다른 사람에게 의지하는지 하루에도 백 번씩 스스로를 일깨웠다고 한다. 감사하는 마음은 만족, 활력, 행복, 자긍심, 낙천주의, 희망, 공감, 다른 사람들에게 기꺼이 정신적 · 물질적 자원을 제공하려는 마음 같은 긍정적인 감정에 연결되어 있다. 그러나 감사하는 마음이 아무리 좋다 하더라도 한순간에 감사하는 쪽으로 사람의 마음을 바꿀 수는 없다. 감사는 힘들고 고통스러운 작업일 수 있으며, 훈련이 필요하다. 감사의 감정은 다른 감정과 마찬가지로 짧은 시간 안에 이끌어 내기는 어렵다. 감사의 감정은 외부적인 사건 또는 자극에 대한 반응의 한 형태이며, 특정한 사건이 없으면 일으키기가 거의 불가능하기 때문이다. 그렇기에 감사하는 마음에서 이익을 얻으려면 오랜 기간 실천을 통해 고마운 마음을 갖는 성향을 길러야 한다. 행동의 변화는 한번에 이루어지지 않으며, 몇 개의 단계를 지나야만 성공의 단계에 도달할 수 있다.

(1) 감사를 실천하는 열 가지 방법
① 감사 일기 쓰기

가장 좋은 방법 중 하나는 내가 지금 누리고 있는 선물, 은총, 이익 같은 것을 매일 스스로에게 상기시키는 시스템을 구축하는 것이다. 제일 좋은 방법은 '감사의 일기'를 날마다 기록하는 것이다. 감사를 느끼는 사람은 삶 속에 사랑의 원천이 들어 있다는 사실을 인정하게 된다. 매일 감사 일기를 쓰면서 사람은 이러한 삶의 원천을 더욱 확장시킬 수 있다.

중요한 것은 감사한 마음을 일으키는 사건에 주의를 기울이는 습관이다. 모든 일에 집중하고 이에 대한 관찰이 필요하고 하루도 빠짐없이 기록하는 것이 중요하다. 계속해서 쓰다 보면 감사의 대상이 확대되어 감사의 선순환 구조가 생기게 된다. 그리고 감사 일기를 쓰면 주변에서 일어나는 일의 의미를 더 잘 이해할 수 있고, 새로운 의미도 만들어 낼 수 있다. 일기에서 감사 항목으로 쓸 만한 사건이 떠오르면 이것이 '선물'이라는 것을 명심하라. 살면서 감사할 일이 무엇인가를 떠올리는 과정을 항상 '선물'이라는 단어와 연결해서 생각하라. 자신의 기쁨을 인식하고 스스로 이 선물을 어떻게 음미하는가를 느껴 보라. 그리고 시간을 내서 자신이 느끼는 감사의 깊이가 어느 정도인가를 생각해 보라. 감사 일기가 마치 숙제라도 되는 듯 서둘러 끝내려 하지 마라.

② 나쁜 일 기억하기

사람들은 대체로 삶을 즐거운 것으로 인식한다. 자신의 삶을 자서전으로 써 보라고 비록 과거 사건에 대한 긍정적 측면으로 왜곡시키는 경향이 있지만 많은 사람들이 불쾌한 기억보다 즐거운 기억을 떠올렸다. 삶의 어렵고 나쁜 일들을 뛰어넘어 여기까지 온 자신의 노력을 떠올려 보면 좋은 것과 나쁜 것을 비교해 볼 수 있으며, 이러한 마음은 감사가 자라나기에 더없이 비옥한 토양이 된다. 인생이 내 앞에 던져 준 최악의 순간을 떠올리는 일이 어떻게 해서 감사하는 마음을 함양하는 효과적인 방법이 될까? 그것은 좋은 일뿐만 아니라 나쁜 일을 떠올리는 것이 사고의 폭과 깊이를 더해 주고 다양하게 생각하는 훈련이 되기 때문이다. 심리학자들은 연구를 통해 '부정적인 자극은 흔히 강렬한 반응을 유발하고, 이를 무시하거나 뛰어넘기는 일은 쉽지 않기 때문에, 나쁜 것은 좋은 것보다 강하다.'라는 실험적 증거를 제시한다.

사람의 마음은 '사후 가정'을 한다. 사람들은 가끔 과거에 놓친 것을 아쉬워하거나 이렇게 되었으면 좋았을 걸 하고 후회하는데, 이러한 행동은 정신적 행복에 방해될 수 있다. 그러나 상황이 더 나빠질 수 있었다고 생각하면 오히려 현재의 상황에 감사드리게 된다. 이는 '사후가정'의 힘을 긍정적이고 효과적으로 활용하는 것이다.

③ 나의 마음을 들여다보는 세 가지 질문 던지기

감사 일기를 쓰면서 불교적 명상기법 '내관(內觀: 자아성찰, 마음의 눈으로 스스로를 돌아보기)'을 활용하면 도움이 된다.

① 나는 _____ 로부터 무엇을 받았는가?
② 나는 _____ 에게 무엇을 주었는가? (남에게 준 것에 초점) 어떻게 해야 내가 느낀 감사를 사람들에게 돌려줄 수 있을까?

③ 내가 일으킨 문제와 어려움은 _____ 인가? 나의 생각, 말 그리고 행동으로 다른 사람들의 삶에 어떤 고통을 끼쳤는가를 생각한다.

④ 날마다 감사 기도하기

기도는 영적 생활의 중심이다. 오래전부터 기도는 '종교의 핵심'이자 자발적이고 개인적 차원에서 이루어지는 신과의 친밀한 교감으로 일컬어져 왔다. 사람들은 다른 어떤 것보다 기도에 더 많은 시간을 쏟는 것으로 나타났다. 조사 결과, 72%는 하루에 한 번 이상 기도하고, 75%는 기도에 좀 더 많은 시간을 할애하고 싶다고 하며, 51% 이상이 날마다 기도한다고 대답했다. 『구약성서』, 특히 『시편』에서는 기도를 통해 개인 혹은 집단 차원의 감사기도를 장려한다.

불교의 스승 틱낫한 스님은 "아침에 깨어나면서 푸른 하늘을 보네. 나는 합장을 하네. 생명의 무수한 경이에 감사하며, 싱싱한 스물네 시간이 또 한 번 펼쳐진 데 감사하며."라며 아침기도를 올린다고 한다. 어려운 상황 때문에 마음에서 자연스러운 감사기도가 우러나오기를 기대하기 힘들다면, 감사할 수 있는 능력을 달라고 기도할 것을 권한다.

감사 일기를 쓰는 경우와 기도는 목표의 성취와도 상관관계가 있다. 원하는 결과가 이루어지기를 기도하면 목표를 달성하기가 더 쉬워진다.

⑤ 감각에 충실하기

연구 실험에서 많은 사람들이 자신의 건강 또는 가족의 건강에 대해 감사했으며, 이를 감사를 촉발하는 원인으로 꼽았다. 그다음에 자주 등장하는 것이 감각, 즉 만지고 보고 냄새 맡고 들을 수 있는 능력이었다. 우리 자신이 인간이라는 사실을 감사하며 살아 있다는 것이 얼마나 대단한 기적인지 새삼 깨닫는 데 있어서 감각은 중요한 역할을 한다.

감사의 렌즈를 통해 보면 인간의 몸은 어느 날 갑자기 만들어진 기적적 구조물이 아니다. 어떻게 생각하든 인간의 몸은 무료로 주어진 선물이다. 수천

년에 걸쳐 시인, 철학자, 의사, 예술가들은 인간 신체의 기적적이고도 아름다운 특성을 찬양해 왔다.

프레드 러스킨은 『용서(forgive for good)』라는 책에서 '감사 호흡' 방법을 다음과 같이 제시하였다.

- 매일 두세 번씩 마음을 느긋하게 마음먹고 호흡에 집중한다.
- 잠시 동작을 멈추고 숨이 어떻게 들어가고 나오는가에 주의를 기울인다. 이런 상태로 계속 호흡한다.
- 5번 혹 8번에 걸쳐 숨을 내쉴 때마다 속으로 '감사합니다.'라고 하며 호흡이라는 선물 받은 것과 살아 있다는 사실이 얼마나 행운인가 다시 한 번 생각해 본다.

⑥ 시각적 자극으로 감사 일깨우기

엘리너 루스벨트(Eleanor Roosevelt)는 "어제는 과거고 내일은 알 수 없다. 오늘은 선물이다."라고 말했다. 망각은 자연스러운 인간의 성향이다. 사람은 은혜를 베푼 사람을 잊고, 자신이 받는 축복을 돌이켜 보는 것을 잊고, 다른 사람들의 노고 덕분에 삶이 얼마나 편해졌는가를 잊는다. 주의를 기울이는 것, 즉 인식이야말로 감사에 관한 또 하나의 전제조건이다. 우선 사람은 감사하려는 대상이 무엇인지를 '알아야' 한다. 인식하지 못하는 것에 대해 감사할 수는 없는 법이니까, 내 시선이 머무는 곳에 축복 목록이 쓰인 메모지를 냉장고, 거울, 운전대처럼 쉽게 볼 수 있는 장소에 붙여 놓는다. 가장 좋은 시각적 도구는 무엇보다도 감사를 함께 실천하는 파트너. 서로 감사 목록을 바꿔 본다거나 은혜를 잊는 상황을 알려 주고, 삶이 어떻게 달라졌는지에 대한 의견을 나눌 수도 있다. 파트너는 감사의 감각이라는 촛불에 불을 밝혀 줄 수 있다.

'감정의 감염 법칙'이 있는데, 이는 '어떤 집단에서 누군가가 감정을 표현하면 파급효과가 일어나 다른 구성원들도 같은 감정을 공유하게 된다.'는 법칙이다. 특히, 유치원에서 한 명이 우울해지면 같이 우울해진다. 어린이는 부모의 감정에 영향을 받는다. 영화를 볼 때 주변 사람이 웃으면 더 재미있고 주변 사람이 슬프면 더 슬퍼진다. 감사할 줄 아는 사람과 만나 그 사람과 어울리도록 하라. 감사하기가 더 쉬워진다. 또한 여러분 스스로가 적극적으로 감사를 표현하라. 사람들이 당신의 감정에 감염되고 싶어 한다는 사실을 금방 알 수 있다.

⑦ 감사의 실천 맹세하기

일부의 연구에 따르면, 어떤 행동을 하겠다고 맹세하면 그 행동이 수행될 가능성은 커진다. 어떤 지역 YMCA 회원을 대상으로 12주 동안 일주일에 세 번씩 운동하겠다고 합의를 했다. 맹세를 한 집단, 서약서를 작성한 집단, 그리고 맹세나 서약 없이 한 집단으로 나누어 3주 단위로 조사한 결과, 맹세한 집단이 글로 쓴 서약보다 더 강한 동기를 유발했다.

왜 맹세를 하면 동기가 더 잘 유지될까? 우선 다른 사람들 앞에서 맹세를 하면 내가 어떤 행동을 하겠다는 결심을 공공연히 밝히는 것이 된다. 그렇기 때문에 맹세를 깨는 것은 도덕적인 실패를 의미한다. 특히, 신에 대한 맹세에는 사람에게 한 맹세보다 더욱 무거운 도덕적 의무감과 권위가 있다.

"하느님께 맹세를 했으면 주저 없이 이를 행하라. 왜냐하면 하느님께서는 너에게 이행을 요구하실 것이고 이행하지 않으면 너는 죄를 짓는 것이 된다." 도덕을 강제하기도 하지만 신에게 맹세하면 그 사람은 신의 강력한 동맹군으로 받아들여 약속을 지킬 수 있는 에너지를 얻게 된다.

⑧ 감사의 언어 사용하기

언어학자들은 언어가 사고의 내용을 엄격히 '결정'한다기보다는 '영향'을 준다는 가설을 채택한다. 나 자신을 '행운아'라고 생각하고 표현하는 능력은 행복하게 늙어 가는 데 있어 절대적인 요소이며 장수와도 관련 있다. '살면서 고마운 일이 너무 많아.' '난 정말 복 많이 받았어.' '하루하루가 놀람의 연속이야.' '인생이 선물이야.' 이렇게 감사에 찬 이야기를 스스로에게 하면 사람의 주의력은 다른 사람들이 내게 해 준 일 쪽으로 기울고, 이런 혼잣말을 함으로써 마음의 평화와 행복을 찾을 수 있으며 사회적 연계도 더욱 공고해진다. 감사하는 사람은 '나는 나 자신을 사랑한다.'라는 자신이 얼마나 훌륭하고 특별한가에 초점을 맞추지 않고, 다른 사람들이 나를 위해 한 일이 얼마나 선하고 특별한가에 집중한다.

⑨ 의식적으로 감사의 행동하기

실험에서 사람들은 행복과 관련된 표정을 흉내 낼 때 더 행복감을 느낀다고 한다. '행복근육'이 움직인다. 미소 자체만으로도 행복감이 생긴다는 사실이 증명된 것이다.

이 사이에 연필을 물고 있으면 대협골근이라는 근육이 움직인다. 이 근육은 양쪽 입가를 대각선으로 올려 주고 옆으로 늘어서 미소 짓는 표정을 만든다. 감사를 실천하는 것도 이와 같다. 감사하는 행동을 하면 감사의 감정이 촉발된다. 감사의 행동은 무엇인가?

감사하다고 말하거나 감사 편지, 감사 행동을 하는 것이다. 행동을 강제로 하면 어떻게 될까? 중요한 것은 그 행동을 하는 것이다. 실제로 해 보라. 느낌이 따라올 것이다. 행동을 바꾸면 생각이 바뀐다는 심리학적 증거는 얼마든지 있다. 좋은 의도를 갖고 있어도 나쁜 습관이 이를 억누르는 경우도 많다.

⑩ 틀에서 벗어나기

감사근육을 움직일 기회를 최대한 활용하려면 창의적인 눈을 가지고 새로운 상황을 찾아보아야 한다. 통상적으로 시혜자와 수혜자 사이에 오가는 선의라는 기본 틀로부터 벗어난 두 가지의 질 높은 감사의 경우가 있다.

첫째, 자신에게 해를 끼친 사람에게 감사하는 것이다. 즉, 적을 사랑하는 것이 벅차다면 적이 나에게 인내할 기회를 준 것에 고마워하라. 이슬람 성직자는 강도를 용서하며 "나는 그들을 위해 기도한다. 나에게 큰 은혜를 베풀었기 때문이다. 나는 그들이 원하는 것과 내가 원하는 것이 다르다는 사실을 다시 한 번 깨닫는다. 영성으로 돌아가게 해 주는 그들에게 감사한다."라고 말한다.

둘째, 내가 베푸는 대상에 대해 감사하는 것이다. 실제로, 자원 봉사자 중에는 이렇게 봉사할 기회를 준 사람들 덕분에 배움과 이익을 얻었다며 감사를 표하는 사람들이 많다. 테레사 수녀는 캘커타 빈민가에서 자신이 돌보는 병자와 죽어 가는 사람들에게 감사하다는 말을 종종하였다. 남을 돕는 일에서 얻는 만족감에 대한 깊은 감사는 자신의 내부에서 영성을 찾게 되므로 이들은 자신이 얻은 기회와 선물을 더 깊이 인식하고 더 소중하게 여긴다.

2. 나눔에 대하여

아무도 모르는 얼굴 없는 천사가 17년 동안 18회에 걸쳐 기부금액이 4억 9천 7백 85만 9천 5백 원인 나눔 이야기, 전남 함평에서 18세 때 상경해 남대문에서 평생 볼펜을 팔아 번 돈으로 30억 원을 기부한 이야기, 15년 동안 6억 불 정도를 익명으로 기부해 온 '얼굴 없는 천사'인 미국 뉴저지 주의 '찰스 피니' 이야기 등 수많은 나눔의 이야기들이 있다.

미국 시러큐스의 경제학자 아서 브룩스는 "1달러의 기부가 19달러의 수익을 창출한다."라고 분석했다. 나눔을 이런 수익의 측면에서 직접적으로 따지기는 힘들지만 군이 그 효용성을 파고든다면 나눔만큼 파급 효과가 큰 행위도 드물 것이다. 선순환을 통한 눈에 보이는 사회적 이익을 차치하고라도, 나눔이 모든 사람들에게 전해 주는 따뜻한 사랑과 감동, 희망 등은 결코 셈으로 계산해 낼 수 없을 것이다.

'나눔'이란 우리말의 '나누다'라는 동사의 명사형으로 '하나를 둘 이상으로 가르는 것' 이라는 뜻이지만, '나누다' 의 나눔에는 '구분/구별하다' 라는 의미보다는 '나누어 주다' 라는 분배의 의미와 '참여하다' 라는 교제의 의미가 들어 있다. 말하자면 '나눔' 이란 주고받음을 의미한다고 할 수 있다. 나눔이 누군가에게 현실적인 도움을 제공하는 경우라 할지라도 나눔의 의미는 겉으로 보이는 물질의 분배에만 놓여 있지 않고 나눔의 행위를 통해 그 속에 담긴 마음이 어떤 마음인가를 아는 데 있다. 나눔의 진정한 뜻은 세상을 아름답게 만들기 위한 노력에서 출발한다. 아름다운 세상이란 모두가 함께 할 수 있는 세상이며 모두가 함께하는 세상을 만들기 위한 노력이 바로 나눔이다.

우리 주변에는 부모의 자리가 비어 있는 아이들, 자식의 자리가 비어 있는 노인들, 사고나 재해로 소중한 사람을 잃은 아픈 빈 가슴을 가진 사람들, 가난으로 허기를 채워야 할 사람들 등 채워짐을 기다리는 빈자리가 많다. 나눔은 그들을 빈자리를 채워 외로움을 덜어 줄 수도 있고, 신체적 장애를 가진 사람들의 눈과 귀, 팔과 다리가 되어 줄 수도 있고, 헐벗고 가난한 이들의 추위를 막아 주고 허기를 채워 줄 수가 있다. 그래서 나눔은 서로의 빈자리를 채우는 아름다운 노력이고 스스로에게 되돌아오는 채워짐의 행복이다.

자연은 공기와 햇빛, 물과 바람, 산과 들, 바다와 육지 등 자연의 모든 구성 요소들이 서로를 서로에게 아낌없이 주는 하나의 커다란 나눔의 장이다.

인간은 그중에서도 수많은 생명과 자연으로부터 가장 많은 혜택을 받는 존재이다. 맑은 공기와 깨끗한 물, 아름다운 꽃들과 나무, 물고기와 과일, 곡식과 열매 등 너무나 많은 것을 아낌없이 우리는 받고 있다. 그런데 자연은 『아낌없이 주는 나무』(이재명, 2000)이야기처럼 모든 것을 주어도 우리에게 바라는 것이 없다. 그저 자연은 우리가 함께 공감하는 하나의 나눔 식구가 되길 바랄 뿐이다. 나눔은 '나누면 고통은 반으로 줄고 기쁨은 두 배가 된다.' 라는 말처럼 함께 나누면 더 맛이 나고 함께 나누면 덜 힘들다고 생각하는 우리 전통의 믿음도 있었다. 우리는 대대로 슬플 때도 기쁠 때도 함께 어울려 술을 나누고 떡을 나누게 하는 어울림을 좋아했던 민족이었다. 2014년 세월호 사건 때 경기 안산과 전남 진도를 오가야 했던 실종자 가족을 위해 안산 택시 조합이 400km, 5시간에 달하는 거리를 매일 오가는 '착한 다람쥐 택시'는 실의에 빠진 실종자 가족의 미음을 위로해 준 마음도 따뜻한 나눔이었다.

아무리 견딜 수 없는 아픔도, 금방 세상이 무너져 버릴 것 같은 절망도 이겨 낼 수 있게 하는 것이 나눔이다. 나눔은 우리 모두에게 삶의 희망과 따뜻한 변화를 가져다주는 기적의 활력소이다.

『행복한 왕자』(지혜연, 2013)는 생전에 부족할 것 없이 생활했던 왕자가 죽은 후 동상이 되어 도시를 굽어보며 새롭게 발견하게 된 세상의 이면에 대해 이야기하고 있는 동화다. 동상임에도 불구하고 따뜻하고 안타까운 시선으로 세상을 바라보며 어렵고 힘든 사람들에 대한 연민으로 자신이 가지고 있는 모든 것을 나누게 된다는 『행복한 왕자』의 감동적인 이야기가 바로 그것이다. "내가 살아서 인간의 마음을 가지고 있었을 때에 나는 눈물이 뭔지 몰랐지. 나는 궁전에 살았고 그곳에 눈물이란 없었으니까. 나는 낮에는 친구들과 정원에서 놀았고, 저녁에는 큰 무도회장에서 춤을 추었지. 정원 주변으로는 높은 담이 있었는데 나는 담 밖에 무엇이 있는지 궁금해하지 않았지. 내 주변의 모든 것은 너무나 아름다웠어. 내 신하들은 나를 행복한 왕자라고 불렀지. 그리고 즐거움을 행복이라 부르는 게 맞다면 나는 정말 행복했어. 그렇게 나는 살다가 죽었지. 그리고 내가 죽자 사람들은 나를 이 높은 곳에 세웠어. 그래서 나는 내 도시의 모든 추악함과 비참함을 볼 수 있게 된 거야. 비록 내 심장은 납으로 되어 있지만 나는 울지 않을 수가 없어." 행복한 왕자가 높은 곳에서 내려다보는 세상은 비참하기 짝이 없었다. 가난한 살림을 꾸려가기 위해 삯바느질을 하는 창백한 여인과 병든 아들, 굶주림을 참으며 연극을 위한 대본을 준비하는 가난한 젊은이, 성냥을 팔러 다니는 어린 소녀, 헐벗은 아이들과 구걸하는 거지 등 궁전 안에서는 한 번도 볼 수 없었던 가슴 아픈 광경들이었다. 이에 왕자는 제비에게 도움을 청하여 자신의 몸을 감싸고 있는 값비싼 보석과 금덩이들을 하나씩 떼어 힘들게 살아가는 사람들에게 골고루 나누어 주도록 한다.

"나는 순금으로 뒤덮여 있단다. 이걸 한 장 한 장 뜯어서 이 도시의 불쌍한 사람들에게 나누어 주렴. 그걸로 그 사람들이 행복해질 수 있을 거야." 제비는 그 순금을 한 장씩 뜯어서 날아갔다. 왕자의 몸은 점점 더 지저분해져 갔다. 한 장 한 장 금이 가난한 사람들에게 주어지자 아이들의 얼굴은 더 생기가 돌고, 그들은 길에서 웃으며 놀게 되었다."

　행복한 왕자의 나눔은 타인의 고통을 자기의 것으로 느끼며 가슴 아파하는 '타인에 대한 순수한 연민'에서 시작되어 자신이 가지고 있는 모든 것을 힘들고 어려운 상황에 있는 불특정 다수에게 아낌없이 나누어 줌으로써 완성된다. 이는 고통 중에 있는 사람들이라면 누구나 행복한 왕자의 나눔의 대상이 되는, 나눔의 대상을 구분 짓지 않는 범인간적인 나눔의 마음이다. 타인의 고통에 동참하는 마음, 타인의 고통을 내 것처럼 느낄 줄 아는 마음은 진정한 나눔을 실현하기 위한 첫 단계이다(연지영, 2008).

　또 이탈리아에서 있었던 감동적인 이야기도 있다. 작은 마을에 사는 한 소년이 어느 날 책을 보다가 아프리카 오지에서 원주민을 돌보고 사는 슈바이처 박사에 관한 글을 읽었다. 자신의 안락한 삶을 포기하고 가족과 떨어져 가난한 사람들을 돕는 슈바이처 박사의 헌신적인 삶에 소년은 감동의 눈물을 흘렸고 급기야 자신도 뭔가 도와야겠다고 결심했다. "하지만 슈바이처 박사는 멀리 아프리카에 있는데 내가 과연 여기서 뭘 도울 수 있을까?" 고민하던 소년은 한 가지 아이디어를 냈다. 이탈리아 공군 사령관에게 편지를 쓴 것이었다. 거기에는 그 편지와 함께 아스피린 한 병을 보낼 테니 아프리카를 지나는 비행기가 있으면 편지와 아스피린을 낙하산으로 슈바이처 박사에게 전달해 달라는 내용이 실려 있었다. 얼마 후 편지를 받은 사령관은 소년의 착한 마음에 감동하여 그 편지 내용을 방송에 내보냈다. 그런데 정말 놀라운 일이 발생했다. 그 방송을 본 국민들이 아프리카에 있는 슈바이처 박사에게 전달해 달라고 일제히 보급품과 의료용품들을 보내기 시작해 구호품들이 방송국과 군부대에 산더미처럼 쌓여 가는 것이었다. 나중에 그것을 다 모아 보니 수억 원어치에 달하는 양이었다. 그 구호품을 전달받은 슈바이처 박사는 한 소년이 그렇게나 대단한 일을 해낼 수 있다는 사실에 몹시 놀라며 그것을 '기적 같은 일'이라고 말했다 한다. 이것은 우리와 거리가 먼 이야기가 아니다. 이런 기적과 같은 일이 우리 주변에서도 얼마든지 일어날 수 있다. 사소해 보이는 작은 나눔도 수많은 사람들에게 잔잔한 감동과 긴 여운을 남기고, 사람들의 마음을 움직여 그들에게 더 큰 나눔을 실천할 수 있도록 만드는 것이다. 그것이 바로 나눔이 가진 보이지 않는 힘이다. '주고받음 give and take'은 오랫동안 살아오면서 익숙해진 우리의 공동체적 생활방식이다. 가는 정이 있어야 오는 정이 있다는 말도 바로 그런 바탕에서 나온 말이다(김보영, 2008).

이 사회가 다 함께 평화롭게 사는 방법은 작은 것부터, 나로부터, 지금 나눔을 실천하는 것이 필요하다. 개인의 작은 힘과 노력으로 세상에서 얻을 수 있는 가장 빛나는 선택은 나눔일 것이다.

☞ 생각하고, 활동하고, 느끼기

◇ 감사와 나눔을 실천하기

1. 다음의 헬렌 켈러의 '삼일간의 소원'을 읽고 각자가 눈과 귀 그리고 입의 소중함
   에 대해 성찰하여 1,000자 글쓰기를 해 봅시다.

〈헬렌 켈러의 삼일간의 소원〉

보지도, 듣지도, 말하지도 못했던 헬렌 켈러의 소원을 아십니까? 딱 3일 동안
만 세상을 볼 수 있게 해 달라는 소원 한 가지였습니다. 헬렌 켈러는 '더도 말고
딱 3일 동안만 세상을 볼 수 있으면 좋겠다.'는 소원을 빌면서 그 3일 동안 헬렌
켈러는 이렇게 살고 싶다고 이야기했다고 한다.

첫째 날, 눈을 뜨는 순간 나는 나를 평생 가르쳐 준 '설리번' 선생님을 먼저 찾
아볼 것입니다. 그의 인자한 모습, 끈질긴 집념, 사랑의 힘, 그의 성실함 등의 모
든 성품들이 나의 가슴 깊이 새겨져 있기 때문입니다.
그다음, 나의 사랑하는 친구들을 바라보겠습니다. 그들의 얼굴을 차근차근 바
라보면서 그들의 모습을 똑똑히 기억하여 두겠습니다. 그리고 산과 들을 산책하
면서 바람에 날리는 잎사귀의 모습, 아름다운 꽃의 색깔의 신비한 조화들을 마음
껏 보겠습니다. 그리고 저녁 시간이 되면 서쪽 하늘로 가라앉는 저녁노을을 보며
하루를 마무리하겠습니다.

둘째 날, 복잡한 거리에 나가 서서 지나가는 사람들을 바라보겠습니다.
그리고 '메트로폴리탄 박물관'에 진열된 역사의 작품들을 감상하며 인류의 발
자취를 더듬어 보겠습니다. 그런 후에는 미술관에 가서 레오나르도 다빈치, 렘브
란트 등 세계적인 화가들의 그림을 보면서 예술의 신비를 감상하고 싶습니다.

셋째 날, 마지막 날입니다. 먼동이 트는 햇살과 함께 일어나 바쁘게 출근하는
사람들의 모습을 보겠습니다. 또 거미줄처럼 줄지어 달려가는 자동차의 움직임을
보면서 나는 극장으로 가겠습니다. 그 극장에서 공연되는 오페라 가수들의 노래
와 우아한 동작, 그리고 영화에서 상영되는 명배우들의 연기를 감상하겠습니다.

그러다가 밤이 되면 아름다운 불빛 속에 즐비하게 늘어진 상점 안에 진열된 예쁘고 아름다운 상품들을 쳐다보다 집으로 돌아오겠습니다.

이렇게 시간을 보내다가 다시 나의 눈이 감겨질 때, 나는 하나님께 3일 동안의 귀중한 경험과 기회를 주신 것을 감사하면서 마무리 기도를 드리겠습니다.

2. 장석주 시인의 〈대추 한 알〉을 감상하고 만물의 소중함에 대해 1,000자 글쓰기를 해 봅시다.

> **대추 한 알**
>
> 저게 저절로 붉어질 리는 없다.
> 저 안에 태풍 몇 개
> 저 안에 천둥 몇 개
> 저 안에 벼락 몇 개
>
> 저게 저 혼자 둥글어질 리는 없다.
> 저 안에 무서리 내리는 몇 밤
> 저 안에 땡볕 두어 달
> 저 안에 초승달 몇 날

3. '감사의 조건'을 감상하고 자신의 감사 선언문을 작성하여 봅시다.

> 나에게 생명이 있음을 감사드리며
> 내 생명을 통하여 남의 생명을
> 귀하게 여기게 됨을 감사드립니다.
> 내가 생각할 수 있음을 감사드리며
> 생각 중에서도,
> 긍정적인 생각을 선택하여
> 내 삶이 날마다

좋아지고 있음을 감사드립니다.

우리가 손을 잡을 때,
꼭 안아 볼 때,
말로 표현할 수 없는
포근함과 신뢰의 아름다운 느낌을
내가 갖고 있음을 감사드립니다.

일할 수 있는 장소와,
일할 수 있는 건강과,
일을 잘할 수 있는 지혜와,
일을 즐거워하는 생각이
나에게 있음을 감사드립니다.

남을 이해하는 마음
용서하는 마음
나아가 그를 사랑할 수 있는
용기가
나에게 있음을 감사드립니다.

나에게는 아직도
가 보지 않은 곳이 있으며,
남아 있는 시간이 있음을
감사드립니다.

기쁠 때,
내 얼굴에 진정한 기쁨이 피어나고,
또… 이 슬픔을 당할 때는
가슴이 아리고,
눈에서는 눈물이 흘러내리는
순수한 마음이 내게 있음을 감사드립니다.

작은 일에도 일상적인

> 생활 속에서도
> 감사를 발견하고,
> 그 감사를 말이나 글로
> 표현할 수 있음을 감사드립니다.
>
> 감사하는 습관은 기쁨을 부르고,
> 기쁨은 행복을 부릅니다.
>
> 인터넷 '좋은 글' 모음 중에서

4. 만약 공기, 햇살, 물이 없다면 이 세계는 어떻게 될지 상상하여 보고 공기, 햇살, 물의 고마움에 대해 1,000자 글쓰기를 해 봅시다.

5. 우리의 문화유산 중에서 하나를 골라 그것의 소중함을 1,000자 글쓰기를 해 봅시다.

6. 감사의 마음에서 시작하여 나눔의 마음으로 이어지는 자각의 과정을 각자의 방식으로 서술해 봅시다.

7. 다음에서 설명하는 나·작·지 감사 실천을 해 봅시다.
   행복의 문을 여는 열쇠인 '감사'의 비밀을 공유하여, 지금 누리고 소유하고 있는 것에서 감사할 줄 아는 '나·작·지 감사실천(나부터, 작은 것부터, 지금부터)' 방법을 소개하고, 실천 사례를 발표한다.

8. 나눔 경험 함께하기-사랑의 장기기증운동 "생명 나눔 실천"을 소개해 봅시다.

9. "부모님과 초·중·고등학교 때의 선생님에 대한 감사한 마음을 표현해 100가지 감사한 일 기록하기"를 해 봅시다(Thank you 100 감사쓰기).

제10장
민주시민으로 살아가기

1. 인성교육과 민주시민교육 · 세계시민교육

인성교육은 건강한 몸과 건전한 마음을 기르는 신체 · 정서 · 지성 교육과 같은 개인적 차원을 넘어 사회, 국가, 세계, 인류의 높은 차원으로 확대될 필요가 있다. 다시 말해서, '나'는 온전한 개인으로서뿐만 아니라 한 국가나 사회의 건전한 시민으로, 나아가 세계나 인류의 당당한 구성원으로 길러져야 한다. 인성교육에서 민주시민교육과 세계시민교육을 함께 고려해야 하는 이유가 바로 여기에 있다.

주지하다시피, 개인은 고립된 개인이 아닌 한 사회의 구성원으로서 존재가치가 있다. 따라서 사회의 한 구성원으로서 개인은 여러 가지 시민적 역량과 덕목들을 고루 갖출 수 있도록 육성될 필요가 있다. 민주주의와 인간 존엄성의 원리, 공동체 의식 함양교육, 전통예절교육, 기초질서교육, 민주적 절차와 과정의 숙달, 합리적 의사결정 능력, 차이와 다양성의 존중, 다문화 역량은 민주시민성이나 세계시민성을 고양하기 위한 시민교육에서 필수불가결한 요소들이다.

인간의 존엄성을 인식하고 민주주의 기본원리를 체득하는 일은 어려서부터 성인기까지 지속적으로 행해져야 한다. 이러한 바탕에서 기초질서교육, 공동체교육, 예절교육 등이 일정한 단계마다 새롭게 추가로 제시될 수 있다. 인성교육에서와 마찬가지로 단체활동이나 봉사활동은 공동체 의식을 높이는 데 도움이 될 수 있다. 우리의 전통 가운데 특히 부모에 대한 효도, 윗사람에 대한 공경, 겸양이나 우애의 덕목은 현대적으로 재해석하여 가정이나 학교에서 길러 줄 수 있다. 기초질서교육은 여러 차원을 포함한다. 어려서부터 공중질서 지키기, 규범준수, 타인에 대한 배려, 친절과 봉사정신 등 기초역량을 습관화하는 일이 중요하다.

민주시민교육의 본질이 민주주의를 몸소 행하면서 배우는 데 궁극적 목적이 있기 때문에 가정, 학교, 사회의 일상적 삶 속에서 산 '경험'을 통해서 그 절차와 과정을 배우고, 대화와 토론을 통해서 합리적으로 의사를 결정하는 단계까지 점진적으로 이르도록 해야 한다. 공통의 관심사나 문제를 대화와 토론에 의해서 자발적으로 결정하고, 해결하며, 실천에 옮기는 자질을 갖출 때 건전한 민주시민성이 구비될 수 있다.

국가적 차원에서 민주시민교육은 세계적 차원에서 세계이해교육과 궤를 같이한다. 지구적으로 국제화, 세계화가 진행될수록 국가 간의 장벽이 허물어지고, 각 개인은 세계시민으로 살아갈 수밖에 없다. 세계화(globalization)란 국내의 국제화와 해외 진출이라는 두 가지 의미를 갖는다. 먼저 국내의 국제화는 한편으로는 사고, 의식, 문화, 행동의 변화를, 다른 한편으로는 기술, 제품, 제도, 정보체계 및 국가 사회 전반의 변화를 포함한다. 국제화는 또한 해외 생산·판매·유통 거점의 확보와 해외 투자 확대와 같은 해외 진출을 의미하기도 한다. 세계화의 진전에 따라 국가와 민족의 단위를 넘어서 문화 교류와 융합이 촉진될수록 그 사회는 다문화로 급격한 이행을 경험하게 된다. 교통과 통신의 발달로 21세기 들어 지구촌 전체가 하나의 거대한 다문화 사회로 급격한 변화를 겪게 되는 것이다.

지구촌시대의 세계이해교육은 세계적인 안목을 키우는 것으로서 국가 간의 문화적 이질성을 받아들이고, 서로 다른 문화를 이해하며, 정의로운 사회의 창조와 같은 인류의 공동선을 실현하는 데 그 목적을 두고 있다. 세계이해교육은 지구촌 의식의 육성, 인종과 문화의 다양성에 대한 이해 증진, 국제적 의사소통 능력의 배양, 인류의 미래에 대한 자각, 세계시민으로서 에티켓과 교양교육 등으로 구체화될 수 있다. 즉, '지구는 하나'라는 인식하에 세계의 기아와 식량문제, 세계경제, 전쟁과 평화, 자존, 인권, 기술 발전, 환경 등의 문제를 범지구적 차원에서 다룰 수 있다. 그런 점에서 세계이해교육은 '글로벌 시민교육'으로도 불리며, 유네스코와 같은 국제기구에서 그 용어가 널리 사용되고 있다.

세계이해에서 국가 사이의 평화와 협동, 의존 등의 가치가 기본적으로 중시되긴 하지만, 자국의 국가경쟁력을 제고하고, 민족적 자긍심과 주체성을 기르는 일도 반드시 고려되어야 한다. 지구적 가치의 한국화 못지않게 한국 민족과 문화의 우수성을 세계에 널리 알리는 한국적 가치의 세계화 문제는 지구촌 시대에 우리가 살아남기 위한 생존전략이기도 하다. 예를 들어, 윤동주의 대표적인 시 〈하늘과 바람과 별과 시〉를 파리에서 어느 여대생이 불어로 낭송하며 감동에 빠지거나 런던의 어느 회사원이 그 시를 읽고 감상에 흠뻑 젖는 경우를 생각해 보자. 최근에 영국에서 세계 3대 문학상의 하나인 맨부커 상(Man Booker Prize)을 수상한 작가 한강의 경우를 보더라도 우리 문화의 세계화가 한국인에게 얼마나 긍지와 자부심을 심어 주며, 또 우리가 지구촌에서 주체적으로 당당하게 살아가는 일이 얼마나 중요한지를 깨닫게 해 준다. 따라서 개인들로 하여금 세계시민성의 의미를 제대로 인식하고, 세계의 변화 추세에 적극적으로 대처할 수 있는 역량을 길러 주는 일은 인성교육의 차원에서 간과되어서는 안 된다.

2. 인성으로서의 민주시민성

민주사회는 적어도 인권이 존중되고, 개인의 존엄성과 가치가 인정되고, 법의 지배가 존속되며, 국민이 자발적으로 자신의 책임을 수행하며, 공동의 선이 모두의 관심사가 되는 사회다. 민주주의의 이상인 이런 사회는 저절로 이루어지는 것이 아니다. 사회를 구성하는 시민이 그에 상응하는 자질과 능력을 갖출 때 비로소 가능하다. 단기간에 초고속 성장을 경험한 우리나라는 세계 7대 기술선진국, 종합국력 세계 17위, 10대 경제 및 무역대국, 정보화 세계 강국, 3,000억 달러 수출, 2만 달러 국민소득, 외환보유고 2,400억 달러로 세계 5위를 달리고 있지만, 국민의 행복지수, 시민의식, 복지와 안전 등에서는 여전히 산적한 과제를 안고 있다. 민주주의가 법과 제도와 같은 외적 형식만이 아니라 일상적 삶의 양식에서의 의식 고양과 밀접한 연관이 있다는 점에서 시민들의 민주적 역량을 끌어올리는 일은 그 어느 때보다도 중요하다고 할 수 있다.

그렇다면 시민의 책임의식, 참여의식, 공익정신을 높일 수 있는 민주시민교육에는 어떠한 요소들이 포함되어야 하는가? 민주시민성은 대체로 시민적 지식, 시민적 능력, 시민적 성향을 포괄하는 개념이다.

우선, 시민적 지식은 시민들이 반드시 알아야 할 내용, 즉 민주적 가치나 원리에 대한 철저한 인식과 관련된다. 예를 들면, 인권존중, 자유, 평등, 정의, 준법정신, 권리와 책임, 공익정신 등이 그것이다.

민주시민은 마땅히 시민생활, 정치, 정부의 역할과 정치체제의 기초에 대한 지식을 가져야 한다. 이러한 지식을 바탕으로 시민들은 시민생활, 정치, 정부의 본질에 대한 올바른 판단을 내릴 수 있다. 정치와 정부가 왜 필요한지, 「헌법」의 본질과 특성이 무엇인지 알아야 시민사회와 헌정 민주주의의 본질적 요소인 자유와 자발성을 기초로 한 정치, 경제, 사회의 결사체들의 복잡한 연결망을 제대로 이해할 수 있다. 생동감이 넘치는 시민사회는 정부에 의한 권력

독점이 허용되는 사회가 아니다. 오히려 시민사회의 다양한 조직들은 시민이 그 안에서 민주주의를 배워 나가는 공공실습장의 기능을 수행한다. 아울러 헌정 민주주의 기초가 되는 요소들, 가령 개인의 권리와 책임, 공공선에 대한 관심, 법의 지배, 정의, 평등, 다양성, 진리, 애국심, 삼권분립, 권력분리 등도 역사적·철학적 맥락에서 반드시 가르쳐야 될 지식에 포함된다.

　민주적 지식교육에서 특히 민주주의 사회에서의 시민의 역할을 분명하게 인식시키는 일은 무엇보다도 중요하다. 헌정 민주주의 국가에서 시민성이란 각 개인이 자율적인 공동체의 동등한 구성원이며, 기본권과 함께 책임을 부여받은 상태를 의미한다. 시민은 정치생활과 시민사회의 참여를 통하여 이웃, 공동체, 국가에서의 삶의 질 향상에 일조할 수 있다는 사실을 이해하여야 한다. 자신의 목소리를 전달하고자 한다면 시민은 정치 과정에 적극적으로 참여해야 한다. 이러한 참여는 비단 선거, 캠페인, 투표에만 국한되지 않는다. 선거정치 외에도 참여의 기회는 시민에게 얼마든지 열려 있음을 알아야 한다. 그리하여 각 개인이 정치 생활과 시민사회에 적극 참여하는 가운데 자신의 목표와 공공의 목표가 결코 다르지 않다는 사실을 인식하는 단계에 이를 수 있어야 한다. 풍부한 교양과 책임감을 갖춘 민주시민이라면 자신과 가족을 위한 목표가 곧 지역사회나 국가의 목표를 성취하는 것과 다르지 않다는 점을 깨닫게 될 것이다.

　다음으로, 민주사회에서 시민교육의 두 번째 본질적 요소는 시민적 능력이다. 민주시민으로서 자신의 권리를 행사하고 공동체의 구성원으로서 책임을 다하기 위해서는 민주적 지식이 기본적으로 필요하지만, 이에 덧붙여 비판 및 참여능력을 의미하는 시민적 능력의 습득 또한 필수적으로 요청된다.

　시민적 능력에는 우선 비판능력이 가장 중요하다. 정치적 문제에 대해서 비판적으로 사고하기 위해서 민주시민은 문제와 그것의 역사, 현재적 관련성을 이해함은 물론 그 문제를 다루는 데 있어서 유용한 일련의 지적 도구와 사려를 필요로 한다. 비판적 사고능력으로서 지적 능력에는 분별력과 기술력, 설명 및 분석 능력, 공적 문제에 관한 입장의 평가 · 선택 · 방어 능력 등이 포함된다. 예를 들어, 분별력은 정치적 사건의 성격을 식별하는 것은 물론 다수 및 소수권, 시민사회, 헌법주의 등의 의미를 파악하는 능력이다. 비판에서는 자신의 정당한 입장을 주장하고, 설득하는 일도 중요하지만 '자기비판 능력'을 결코 망각해서는 안 된다. 이것은 자신의 입장을 언제든지 비판적 검증이 가능하도록 타인에게 대화의 가능성을 열어 두는 것을 의미한다.

시민적 능력에는 참여능력이 포함된다. 참여능력에는 상호작용, 감시 활동, 영향력 행사 등이 포함된다. 상호작용 능력은 타인과 대화할 수 있으며, 공통의 관심사를 협동적으로 처리할 수 있는 능력을 말한다. 특히, 갈등이 발생하였을 경우 공정하고 평화로운 방법으로 문제를 해결할 수 있는 능력이다. 정치나 정부의 활동에 대해서 감시 활동을 하는 것도 민주시민이 갖추어야 할 기술에 속한다. 예를 들면, 국정감시 모니터링 활동이나 국회의원 의정활동 공개가 여기에 해당된다. 영향력 행사는 정치 과정이나 공동체의 통치 과정에서 시민이 공식적 · 비공식적으로 힘을 발휘하는 것을 말한다. 과거 총선 시민연대에서 낙천 · 낙선 운동을 전개한 것과 같이 선거와 정치적 과정에 시민이 의지를 결집하여 일정한 영향력을 행사한 것을 그 예로 들 수 있다.

이러한 참여능력은 학교교육의 시작에서부터 지속적인 훈련을 통해서 길러질 수 있다. 그러기 위해서는 어려서부터 소집단 토의 및 토론 활동을 장려하고, 정보를 수집하고 의견을 자유롭게 교환할 수 있는 대화의 장을 마련해 줄 필요가 있다. 토의와 토론을 통해 학습자는 상대방의 의견을 주의 깊게 경청하고, 효과적인 질문을 던질 수 있으며, 조정과 화합을 통하여 갈등을 해결해 나가는 기술을 하나하나 익혀 나갈 수 있다. 그러면서 점차 발달 단계가 올라감에 따라 공공 정치 영역에 대한 감시 활동을 펴고, 공적 영역에서 영향력을 행사할 수 있는 역량을 발휘할 수 있게 된다.

마지막으로, 민주시민성의 세 번째 요소인 시민적 성향이란 헌정 민주주의를 유지하고 향상시키는 데 필수적으로 요청되는 사적 · 공적인 성격특성들을 말한다. 시민적 능력과 같이 이러한 성향 또한 천천히 길러지며, 가정, 학교, 지역사회, 시민사회단체에서 학습하고 경험한 것의 결과로서 나타난다. 사적 성격특성에는 도덕적 책임성, 자기훈련, 개인의 가치와 인간의 존엄성 존중 등이 포함된다. 공적 성격특성에는 용감한 시민정신, 법의 지배에 대한 존중, 비판적 성향, 자발적 경청·협상·화해 능력이 포함되며, 이러한 요소들은 민주주의의 성공에 절대적으로 필요한 것들이다.

이러한 성향을 갖추기 위해서 민주시민은 사회의 독립적인 구성원이 될 필요가 있다. 여기서 독립성은 자율성과 일맥상통하는 의미로서 자신의 행위규범을 외적 압력에서가 아니라 자기가 스스로 세운 기준에서 찾는 것을 말한다. 일찍이 칸트가 도덕성의 본질을 인간의 '양심'에서 찾은 것과 같이 민주시민은 자신의 행동에 대해서 당당히 책임을 질 줄 알며, 민주사회의 구성원으로서 도덕적·법적 의무를 다하는 사람이다. 그런 점에서 시민의 개인적·정치적·경제적 책임을 다하는 것은 중요하다. 그 책임에는 자신을 돌보는 일, 가족의 생계 유지, 자녀 양육과 교육 등이 모두 포함된다. 또한 공공의 문제, 투표, 납세, 공무 수행, 자신의 능력에 맞는 지도성 발휘 등도 그러한 시민적 성향에 속한다.

그 무엇보다도 개인의 가치와 인간의 존엄성을 존중하는 일은 민주적 성향의 교육에서 중요하다. 타인을 존중하는 것은 남녀노소, 지위고하를 막론하고 상대방의 의견을 경청하며, 예의 바르게 행동하는 것에서 드러난다. 그 성향은 또 다른 시민의 권리와 이익을 자신의 것 이상으로 중요하게 생각하며, 다수결의 원칙을 따르되 소수의 권리도 결코 소홀히 여기지 않는 것에서 나타난다. 나아가, 타인에 대한 공감과 배려 능력도 이러한 성향에 포함시킬 수 있다. 이는 곧 어떤 상황, 문제, 행위 등을 다른 사람의 관점에서, 즉 당사자의 입장에서 볼 수 있는 역지사지(易地思之) 능력이다. 자신의 번영과 행복만을 추구하는 것이 아니라 타인의 불행이나 아픔을 함께하고, 고통을 분담하려는 자발적 태도는 인간다운 민주사회를 이룩하는 데 반드시 필요한 태도라 할 수 있다.

요컨대, 바람직한 민주시민교육을 위해서는 헌정 민주주의에서의 개인의 권리와 의무에 대한 인식과 실천이 뒤따라야 한다. 적어도 민주시민이라면 권리 면에서는 사고, 표현, 양심의 자유(개인적 자유), 언론, 표현, 집회, 결사의 자유(정치적 자유), 재산, 직업 선택, 조합 가입 등의 자유(경제적 자유)를 인식하여야 한다. 또한 의무 면에서는 자기보호, 자녀부양 및 교육, 자신의 행위에 대한 책임, 타인의 관심과 이익고려, 예의 바른 태도로 행동할 책임(개인적 책임), 법에 복종, 공적 문제에 대한 관심, 납세, 선거, 병역, 헌법의 정신에 비추어 정치와 정부의 감시활동, 헌정질서 파괴에 대한 저항, 공적 봉사를 수행할 의무(공적 책임)를 철저히 인식하고 일상적 삶 속에서 실천해 나갈 수 있어야 할 것이다. 결국 개별적 시민성이 전체 공동체의 공공성으로 연결되고, 공동체 공공성의 제고는 개인 삶의 질을 높여 준다. 때문에 공공성과 개인성, 공공과 사사는 분리가 불가능하며, 모든 인간에게 그것들은 시민성을 고리로 통합되어 있다. 한 개인에게 공과 사는 분리될 수 없으며, 그것이 통합된 삶이야말로 가장 바람직한 삶이라고 볼 수 있다.

3. 다문화 시대와 다문화 교육

인성과 시민성도 시대의 변천에 따라 늘 새로운 역량을 필요로 한다. 오늘날 세계화와 더불어 다문화사회로의 진전이 가속화하고 있는 상황에서 문화적 차이를 가진 타자를 이해하고 공감하는 능력이 그 어느 때보다도 절실하다. 우리는 그런 역량을 '다문화 역량'으로 명명할 수 있을 것이다. 즉, 다문화 상황에서 자신의 정체성을 찾고 문화적 차이를 유연하게 받아들일 수 있는 열린 감수성과 다른 문화에 대한 관용적 자세를 포괄하는 다문화적 감성과 역량이 필요하다.

그렇다면 우리나라의 경우는 어떨까? 우리 사회 역시 세계화와 개방화의 물결에 따라 우리나라에 거주하는 외국인의 수가 지속적으로 증가하고 있다. 외국인 노동자와 결혼 이민자를 포함한 외국인 수는 2013년에는 1,576,034명으로 전체 인구의 2.9%에 이르렀으며, 2020년에는 5.0%, 2050에는 9.2%에 이를 것으로 예상되고 있다. 이처럼 외국인의 유입이 증가하면서 다문화 가정 또한 증가추세에 있다. 다문화 가정은 다양한 민족적·문화적 배경을 가진 사람들로 구성된 가정으로 외국인 노동자 가정, 국제결혼 이주자 가정, 국적 취득자, 유학생, 북한에서 내려와 남한에 정착한 새터민 등의 가정을 포함한다. 다문화 가정의 증가는 다문화 배경을 지닌 아동·청소년의 취학의 증가로 이어져 점차 다문화 교육이 국가와 사회정책의 주요 관심사로 다뤄질 수밖에 없다. 2015년 현재 초·중·고등학교 다문화 학생은 8만 2천여 명(전체 학생 대비 1.35%)으로, 처음으로 초등학생 중 다문화학생 비율이 2%를 넘어섰다. 부모의 국적을 보면 베트남 20.9%, 중국 20.8%, 일본 15.9%, 필리핀 13.5%, 중국(한국계) 13.1% 순이며, 다문화가정 자녀 중 6세 미만 미취학 아동이 약 12만 명으로 향후 학령기 자녀가 크게 증가할 것으로 예상되고 있다(행정자치부, 2015). 이런 상황에서 다문화 가정의 아동·청소년이 우리 사회에서 건전한 시민으로 자랄 수 있도록 교육적 배려와 원조를 하는 일은 이제 국가적 책무의 하나가 되고 있다.

다문화 교육은 다양한 문화적 배경을 지닌 구성원들이 평등한 교육의 기회를 갖도록 교육과정을 구성함으로써 다양성을 인정하고 편견과 고정관념에 대처할 수 있는 능력을 길러 주는 교육이다. 다시 말해서, 다문화 교육의 목표는 다양한 인종, 계층, 문화 집단의 학생들에게 평등한 교육환경을 조성하여 민주 사회의 구성원으로서 자질을 익힐 수 있도록 하는 것이라고 할 수 있다. 2016년 한국다문화교육학회 주최로 서울에서 열린 국제학술대회에서 이탈리아 베로나 대학의 포르테라(A. Portera) 교수는 "다문화 교육은 서로 다른 문화·전통·신념·가치를 받아들이고, 민주주의와 다원주의를 이해하는 데 가장 좋은 수단"이라며 다문화 교육의 필요성을 역설했다. 또한 그는 "다문화 교육이란 단순히 피부색·언어·종교와 무관하게 모든 인간이 존엄하다고 깨닫는 것만을 뜻하지는 않는다."라고 하면서, "구성원이 상호 소통하기 위해 진정한 문화적 차이를 드러내고 비교하는 기회를 주는 게 다문화 교육"이라고 지적했다. 이는 결국 다문화 교육에서 자유와 평등, 차이의 인정, 공감과 배려, 소통과 대화의 가치가 얼마나 중요한지를 역설해 주는 것이다.

그렇다고 해서 다문화에 대한 합의된 의견이 존재하는 것만은 아니다. 우리가 다문화라고 부르지만 관점에 따라 이해하는 방식은 크게 다르다. 사회적 통합을 우선시하는 보수적 입장에서는 문화적 다양성이 국가의 국민적 통합을 방해하므로 그것을 해소하는 방향으로 정책과 교육이 나아가야 한다고 말한다. 하나의 거대한 용광로(melting pot)로 비유되는 미국의 경우, 주류 사회의 가치와 이념 안에 문화의 다양성을 포섭하려는 입장을 취한다. 따라서 다문화 교육은 소수 문화의 배경을 가진 집단을 교육을 통하여 전체 사회로 끌어들이기 위한 노력을 경주한다.

반면에 비판적 다문화 교육을 주장하는 학자들은 문화적 다양성을 이해하고 관용, 존중, 신뢰의 정신을 발휘하는 것이 시민의 중요한 자질이라고 주장한다. 모든 재료가 조화롭게 어우러지는 샐러드 볼(salad bowl)처럼 다문화 가정 아이들과 다수 집단의 아이들이 고유의 문화적 특성을 유지하면서도 공존할 수 있다는 개념이다. 따라서 이 입장에서는 소수집단의 문화와 가치를 해치지 않는 범위 내에서 사회적 통합을 이루기 위한 노력을 게을리하지 않는다. 프랑스와 독일과 같이 유럽의 상당수 국가들이 다소 일방적인 다문화 관점보다는 상호 문화 이해 교육(intercultural education)에 방점을 찍는 이유가 바로 여기에 있다.

이렇듯 문화적 다양성에 대한 입장에 따라 다문화 교육의 방향도 달라짐을 알 수 있다. 우리나라의 경우도 대개 다문화 정책은 사회적 통합을 전제로 소수 문화를 일방적으로 주류 문화에 편입하려는 의도로 진행되어 온 것이 사실이다. 하지만 상호 간의 문화 이해가 전제되지 않는 일방적 통합이나 동화정책은 그 한계를 드러낼 수밖에 없다. 다가올 미래의 다문화 정책과 교육에서는 이 점을 각별하게 유의하지 않으면 안 될 것이다.

그 어떤 제도나 법보다도 다문화 교육이 성공하기 위해서는 다문화 교육을 책임지는 교사의 철학과 사명감이 필요하다. 가르치는 사람이 어떠한 가치관과 신념을 가지고 있는지에 따라 그 내용과 방법에 차이가 나는 만큼 다문화 교육에서도 교사가 다문화 역량과 인식을 가지고 수업을 진행할 것이 요구되고 있다. 팽(Pang, 2005)은 다문화 수업을 진행하는 교사의 유형을 다음과 같이 네 가지로 구분하였다.

- 동화주의적 교사로 학교에서 주류사회의 보편적인 지식을 가르치고 아이들은 이를 습득하여 주류사회에 적응하여야 한다고 본다.
- 인간관계를 강조하는 교사로 다양한 집단의 아이들이 협력할 수 있는 학습 환경을 제공하여 편견을 극복하도록 하지만 기존 사회에서 살아남기 위해 필수적인 지식은 갖추어야 한다고 인정한다.
- 사회적 행동을 강조하는 교사로 아이들에게 소수집단이 겪는 사회적인 억압과, 불평등, 편견에 맞서 주체적으로 행동할 것을 격려한다.
- 배려 중심 교사로 아이들이 상호 협력하고 배려하는 분위기를 조성하여 정의, 공정, 평등, 자유 등의 가치에 대해 토론하고 공유할 수 있도록 한다.

교사의 가치관과 신념에 따라 다문화 교육에서 그 실천은 다르게 나타날 수 있다. 다문화 관점을 취하는 교사는 동화주의 입장에서 교실 수업과 생활지도를 해 나갈 것이다. 상호 문화 교육에 대한 지식과 이해를 가지고 있는 교사라면 배려와 관계를 우선시하는 수업과 지도를 해 나갈 것이다. 따라서 교사의 다문화에 대한 교육적 신념이 어떤 결과를 초래하는지를 신중하게 검토해 볼 필요가 있다.

2016년 정부가 발표한 다문화 교육 지원 계획에는 다문화 학생의 가정 생성

배경, 출생지 등 특성을 고려한 지원을 통해 다문화 학생이 우리 사회의 인재로 성장하고, 나아가 모든 학생이 인종과 문화의 차이에 관계없이 더불어 살아갈 수 있도록 다문화 이해교육을 확대해 나간다는 포부가 담겨 있다.

그 첫 번째로 유치원 단계부터 다문화 유아에게 언어 및 기초학습 등 맞춤형 교육을 지원하여 동등한 출발점을 보장하기 위한 노력을 경주한다. 중도 입국 학생 및 외국인 학생 등에게 한국어와 한국문화 교육 프로그램을 제공하여 공교육 진입과 적응을 지원하는 '예비학교'를 확대 운영한다는 계획도 포함되어 있다. 나아가, 다문화 학생이 재능과 적성에 따라 역량을 개발하고 진로 탐색을 할 수 있도록 특별 프로그램과 진로교육을 실시하는 방안도 시행하게 된다. 예를 들어, 언어, 수학, 과학 등에 잠재력을 가진 다문화 학생을 선발·육성하기 위해 '글로벌브릿지(global bridge) 사업'을 지속해 나가고, 이중 언어의 강점을 살려 진로와 연계하는 방안도 마련 중에 있다.

두 번째로 다문화 수용성 제고를 위한 다문화 이해교육을 확대해 나간다. 다문화 중점학교를 확대 운영하여 다름을 존중하고 어울려 살 수 있도록 학교 교육과정을 통해 다문화 감수성 제고와 다문화 이해 및 반편견 교육 등을 실시한다. 교사 역량이 다문화 교육의 성패를 좌우하는 만큼 교원 연수를 강화하여 다문화 학생에 대한 이해도를 제고하고, 다문화 학생 지도와 관련한 교육 역량을 강화해 나간다. 그리고 다문화 교육에 대한 모든 정보(교육기관, 지원 사업, 교육 자료 등)를 담은 '다문화 교육 콘텐츠 포털(www.nime.or.kr)'을 운영하여, 다문화 교육과 관련한 현장 사례와 자료를 공유하게 된다.

그렇다면 다문화 시민역량의 제고를 위해 우리에게 남겨진 과제는 무엇인가? 가장 우선적으로 대다수 아동·청소년이 다문화 배경을 지닌 아동·청소년에 대한 편견을 없애고, 그들이 진정 다름의 가치를 인정할 수 있는 방향으로 근본적 관점이 변화될 수 있도록 교육적 노력을 쏟아야 한다. 관점과 시각 전환의 문제는 주류 사회의 성인을 포함한 모든 사람에게도 해당되는 다문화 교육의 최우선 과제다. 또한 소수집단의 아동·청소년에게는 그들이 실제 학교생활에서 겪는 어려움을 파악하여 도움을 주어야 하며, 그들이 가진 소수집단의 문화와 가치에 대한 자긍심을 길러 주는 일도 필요하다. 소수집단의 아동·청소년에게는 이중 언어 교육을 실시하는 것이 그들에게 실질적인 도움이 된다. 이중 언어를 구사할 수 있는 교사를 양성하여 학교에서 일상적인 학습과 생활에 도움을 주고 정서적인 측면에서도 안정감을 부여하여 다문화 아동·청소년이 한국 사회에 대한 긍정적인 이미지를 갖도록 해야 한다.

그리고 다문화 교육의 핵심 요소인 교사의 전문성 개발이 필요하다. 교원의 다문화에 대한 인식과 가치관은 아이들에게 직접적인 영향을 미치므로 교원의 다문화 역량 개발이 시급하다. 교사의 다문화 역량은 교사가 갖고 있는 다문화에 대한 신념과 가치 및 태도, 관련 지식과 다양한 수업 기술을 의미하는 것으로 교사에 필수적인 역량이다. 다문화 배경을 지닌 소수집단이 겪는 사회적인 억압과 불평등, 편견에 맞서 주체적으로 행동할 것을 격려한다거나, 아이들이 상호 협력하고 배려하는 분위기를 조성하여 정의, 공정, 평등, 자유 등의 가치에 대해 토론하고 공유할 수 있도록 하는 사회참여와 배려의 단계까지 교원의 역량을 키울 수 있다면 성숙된 다문화 시민사회는 그만큼 앞당겨질 수 있을 것이다.

☞ 생각하고, 활동하고, 느끼기

◇ 소그룹 토의, 다문화 영화, 시민교육 독서를 통한 민주시민 역량 배양하기

1. 다 함께 생각해 보기

• 내가 생각하는 민주시민이란?	
• 영화 「완득이」와 「안녕, 오케스트라」 관람 후 느낀 소감은?	
• 자신이 생각하는 세계시민이란?	
• 세계시민이 되기 위한 자세는?	

2. 민주시민교육, 어떻게 할 것인가

아무리 좋은 목적과 내용을 가지고 있다 하더라도 교수 방법이나 수업 기법이 이전의 방법과 차별성을 갖지 못한다면 민주시민교육은 소기의 목적을 달성하기 힘들 것이다. 따라서 교육방법상의 혁신을 위해서는 일방통행 위주의 강의식 방법에서 벗어나야 한다. 아울러 학습의 주체가 학습자 자신임을 철저히 인식하고, 이론보다는 살아 있는 현장학습을 해 나가야 한다. 여기서는 참여교육, 활동 중심 수업, 소집단 학습을 간략하게 살펴본다.

첫째, 민주시민교육은 시민의 참여를 토대로, 시민참여는 시민교육을 통해 이루어진다. 민주주의가 주권재민을 뜻한다면 시민의 자발적 참여는 필수불가결의 요소라고 할 수 있다. 학교나 사회에서의 선거를 통해 참여의식을 배울 수 있다. 나아가, 사회적·정치적 이슈에 대해서 자신의 입장을 표명하고, 조직과 연계하여 합리적 의사결정을 내린 후 집단행동을 취할 수도 있다. 이러한 참여능력은 민주적 학습 방법, 다시 말해서 발표와 토론을 통한 세미나 방식에 의해서 고양될 수 있다. 학습자는 일정한 주제에 대해서 자기주도적 학습을 하여 자기를 둘러싼 세계에 대해 문제 제기를 할 수 있다. 자기의 생각이 독단에 빠지지 않도록 학습자는 자신의 독자적인 아이디어나 견해를 시험대에 올려 검증을 받아야 한다. 타인과의 대화 및

토론이 필요한 것은 바로 이러한 이유에서다. 대화 · 토론 수업은 특히 참가자의 인격과 신념을 존중하고, 학습자의 다양성을 최대한 인정하는 분위기에서 진행되어야 할 것이다.

둘째, 활동 중심 수업은 인터넷과 교육매체를 중시하는 매체수업, 신문 활용 수업, 협동학습 등을 포괄한다. 이 수업은 실제적 행위, 창조, 탐색, 질의응답을 중시한다. 매체수업에서는 사진, 비디오, 녹음기, 컴퓨터, 멀티미디어와 같은 교육매체들을 적극 활용한다. 기존의 분필과 칠판을 사용하는 전통적 강의방법에서 탈피하여 멀티미디어, 인터넷을 통한 방법상의 혁신을 꾀한다. 경우에 따라서는 생생한 정보의 보고인 신문을 활용할 수 있다. 신문 활용 교육(Newspaper in Education: NIE)은 살아 있는 현실을 가르쳐 주는 좋은 방법이다. 신문은 다양한 삶의 모습과 이슈들을 담고 있어 구체적인 상황에 적용하여 문제해결력을 길러 줄 수 있다. 사설과 칼럼 등을 통해 논리적 · 비판적 사고력은 물론, 새로운 지식과 다양한 정보를 통해 학습자의 흥미, 참여도를 최대한 높이고, 창의적 사고력과 자기주도적 학습능력을 길러 줄 수도 있다.

활동 중심 수업은 또한 자신의 경험에서 나온 주제들을 교육적으로 의미 있는 경험이 되도록 수업에 활용하는 방법이다. 이러한 수업은 종래의 수업과는 다른 방식으로 진행될 필요가 있다. 혼자보다는 조 단위의 협력 학습을 장려하고, 그 과정에서 경쟁이 아닌 학습자끼리 서로 돕는 분위기를 조성하고, 갈등사태에 직면하여 이를 합리적으로 해결하는 방식을 터득하도록 하고, 더 큰 조모임에서 자신의 의견을 발표하고 비판할 수 있도록 한다. 요컨대, 협력학습, 협동학습은 공동체의 가치를 일깨우고, 민주적 의사소통 능력을 길러 줄 수 있는 효과적인 방법이 될 수 있다.

셋째, 효과적인 민주시민교육 방법으로 소집단 학습을 들 수 있다. 민주주의는 대화, 토의, 토론을 생명으로 한다. 따라서 민주시민교육에서 사회 구성원들에게 대화 및 토의 능력을 함양해 주는 일은 최우선의 과제라고 할 수 있다. 이때 중요한 것은 지식이 단순히 전달되는 것이 아니라 다른 사람들과 함께 찾아가는 과정이라는 점을 인식하는 일이다. 절차와 과정의 중요성을 깨닫고, 서로의 차이를 인정하며, 타인의 견해에 대한 진지한 청취를 하며, 대화 상대자의 인격을 존중하고, 다수결에 따르며 소수 의견을 존중하는 등의 민주적 가치를 몸소 배울 수 있는 장이 바로 토의 수업이다. 소집단 토의는 구성원 간에 상호 인사, 부여된 주제 확인, 사회자 및 발표자 선정, 토론 실시, 발표문 작성, 토론 및 발표 시간 순으로 진행한다. 소집단 토의 진행 시 유의해야 할 사항은 다음과 같다.

첫째, 학습자의 내적 욕구에 따라 자발적으로 이루어지도록 해야 한다. 강압적인 분위기나 지시적인 분위기는 오히려 학습자의 동기를 해칠 수 있다.

둘째, 교수자는 토의 절차에 대한 안내와 빗나간 주제에 대한 조정자 역할을 맡는다. 지나친 간섭이나 통제는 가급적 삼가야 한다.

셋째, 모든 사람이 고루 참여할 수 있는 분위기를 조성하는 일이 중요하다. 무조건 침묵하거나, 자기 주장만을 고집하거나, 주제 외적 논의를 계속하거나, 이의만을 제기하는 학습자가 있을 때, 교수자는 적절한 조치를 취하여 토의가 자연스러운 상태에서 진행될 수 있도록 해야 한다.

넷째, 온정적이고 수용적인 자세로 학습자들의 감정을 받아들이고, 칭찬해 주어야 한다. 토의를 보다 자유롭고 원만하게 진행하기 위해서는 즐겁고 재미있는 분위기를 조장하도록 한다. 아무리 좋은 주제라도 적당한 재미와 오락성이 가미되지 않으면 학습자는 쉽게 흥미를 잃게 되기 때문이다.

다섯째, 논의의 과정에서는 그 과정의 합리성을 중시한다. 이는 토의에서 결과보다는 과정을 중시한다는 뜻임과 동시에 그 논의의 과정이 합리적이어야 한다는 뜻도 포함하고 있다. 즉, 토의 과정 자체가 민주주의를 실천하는 훈련장의 역할을 해야 한다는 것이다.

여섯째, 토론의 결과가 학습자들에게 일정한 학습효과를 가져올 수 있도록 토론이 끝난 후 전체적으로 정리 및 발표의 시간을 갖는 것이 중요하다.

3. 다문화 영화, 〈완득이〉와 〈안녕, 오케스트라〉

김여령의 성장소설을 영화로 제작한 〈완득이〉(2011)는 중견배우 김윤석과 청춘 배우 유아인이 호흡을 맞춘 교육영화이자 다문화 가족의 영화로 볼 수 있다. 영화에서 고등학생 완득이는 어려운 처지에서 고학을 하는 학생으로 등장한다. 어머니 없이 아버지 밑에서 혼자 자라다 보니 성격은 반항적이며, 공부는 바닥을 길 정도로 형편없다. 뒷골목 카바레에서 일하던 아버지는 재정난으로 직장을 잃게 되자, 이곳저곳을 떠돌며 장돌뱅이로 어렵게 삶을 살아가게 된다. 완득이는 옥탑방에서 살며, 그 이웃에 조금 모자란 민구와 그의 담임교사인 동주가 살고 있다. 영화 속 동주라는 교사는 괴팍한 성격의 소유자로서, 자신의 이미지 관리에는 전혀 신경을 쓰지 않는다. 그는 직설적이고, 욕도 잘하며, 그야말로 마초기가 가득한 인물이다.

반항기 가득한 학생과 괴짜 교사 간의 교육적 관계로 진행되던 영화의 줄거리가 반전을 보이는 것은 나중에 등장한 완득이 어머니의 정체와 관련이 있다. 완득이의 어머니는 생존해 있었으며, 필리핀 사람이었다. 완득이는 담임교사 동주의 언질로 어머니를 찾아 나서게 되며, 마침내 국적이 다른 외국인 어머니와 대면하게 된다. 낯선 어머니의 모습에 주저하는 완득이와 다 자란 아들의 모습을 반기면서도 선뜻 다가서지 못하는 어머니 사이에 어색함이 감돈다. 하지만 피는 물보다 진하다는 말과도 같이 모자간의 정은 어색함을 깨고 마침내 서로를 받아들이게 되고 하나의 완성된 가족을 이루게 된다.

흥미로운 점은 이 영화에서 완득이의 어머니로 등장한 이자스민은 실제로 필리핀에서 한국에 이민 온 여성이었고, 2010년에 남편을 잃은 안타까운 처지의 여성으로 영화 속 완득이 어머니와 여러 부분에서 동질감이 있었다는 것이다. 이 영화 출연 후 이자스민은 이듬해 새누리당 공천으로 비례대표 국회의원이 되어 인생역전을 이루기도 하였다. 다문화 배경을 가진 외국인이라도 우리 사회에서 얼마든지 당당하게 자신의 꿈을 펼칠 수 있다는 것을 상징적으로 보여 주는 사례로 볼 수 있다.

이 영화는 분명 우리에게 다문화 배경을 가진 완득이와 그의 가족을 어떻게 이해할 것인지, 그리고 동주와 같이 주류 사회에 속하는 대다수 사람들의 관점이 어떻게 변해야 할지를 생각해 보게 한다.

〈안녕, 오케스트라〉는 천재 비올리스트 리처드 용재 오닐과 안산 지역 다문화 가정 자녀들이 모여 오케스트라를 꾸려 가는 과정을 다큐멘터리로 담은 영화다. 외모도 성격도 자라온 환경도 모두 다른 25명의 아이들이 소통의 출발점인 '안녕'이라는 작은 인사로 시작해서 누구도 상상할 수 없던 기적을 이뤄 내는 이야기다. 악보를 읽을 줄도 악기를 다룰 줄도 모르는 아이들이 3개월 후에 관객 앞에서 공연하게 되는 과제가 주어지고 그 아이들의 중심에는 용재 오닐이 있다.

영화의 전개 과정에서 드러나지만, 용재 오닐 자신 또한 다문화 가족 출신으로 숱한 아픔과 상처를 겪은 바 있다. 그는 한국인 어머니와 미국인 아버지 사이에서 태어났다. 그의 어머니는 3세 때 미국으로 입양되어 25세에 미혼모로 그를 낳았다. 그의 어머니는 장애를 가지고 있었기 때문에 용재 오닐은 사실상 미국인 조부모의 손에 키워졌다고 한다. 미국에서는 아시아계 어머니 밑에서 자라며, 중국인을 닮았다는 이유만으로 놀림을 받았으며, 아버지 없는 설움에 몰래 눈물을 흘린 적도 많았다. 나중에 커서 미국인 아버지를 찾아 나서지만 아버지는 이미 세상을 떠났다. 그가 〈섬 집 아기〉를 즐겨 연주하는 것은 결코 우연이 아니다. 이러한 아픔과 상처, 설움과 슬픔이 승화되어 비올라의 애잔함을 더해 주기라도 하듯이 그의 연주는 다문화 가정의 아이들의 마음을 빼앗게 된다.

용재 오닐이 참여자들에게 남긴 인상 깊은 메시지는 '다문화 가정에서 태어난 것은 결코 그 아이들이 원해서 그런 것도 아니고, 그 사실을 부끄러워하거나 창피하게 생각할 필요가 없다.'라는 것이다. 실제로 오케스트라에 참여한 어느 사춘기 소녀는 다문화 가정에서의 좋지 않은 경험으로 인해 머리에 습관적으로 모자를 쓰고 다니며, 그 어느 곳에서도 벗으려 하지 않았다. 음악을 통해서 아이들이 점차 마음의 문을 열고, 비록 짧은 프로젝트 기간이었지만, 마침내 세종문화회관에서 자신의 가족들을 초청하여 작지만 위대한 연주회를 성황리에 마무리했을 때 연주자와 관객들 모두 감동의 눈물을 흘리게 된다. 그 누구보다도 지휘와 연주를 맡은 용재 오닐의 북받쳐 오르는 눈물을 보면서 우리는 어느덧 인생의 고뇌와 슬픔과 기쁨을 격하게 공감하게 된다. 어둡고 수줍어하던 아이들이 음악을 통해서 성장하고, 오케스트라를 성공적으로 마친 후에 더욱 밝아지고 자신감을 갖게 되는 모습에서 우리는 교육의 새로운 가능성과 희망을 엿본다.

4. 이 한 권의 책 『당신은 세계 시민인가?』

코스모폴리타니즘(cosmopolitanism)은 대개 사해동포주의, 세계만민주의, 세계시민주의 등으로 번역된다. 동일한 맥락에서 코스모폴리탄(cosmopolitan)이란 인종이나 민족, 국민이나 국가에 관계없이, 전 인류를 그 본성에서 혹은 신의 아래에서는 모두 동포라고 보는 입장이나 태도를 취하는 사람이다. 이 말은 원래 그리스 헬레니즘 시대에 폴리스의 좁은 세계관에서 벗어나 스스로를 '세계의 시민(kosmopolites)'으로 명명한 데서 비롯되었으며, 로마 시대를 거치면서 보다 견고한 토대를 갖추게 되었다.

『당신은 세계시민인가?』(2010)의 저자 마크 게이어존(Mark Gerzon)은 '목격하기, 배우기, 연결하기, 협력하기'라는 네 가지 핵심 기술을 연마하며 전체를 보는 법, 곧 세계시민(cosmopolitan)이 되는 길을 전하고, 지구가 당면한 많은 위기들을 해결해 나가는 방법을 이야기한다. 그가 제시한 세계시민이 되기 위한 4단계는 다음과 같다.

- 1단계 목격하기: 가장 먼저 세상의 일에 눈을 떠야 한다. 종교, 인종, 국가, 경제, 문화, 사상 등 수많은 경계들로 편협해진 세계관을 버리고 세상을 보기 시작하면, 그에 대해 배울 수 있고 다른 이들과 협력해 나갈 수 있다.
- 2단계 배우기: 우리의 지성을 일깨워야 한다. 세상을 바라보는 관점이 넓어지면 자신의 지성에 만족할 수 없게 된다. 자신의 지성이 폭넓게 열려야만 세상을 품에 안을 수 있음을 깨닫게 된다. 이를 통해 글로벌 사고방식, 글로벌 의사결정이 가능해지며, 결국 글로벌 지성이 성장하게 된다.
- 3단계 연결하기: '나'를 벗어나 '우리'의 관계를 맺어야 한다. 얼마나 다른 사람이건, 그와 얼마나 떨어져 있건, 심지어 우리가 그를 적으로 간주하고 있건, 상대의 말을 듣고 이해하려고 노력하면서 소통의 다리를 만들어 나가는 것이다. 이 능력을 통해 함께 문제를 해결할 수 있는 진정한 파트너십을 형성할 수 있게 된다.
- 4단계 협력하기: 세계시민이 된다는 것은 함께 일하는 것이다. "우리가 직면한 세계적 위협과 과제를 해결하는 데 '영국만의' '유럽만의' '미국만의' 해결책이 아닌 세계적 해결책이 필요하다."는 고든 브라운(Gordon Brown) 영국 총리의 말처럼, 우리와 공감하는 다른 누군가에게 손을 내밀어 함께 협력해 나가는 것이 필요하다.

이 책에서 흥미로운 부분은 시민으로서의 자세가 단계별로 제시되고 있는 점이다.

- 시민 1.0 – 자기 자신을 기반으로 하는 세계관
- 시민 2.0 – 자기 단체를 기반으로 하는 세계관
- 시민 3.0 – 자기 국가를 기반으로 하는 세계관
- 시민 4.0 – 여러 문화를 기반으로 하는 세계관
- 시민 5.0 – 지구 전체를 기반으로 하는 세계관

이 책에서 저자의 분명한 의도는 나–사회–국가만 생각하는 좁은 의미의 시민이 되지 말고 좀 더 넓은 시각으로 세상을 보고 긍정적으로 변화시켜 나가자는 것이다. 이제까지 우리가 인성과 시민성을 이야기하면서 자기 자신과 가족, 사회와 국가를 기반으로 하는 세계관과 다문화 시대의 확대된 세계관에 대해서도 언급을 하였지만 지구 전체를 기반으로 하는 세계관은 왠지 소원하게 느껴지며, 현실과 동떨어진 느낌을 준다. 세계시민교육의 최고의 단계가 과연 성취하기 힘든 이상에 불과한 것인가?

현실적으로 시민 5.0의 목표를 성취하기란 그리 쉽지 않다. 하지만 이루지 못할 꿈만은 결코 아니다. 저자는 세계시민으로서의 자신의 경험을 토대로 지구 전체를 기반으로 하는 세계관이 가능함을 실제로 보여 준다. 암만의 카페, 홍콩의 국제학교부터 케냐의 마을, 킬리만자로의 산길, 전 세계 국회와 입법부 회관까지 세계 각지에서 경험한 수많은 사례 연구를 바탕으로, 저자는 '세계시민'이라는 획기적이고도 도발적인 사고방식을 제시한다. 환경 문제, 금융 위기 등 오늘날 우리가 겪는 문제들을 극복하려면 지금의 편협한 정체성, 낡고 오래된 세계관에서 벗어나야 한다는 것이다. 저자는 만난 적도 없고 말도 통하지 않는 이들(또는 조직)과 서로 영향을 주고받고 있는 현실을 깨닫고 세계 시민으로서 책임감을 지니는 것에 인류의 생존이 달려 있다고 역설한다.

제11장
갈등 상황 해결하기

1. 왜 갈등 해결이 중요한가

인간관계에서 크고 작은 갈등은 있기 마련이다. 이 사회를 살아가며 나와 다른 많은 사람들과의 관계 속에서 사소한 것부터 중요 사항을 결정할 때, 매 순간순간 갈등은 생길 수밖에 없다. 이러한 갈등을 효과적으로 해결하지 못하여 갈등과 불만이 증폭되면 인간관계는 깨지게 된다. 인간관계를 깨지게 하는 것은 갈등 그 자체라기보다는 갈등을 해결하려는 노력이 실패한 경우라고 볼 수 있다. 흔히 갈등을 원만하게 해결하지 못하면 오히려 감정적 대립이 격화되어 갈등이 확대되는 경우가 많다. 이처럼 갈등이 해결하기 힘든 어려운 상황으로 커지게 되면 친밀한 인간관계가 무너지게 된다.

사람들은 각자 독립적인 개체이기 때문에 나와 타인의 욕구와 가치관의 차이로 인해 갈등이 발생할 가능성은 매우 높다. 타인과의 사이에서 발생하는 갈등이 필연적인 것이라면 이것을 문제로 생각하기보다는 오히려 합리적으로 갈등을 해결할 수 있는 학습의 기회가 될 수 있도록 이끌어 가는 것이 중요하다고 생각한다.

　인간관계에서 갈등은 해결 방식에 따라 관계가 훼손될 수도 있고 촉진될 수도 있다. 인간관계의 갈등과 불만에 대응하는 방식에는 관계에 대한 만족도와 관계에 투자한 양에 따라 크게 네 가지로 살펴볼 수 있다. 첫째, 정식으로 그 관계를 떠나는 방식, 둘째, 상대방을 비판하고 문제를 무시하며 관계가 악화되도록 방치하는 방식, 셋째, 문제를 토의하고 외부의 도움을 구하고 변화를 시도하는 방식, 넷째, 기다리면서 개선을 희망하는 방식이다. 이 네 가지 반응 방식은 그 문제가 생기기 전의 관계에 대한 만족도, 관계에 투자한 양(예: 시간, 재산 등), 가능한 대안의 질 등에 좌우된다. 일반적으로 관계에 대한 만족도가 높고 투자의 양이 많으면 세 번째와 네 번째 반응 양식을 택하는 경향이 있다. 그러나 관계의 만족도나 투자의 양이 적고 또한 대안이 될 수 있는 다른 관계가 존재할 때는 첫 번째와 두 번째 반응 양식을 택하게 되고 결과적으로 관계가 종결된다.

　루로프(Lulofs, 1994)는 사람들이 갈등을 회피할 때 다음과 같은 사이클을 거친다고 제시하고 있다. 첫째, 사람들이 갈등을 나쁜 것으로 생각한다. 갈등 상황이 발생하는 것은 무엇인가 잘못하고 있는 것이며, 옳지 않은 것을 경험하고 있는 것으로 믿는다. 둘째, 사람들은 갈등으로 인해 관계가 악화되어 헤어지게 되면 어쩌나 하는 불안함과 초조감을 겪게 된다. 셋째, 갈등을 가능한 한 오랫동안 회피한다. 따라서 갈등을 드러내지 않고 혼자만 갈등 해결을 위해 노력하거나, 갈등이 있다는 것을 무시하고 '우리 관계는 괜찮다.'라고 생각하면서 자기합리화를 한다. 넷째, 갈등은 통제되지 못하고 불가피하게 직면된다. 갈등은 주머니 속에 든 바늘과 같아서 감추어 보이지 않지만 어느 순간에 불쑥 튀어나와 우리를 찌르게 된다. 그렇게 되면 갈등이 커지게 되어 결국 갈등을 더 이상 묻어 두고 있을 수 없게 되는 순간이 온다. 다섯째, 사람들은 갈등을 효과적으로 다루지 못한다. 마치 댐에 작은 구멍이 났을 때 막았어야 하는데 댐이 무너지기 일보 직전에 막으려고 하면 감당할 수 없는 상황을 경험하게 되

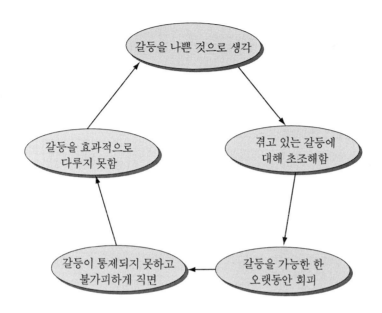

[그림 11-1] 갈등 회피 사이클(Lulofs, 1994)

는 것과 비슷하다. 갈등에 비효율적으로 대처하게 되면, '역시 갈등은 좋지 않은 것이며, 나는 갈등을 잘 해결할 능력이 없다.' 라는 신념을 강화하게 되며, 또 다른 갈등 상황에서 회피할 가능성이 높아진다는 것이다.

갈등을 좋지 않은 것으로 보고 가능하면 갈등에 직면하지 않아야 한다고 믿는 사람이건, 갈등은 삶에서 생길 수밖에 없기 때문에 잘 해결하면 도움이 된다고 믿는 사람이건 간에 갈등에 직면할 때는 괴롭고 힘들다. 가능하면 갈등을 피하고 싶고, 갈등에서 오는 부담과 괴로움을 회피하고 싶어 한다. 그러나 갈등을 회피하면 그 순간은 갈등을 직면하는 데서 오는 불편함을 피할 수 있기 때문에 편안함을 경험할 수는 있지만 갈등을 회피하는 것은 또 다른 문제를 만들어 낸다.

따라서 이 장에서는 갈등 상황 자체를 어떻게 이해할 수 있는지에 대한 갈등의 원인과, 갈등 상황에서 내가 주로 사용하는 갈등 대처 방법은 무엇인지,

효과적으로 갈등을 해결할 수 있는 방법은 무엇인지에 대해 살펴보고, 갈등 상황을 이해하고 해결하는 방법을 모색하고자 한다.

2. 갈등 발생의 원인

갈등은 차이 때문에 발생한다. 이러한 차이는 사람들의 가치관, 욕구, 선호도, 중요하게 생각하는 자원 등에서의 차이라고 볼 수 있다. 만약 친구를 만나기로 했는데 친구가 약속 장소에 늦게 나타났다면 시간과 약속에 대한 개념이 서로 다르기 때문에 서로 갈등이 발생할 수 있다. 친구는 '코리안 타임을 적용하면서 약속시간에 몇 분 늦으며 사는 것이 인생의 미덕'이라고 생각하는 반면, 나는 '시간은 금이니 꼭 지켜야만 하는 것'이라는 생각을 가지고 있다면 갈등이 발생할 수 있다. 내가 사고자 하는 것을 사기 위해 사용하는 '돈'과 삶을 알차고 효율적으로 살기 위한 '시간'에 대해 생각하는 가치가 다르면 갈등이 유발되기도 한다. 나는 '재미에 대한 욕구'를 충족시키고자 컴퓨터 게임이나 친구들과의 놀이를 즐기고 있는데, 부모님은 '대학생이면서 아직까지 무슨 컴퓨터 게임이니? 학생이 공부를 해야 원하는 직장에도 빨리 들어갈 수 있다.'라는 신념을 가지고 있으면 나와 부모님 간에 갈등이 발생할 것이다. 이와 같은 타인과의 갈등 상황에서 자신의 어떠한 생각이나 가치관이 작용하고 있는지 점검하는 것은 매우 중요한 의미를 갖는다.

여러분은 타인과 의견이 대립될 때, 어떻게 대처하는가? 다음 중 어디에 해당하는지 살펴보자.

소리를 지르나요? 피하거나 무시를 하나요? 이야기 주제를 바꾸나요? 다른 측면을 보려고 시도하나요? 누군가에게 불평을 하나요? 다른 사람에게 도움을 요청하나요? 갈등 상대를 그냥 내버려 두나요? 타협점을 찾으려고 시도하나요? 욕을 하나요? 누가 옳은지 판단해 달라고 제삼자에게 부탁하나요? 둘 다 동의할 수 있는 방법을 찾나요? 먼저 사과를 하나요? 때리나요? 우나요? 그 냥 아무 일 아닌 것처럼 농담을 하나요? 감정이 상하지 않은 것처럼 행동하나 요? 노래를 부르나요? 그 밖에 또 다른 방법이 있다면 생각해 봅시다.

앞서 제시한 갈등에 대처하는 반응 유형을 나누어 보면, '회피적 반응' '적 대적 반응' '합리적 반응'으로 구분할 수 있다. '회피적 반응'에는 피하거나 무 시하기, 얘기 주제 바꾸기, 그냥 내버려 두기, 감정이 상하지 않은 것처럼 행동 하기 등이 있고, '적대적 반응'으로는 소리 지르기, 때리기, 욕하기 등이 있으 며, '합리적 반응'으로는 타협점을 찾으려고 시도하거나, 둘 다 동의할 수 있 는 방법 찾기 등이 있다.

소극적으로 대처하거나 아무렇지 않은 듯이 넘어가는 회피적 반응이나 acting-out 하는 적대적 반응이 빈번하게 나타나지만, 보통 회피적 반응과 적 대적 반응이 번갈아 가면서 나타난다. 즉, 아무렇지 않은 듯 행동하다가 감정 이 쌓이면 위협적이고 적대적 반응으로 폭발하고, 또 다시 회피적 반응으로 넘어가는 악순환의 고리를 벗어나지 못하게 된다. 이러한 회피나 적대적인 반 응들은 감정이 속으로 쌓이거나 감정이 표출된다는 점에서 다르게 느껴지지 만 부정적 감정이 유발되며 관계를 악화시키는 결과를 가져온다. 반면에, 서 로 대화하고 이해하며 타협점을 찾아가는 '합리적 반응'에서는 경청, 이해, 해 결을 통해 긍정적인 감정이 유발되고 관계는 더욱 발전되어 간다.

최근 누군가와 갈등 상황이 있었다면 그 상황을 떠올려 보고 자신의 어떠한 생각이나 가치관이 작용해서 갈등이 발생했는지 생각해 보자. 나의 생각이 타 인과의 갈등에 어떤 영향을 미치고 있는지, 그 생각이나 가치관이 절대로 양 보하거나 포기할 수 없는 부분인지, 아니면 조금만 융통성을 발휘한다면 어떻 게 수정할 수 있는지 생각해 보자.

이때, 당신 스스로에게 할 수 있는 질문은 다음과 같다.

'그 가치관은 고정관념이나 나의 고집 때문에 나오는 것인가?'

'그 가치관은 만고불변의 진리를 담고 있는가? 아니면 시대적 상황에 따라, 사람에 따라 다르게 받아들이는 것인가?

이처럼 자신의 생각에 의문을 제기하며, 사람들과의 관계에서 나는 어떤 생각, 어떤 가치관을 가지고 있는지 점검해 보는 것은 중요하다. 가치관 자체는 어떤 것이 정답이라고 정리하기 어렵다. 하지만 사람들이 가지고 있는 가치관을 구체화·명료화하고 그것이 타인과의 갈등에 어떤 영향을 미치고 있는지 점검을 할 때 지나치게 고정되어 있는 가치관을 조금이나마 유연하게 하거나 타인이 받아들일 수 있는 수준으로 가치관을 조정하는 등 자신의 타협적인 노력이 이어질 수 있기 때문이다.

갈등은 근본적으로 '가치관의 차이'에서 발생한다. 나의 가치관은 타인에 의해 도전받게 되어 있다. 나의 가치관은 만고불변의 진리가 아니다. '항상 올 A^+만 받아야 한다.'(절대적)에서 '올 A^+를 받으면 좋지만 A^+를 받지 못했더라도 A^+를 받을 수 있도록 열심히 노력한 과정에서 많은 것을 배웠다.'(상대적)으로 관점의 변화가 필요하다. 이렇게 융통성 있고 유연한 방향으로 관점을 변화시키는 것만으로도 의미가 있다. 갈등 상황에서 자신의 가치관으로 설득해도 타인은 받아들이지 않을 수 있다. 또한 타인과의 타협점을 찾을 수도 있고 못 찾을 수도 있다.

다음에 제시한 사례를 살펴보면서 이 사람들이 왜 싸우게 되었나 생각해 보자.

착실이와 꼼꼼이는 룸메이트다. 어느 날 학교에서 일찍 돌아온 착실이와 꼼꼼이는 치킨을 시켜 먹었다. 착실이가 치킨을 정확히 반으로 나눠 반은 자기가 먹고 나머지 반은 꼼꼼이에게 주었다.

꼼꼼이: 아니. 이게 반이란 말이니? 아무래도 내 것이 더 적은 것 같은걸.

착실이: 무슨 소리야. 내가 정확히 반으로 나눴다구. 먹기 싫으면 먹지 말아라. 치~이.

꼼꼼이: 무슨 말을 그렇게 하는 거니?

그래서 두 친구는 밤새도록 싸웠습니다. 화가 덜 풀린 꼼꼼이는 그다음 날 저녁 일부러 치킨을 시켰다. 그리고 치킨이 오자마자 자기가 받아서 얼른 반으로 나눠서 반은 자기가 먹고 나머지 반은 착실이에게 주었다.

착실이: 아니, 내 건 왜 이렇게 적어? 지금 나한테 복수하겠다는 거야?

꼼꼼이: 내가 너 같은 줄 아니?

착실이: 네가 그런 사람인 줄 몰랐다, 정말.

그래서 그날 밤도 싸웠습니다. 그런데 그다음 날 저녁에 시키지도 않았는데 치킨 가게에서 서비스로 치킨 1마리를 공짜로 갖다 주었습니다.

착실이와 꼼꼼이는 어떻게 이 치킨을 사이좋게 나눠 먹을 수 있을까요?

출처: 한국청소년상담원(2002)에서 재구성

이 예화처럼, 일방적으로 한 사람이 치킨을 나누는 권한을 독점하고 있으면 갈등은 해결되기 힘들다. 자기가 먹는 치킨이 적다는 사실 자체가 아니라, 그 치킨을 나누는 과정에서 소외되고 이미 결정된 것을 받아들이는 입장 차이 때문에 불만이 생기는 것이다. 만약 착실이가 처음부터 정확하게 반으로 나누기 전에 어떻게 치킨을 먹을 것인가에 대해 꼼꼼이에게 의논을 했더라면, 아마도 꼼꼼이는 자기 것이 더 적다고 불평하지 않았을 것이다. 결국 문제를 해결하는 과정은 함께 참여하는 것 자체가 중요하다. 즉, 서로가 받아들일 수 있는 방법을 찾기 위한 의사소통이 필요하다는 것이다.

3. 갈등 상황 해결을 위한 전략

1) 갈등 해결 5단계

갈등 상황 해결을 위한 첫 단계는 왜 갈등이라고 생각하는가에 대한 문제에 대한 정의, 즉 갈등 상황에 대한 정의하기 단계다. 나는 문제라고 보는데 타인은 아무 생각이 없다면, 우선 내가 왜 문제라고 생각하는가에 대한 문제 상황을 공유하는 것이 중요하다. 이때 나 자신이든지, 타인이든지 갈등 상황이라고 생각하는 사람이 먼저 갈등해결을 위한 제안을 하고 서로 머리를 맞댈 수 있도록 노력해야 한다. 만약 지금까지 다른 여러 가지 일들로 서로의 갈등이 많이 쌓여 있는 상황이라면, 갈등을 해결해 보고자 이야기를 나누는 과정에서 오히려 다른 갈등 요소들이 한꺼번에 터져 나오게 되어 더 큰 싸움과 갈등으로 퍼질 수도 있다. 그렇기 때문에 갈등 해결을 위해서는 그 상황에서의 갈등이라고 생각하는 문제를 정의하고 그 부분만을 다루는 것이 중요하다.

예를 들어, 이성 친구가 담배를 피운다고 하자. 담배를 피우는 이성 친구는 흡연을 함으로써 옆 사람에게 불쾌감을 주고 심지어 폐암에 노출될 위험성을 제공하는 것이기 때문에 담배를 피우는 것에 대해 서로 갈등이 심화되어 매번 싸우게 되는 상황이 되니 무척 힘들다는 것을 이야기하면서, 어떻게 하면 담배를 피우는 것으로 인한 갈등이 더 이상 생기기 않을 수 있을까에 대한 이야기를 나누기 시작하는 것이다.

갈등 상황 해결을 위한 두 번째 단계는 서로의 입장을 충분히 이야기하고, 듣고, 이해하는 단계다. 이야기를 나누기 시작하다 보면 그다음 단계로 넘어가지 않고 서로의 입장을 이야기하고 이해하는 과정에서 자연스럽게 갈등이 해결될 수도 있다. 즉, 서로의 입장에 대한 이해가 부족하여 오해가 생기는 경우가 많기 때문이다. 일반적으로 사람들은 자신의 생각을 일방적으로 타인에게 전달하는 것을 '타인과의 대화'라고 생각하기도 한다. 그러나 상대방은 '대화가 안 된다.'라고 생각하며 자신의 입장을 표현하지 않는 경우가 많거나, 말문이 막혀 더 이상 이야기를 하지 않게 되는 경우가 많다. 갈등 상황을 해결하고 극복하기 위해서는 이 간격을 줄여야 한다. 자신의 생각을 전달하기 전에, 즉 이미 갈등 해결책을 혼자 다 만들어서 상대방에게 전달하기 전에 상대방의 입장에서 이야기를 먼저 들어야 한다. 이때 사람들이 경험하게 되는 장애는 조급함이나 불안, 분노 등 자신의 부정적인 정서다.

어떤 사람들은 상대방과 대화를 할 때 제대로 듣지 않으면서 말을 안 한다고 야단을 친다. 진정으로 상대방의 입장에서 상대방이 느끼고 생각하는 것이 무엇인지 들으려는 노력이 전달될 때만이 상대방은 어렵게 말문을 열게 된다. 그러나 갈등을 해결하고자 하는 상대방의 이야기를 제대로 듣지 않은 기간이 오래되었다면, 한두 번의 노력으로 굳건하게 닫혀 버린 상대방의 마음의 문을 열지 못한다. 이럴 때는 지속적으로 상대방의 입장을 듣고 이해하려는 노력을 쌓아 가는 것이 우선이다.

만약 상대방이 대화를 피하려고 한다면, 그 이유가 무엇인가에 대한 생각을 먼저 해야 한다. 상대방이 자신과의 대화를 피한다면, 대화라는 이름으로 내 자신의 생각만을 전달하고 있는 것은 아닌가, 상대방이 싫어하는 것을 억지로 시키지는 않았는가, 상대방이 자신의 말을 따르거나 귀담아 듣지 않을 경우 서운한 기색을 보이거나 화를 내지는 않았는가, 상대방의 행동방식이나 용모, 말투 등에 대해 잔소리를 하거나 흠을 잡지는 않았는가 등을 생각해 보아야 한다. 즉, 자신의 이야기만을 전달하거나 상대방의 이야기를 판단하고 잔소리를 계속하는 등의 방법으로 상대방의 이야기를 막고 있는 것은 아닌지 생각해 볼 필요가 있다.

이미 서로에 대한 불신과 벽이 많이 쌓여 있다면 갈등해결을 위한 1단계 시작 전에 해야 할 작업들이 있다. 우선 상대방을 대하는 태도부터 변화시키는 것이다. 상대방이 나와 대화를 하고 싶게끔 달라져야 하는 노력이 우선되어야 한다. 그래서 '저 사람이 좀 달라졌구나. 이젠 이야기가 좀 통하겠는걸?' 하는 생각이 들 수 있도록 노력해야 한다.

갈등 상황 해결을 위한 세 번째 단계는 문제가 무엇인지에 대한 서로의 입장에 대해 충분히 이야기를 나눈 후에는 어떤 해결방안이 있는지 방법을 찾기 위한 단계다. 즉, 문제해결을 위해 함께 여러 가지 해결 방안을 찾아보는 방법을 찾는 것이다. 이때 브레인스토밍 방법을 활용한다. 브레인스토밍은 '떠오르는 생각들을 평가나 비판 없이 모두 수용'하는 것이다. 이때 타인의 이야기를 충분히 끌어내고 그에 대해 무시하거나 평가절하하지 않고 수용하는 태도가 중요하다. 물론 문제해결을 위해 내가 생각하는 방법도 그중의 하나로 제시되어야 한다. 이 과정에서 각자 제시하는 다양한 방법은 모두 기록해 두어야 한다. 그래야 다음 단계에서 하나씩 검토해 볼 수 있다.

사람들은 상대방과 대화를 통한 '방법 찾기'로의 원활한 진전을 기대하지만, 상대방의 적극성이 전혀 발휘되지 않는 경우가 있다. 그럴 때는 방법 찾기의 시도로부터 얻을 수 있는 것은 아무것도 없다. 상대방의 적극성이 발휘되지 않는다는 것은 '이해하기'가 충분히 되지 않았다는 증거다. 그렇기 때문에 "지금 당신의 생각이 충분히 자연스럽게 나오지를 않는군요. 제가 당신의 입장을 아직 충분히 이해하지 못했기 때문이겠지요." 하면서 두 번째 단계로 돌아가야 한다. 두 번째 단계조차 충분히 이루어지지 못한다고 하더라도 자신이 상대방을 이해하고, 상대방이 자신의 이해를 받는 소중한 경험을 위해 좀 더 진통하고 씨름하는 것이 훨씬 더 의미 있는 상호작용이기 때문이다. "목표는 나와 상대방이 새로운 시도로 갈등 상황을 해결하는 것인데, 두 번째 단계조차 제대로 이루어지지 않는 상태를 견딜 수 있을까요?"라고 질문하는 사람들이 있다. 타인과의 감정 줄다리기, 밀고 당기기는 달성해야 할 과업이나 성취되어야 할 고지가 아니다. 혹시 '과업이나 성취로 생각하면서 내 뜻대로 되지 않는 것을 견디지 못하는 것은 아닌가?' 이 질문은 자기 스스로 던져야 할 질문이다.

갈등 상황 해결을 위한 네 번째 단계는 3단계에서 브레인스토밍한 모든 대안과 방법들 중에서 가장 좋은 방법이 무엇인지 선택하고 약속하기 단계다. 즉, 대안과 방법들 중 가장 좋은 해결 방법을 찾고 약속하는 것이다. 이때 적절한 타협점을 찾는 것이 중요하다. 제시된 방법들을 살펴보면서 서로의 의견을 나누면서 서로가 받아들일 수 있는, 즉 수용할 수 있는 방법을 선택하게 된다. 가능하면 자신은 어떤 노력을 할 것이며, 상대방도 어떤 노력을 하도록 상호 간의 약속을 정하는 것이 좋다. 상대방에게만 지켜야 할 약속을 부과하는 것보다는 갈등해결을 위해 나 자신도 함께하는 것이 효과적이기 때문이다.

약속하는 단계에서 중요한 것은 약속을 어느 기간 정도로 유지할 것인가를 정하는 것이다. 보통 상대방과 약속을 한 후 상대방이 제대로 지키지 않을 때 내가 먼저 그 약속을 무효로 만드는 경우가 있다. 이를 방지하기 위해 나와 상대방이 어느 기간 동안 약속을 유지할 것인지, 즉 언제까지 이 약속을 유지할 것인지 정하는 것이다. 예를 들면, 1주일, 2주일, 1개월 등으로 약속을 정하는 것이 좋다. 만약 남자친구가 담배를 피우는 것 때문에 갈등이 생겨 이를 해결하기 위해 가장 좋은 해결 방안을 찾았다면, 하루아침에 금연을 하는 것은 어려우므로 적당한 기간을 정하는 약속을 하는 것이다.

갈등 해결을 위한 마지막 단계는 한번 약속한 것은 약속한 기간 동안 꼭 지속하도록 하는 약속 지키기 단계다. 일정 기간 동안 서로의 약속 이행을 지켜보기로 합의하였다면 그 기간을 지켜 주는 것이 중요하다. 하루는 노력을 하고 하루는 노력을 하지 않는 원 상태로 돌아가는 과정이 있기 마련인데, 이때 내가 바로 반응을 보이면서 상대방에게 훈계하고 잔소리를 하게 되면 상대방에게 책임감을 키워 줄 방법이 없어진다. 또한 약속을 지키기 위한 노력을 하고 싶지 않게 만들 수도 있다. 따라서 적어도 상대방이 약속 기간 동안 충분히 경험하고 스스로 평가해 볼 수 있도록 지켜봐 주어야 한다.

약속 기간이 지나고 나면 함께 평가하는 시간을 갖는 것이 중요하다. 상대방이 많이 나아졌다면 노력하는 모습 자체에 대해 충분히 인정해 주는 것이 좋다. 그 과정에 대해 함께 이야기 나누며 스스로 강화해 나갈 수 있도록 하면 좋다. 사람들에게는 성취감, 그리고 그에 따르는 자신감이 가장 강력한 강화 요인이다. 상대방이 자신의 노력으로 충분히 이루어 낼 수 있도록 "정말 애쓰셨어요." "당신이 그렇게 노력했다는 것이 정말 자랑스럽고 대견해요." 등으로 노력의 의미를 부각시켜 주어야 한다.

만약 약속한 것 중 50%만 지켰다고 하더라도, 노력한 부분에 대해서는 인정해 주면서 나머지 부분에 대해서는 다시 2단계로 돌아가 이야기를 나누는 것이 필요하다. 약속을 지키지 않았다 해도 감정적으로 부딪히기보다는 다시 2단계로 돌아가 상대방의 입장을 들어 보는 인내가 필요하다. 어쩌면 상대방의 입장에서 충분히 받아들이기 어려운 약속을 나의 압력 때문에 수동적으로 받아들인 것은 아닌지 검토해 본다. 설령 그렇다고 하더라도 다시 2단계로 돌아가 이야기 나누는 과정 자체는 의미 있는 시도다.

앞에서도 언급하였지만, 갈등 상황에 따라서는 '자신의 가치관'이 큰 원인이 될 수 있다. 사신의 입장을 주장하고 강조해도 상대방이 자기 주장을 굽히지 않을 경우, 그럼에도 불구하고 자신의 가치관을 계속 주장하기만 할 것인가? 적어도 갈등해결 2단계에서 '이해하기'에 해당되는 과정이 충분히 이루어졌다면 함께 방법을 찾아볼 수 있다. 그러나 이 과정에서도 상대방으로부터 이해할 수 없는 반응이나 생각이 나타날 수도 있는데, 이는 내가 원하는 바람직한 반응이나 생각을 타인에게 제대로 전달하지 못했다는 것과 같다. 바로 여기서 자기반성이 요구된다. 이처럼 상대방과 자신은 서로 영향을 주고받으며 '줄다리기'를 계속할 수밖에 없다. 이때 항상 문제가 되는 것은 '자신의 가치관'이 지나치게 경직되어 있는 양상, 즉 상대방이 자신의 입장을 아무리 이야기해도 수용되지 않으리라는 무력감을 느끼게 되는 상황, 또는 관계가 완전히 단절되는 상황이다. 때로는 '자신의 가치관'이 엄격하게 유지되어야 하지만, 상대방의 주장에 설득력이 있고 자신의 주장보다 낫거나 현실적이라 판단될 때에는 그 입장을 흔쾌히 수용할 수도 있다는 유연한 마음가짐과 태도가 밑받침되어야 한다.

안과 방법들 중에서 가장 좋은 방법이 무엇인지 선택하고 약속하기 단계다. 즉, 대안과 방법들 중 가장 좋은 해결 방법을 찾고 약속하는 것이다. 이때 적절한 타협점을 찾는 것이 중요하다. 제시된 방법들을 살펴보면서 서로의 의견을 나누면서 서로가 받아들일 수 있는, 즉 수용할 수 있는 방법을 선택하게 된다. 가능하면 자신은 어떤 노력을 할 것이며, 상대방도 어떤 노력을 하도록 상호 간의 약속을 정하는 것이 좋다. 상대방에게만 지켜야 할 약속을 부과하는 것보다는 갈등해결을 위해 나 자신도 함께하는 것이 효과적이기 때문이다.

약속하는 단계에서 중요한 것은 약속을 어느 기간 정도로 유지할 것인가를 정하는 것이다. 보통 상대방과 약속을 한 후 상대방이 제대로 지키지 않을 때 내가 먼저 그 약속을 무효로 만드는 경우가 있다. 이를 방지하기 위해 나와 상대방이 어느 기간 동안 약속을 유지할 것인지, 즉 언제까지 이 약속을 유지할 것인지 정하는 것이다. 예를 들면, 1주일, 2주일, 1개월 등으로 약속을 정하는 것이 좋다. 만약 남자친구가 담배를 피우는 것 때문에 갈등이 생겨 이를 해결하기 위해 가장 좋은 해결 방안을 찾았다면, 하루아침에 금연을 하는 것은 어려우므로 적당한 기간을 정하는 약속을 하는 것이다.

갈등 해결을 위한 마지막 단계는 한번 약속한 것은 약속한 기간 동안 꼭 지속하도록 하는 약속 지키기 단계다. 일정 기간 동안 서로의 약속 이행을 지켜보기로 합의하였다면 그 기간을 지켜 주는 것이 중요하다. 하루는 노력을 하고 하루는 노력을 하지 않는 원 상태로 돌아가는 과정이 있기 마련인데, 이때 내가 바로 반응을 보이면서 상대방에게 훈계하고 잔소리를 하게 되면 상대방에게 책임감을 키워 줄 방법이 없어진다. 또한 약속을 지키기 위한 노력을 하고 싶지 않게 만들 수도 있다. 따라서 적어도 상대방이 약속 기간 동안 충분히 경험하고 스스로 평가해 볼 수 있도록 지켜봐 주어야 한다.

약속 기간이 지나고 나면 함께 평가하는 시간을 갖는 것이 중요하다. 상대방이 많이 나아졌다면 노력하는 모습 자체에 대해 충분히 인정해 주는 것이 좋다. 그 과정에 대해 함께 이야기 나누며 스스로 강화해 나갈 수 있도록 하면 좋다. 사람들에게는 성취감, 그리고 그에 따르는 자신감이 가장 강력한 강화 요인이다. 상대방이 자신의 노력으로 충분히 이루어 낼 수 있도록 "정말 애쓰셨어요." "당신이 그렇게 노력했다는 것이 정말 자랑스럽고 대견해요." 등으로 노력의 의미를 부각시켜 주어야 한다.

만약 약속한 것 중 50%만 지켰다고 하더라도, 노력한 부분에 대해서는 인정해 주면서 나머지 부분에 대해서는 다시 2단계로 돌아가 이야기를 나누는 것이 필요하다. 약속을 지키지 않았다 해도 감정적으로 부딪히기보다는 다시 2단계로 돌아가 상대방의 입장을 들어 보는 인내가 필요하다. 어쩌면 상대방의 입장에서 충분히 받아들이기 어려운 약속을 나의 압력 때문에 수동적으로 받아들인 것은 아닌지 검토해 본다. 설령 그렇다고 하더라도 다시 2단계로 돌아가 이야기 나누는 과정 자체는 의미 있는 시도다.

앞에서도 언급하였지만, 갈등 상황에 따라서는 '자신의 가치관'이 큰 원인이 될 수 있다. 자신의 입장을 주장하고 강조해도 상대방이 자기 주장을 굽히지 않을 경우, 그럼에도 불구하고 자신의 가치관을 계속 주장하기만 할 것인가? 적어도 갈등해결 2단계에서 '이해하기'에 해당되는 과정이 충분히 이루어졌다면 함께 방법을 찾아볼 수 있다. 그러나 이 과정에서도 상대방으로부터 이해할 수 없는 반응이나 생각이 나타날 수도 있는데, 이는 내가 원하는 바람직한 반응이나 생각을 타인에게 제대로 전달하지 못했다는 것과 같다. 바로 여기서 자기반성이 요구된다. 이처럼 상대방과 자신은 서로 영향을 주고받으며 '줄다리기'를 계속할 수밖에 없다. 이때 항상 문제가 되는 것은 '자신의 가치관'이 지나치게 경직되어 있는 양상, 즉 상대방이 자신의 입장을 아무리 이야기해도 수용되지 않으리라는 무력감을 느끼게 되는 상황, 또는 관계가 완전히 단절되는 상황이다. 때로는 '자신의 가치관'이 엄격하게 유지되어야 하지만, 상대방의 주장에 설득력이 있고 자신의 주장보다 낫거나 현실적이라 판단될 때에는 그 입장을 흔쾌히 수용할 수도 있다는 유연한 마음가짐과 태도가 밑받침되어야 한다.

상대방과 갈등의 골이 깊은 경우에는 이러한 과정들이 '과연 될까?' 하는 의구심이 들 수도 있다. 그러나 갈등 해결의 주체는 그 두 사람 모두이며, 이 두 사람은 서로의 입장을 충분히 이해할 수 있도록 대화와 의사소통에 최선을 다해야 한다. 갈등 상황을 갖고 나와 상대방이 함께 밀고 당기면서 부대끼는 과정은 그 자체로서 중요한 의미다. 즉, 갈등 상황을 피하거나 무시하는 '회피적 반응', 부딪히고 깨지는 '적대적 반응'은 모든 사람의 관계에서 별로 효과적이지 못하다. 서로의 입장을 충분히 이해하고 타협점을 찾아 나가는 과정을 상대방과의 관계에서 경험할 수 있다면 대인관계의 핵심능력인 갈등 상황을 해결할 수 있는 능력을 키울 수 있다. 친구관계에서의 다양한 갈등 혹은 직장 및 사회생활에서 일어나는 타인과의 다양한 갈등을 잘 풀려 나갈 수 있도록 준비된 인간이 되어야 할 것이다.

2) 갈등을 해결하면서 살아야만 하는 것인가

앞서 제시한 '갈등 상황 해결을 위한 5단계'는 상대방과 갈등 상황이 반복될 때 적용해 볼 만하다. 그런데 상대방과 갈등을 겪을 때 모든 상황을 해결하면서 살 수 있을까? 직접적 해결만이 능사일까?

인간은 개인 내적으로 사소한 문제부터 인생의 큰 고민에 이르기까지 항상 갈등하면서 살아간다. 우리는 가정에서는 부모-자녀 갈등, 형제·자매들과의 갈등, 시부모와의 갈등, 처가와의 갈등 등의 갈등이 존재하기도 하고, 직장에서는 상사와 부하직원의 갈등, 동료 간의 갈등이 존재하며, 친구들과의 갈등 이외에 사회에서의 문화 차이로 인한 지인들과의 관계 속에서 갈등을 겪으며 다양한 갈등 속에서 살아간다.

중요하고 반복적인 갈등은 회피하지 않고 해결할 수 있도록 방법을 모색하는 것이 중요하지만, 사소하거나 작은 갈등, 즉 큰 문제로의 발전 가능성이 없는 작은 문제들은 '그러려니~' 하고 살아가는 느긋함이 필요할 때도 있다.

즉, 매사에 문제와 갈등 상황의 해결에 너무 집착하기보다는 '그럴 수도 있지 ~' 하는 여유를 가지는 것이 중요하다. 특히, 가족이나 가까운 사람 사이의 갈등은 상당 부분 자신의 가치관, 불안, 욕심, 조급함 등의 부정적 정서에서 비롯된다. 의사소통 교육에서 많은 사람들이 의심하지 않고 믿어 주기, 시간을 끌어주기, 모른 척 해 주기, 기다려 주기, 너무 걱정하지 않기, 있는 그대로 바라봐 주기, 거리 두기 등을 이야기하는 것도 어쩌면 이러한 맥락이라 생각할 수 있다.

문제를 해결하려고 하기보다는 자신의 상태를 점검한다면, 즉 갈등 해결에서 바로 상대방을 변화시키려고 하기보다는 자신의 인내와 감정 조절이 우선이라는 방식으로 대처할 수도 있다. 또한 상대방과의 관계에서 어떤 갈등이 발생했을 때 '터널 시야', 즉 좁은 시야로 그 상황에만 집중한 것은 아닌지를 생각해 보고, 다른 긍정적인 부분들에 대해서도 골고루 균형감각을 유지하면서 살펴보는 것도 중요하다. 때로는 갈등의 당사자인 자신과 상대방 간에 직접적인 해결을 모색하기보다는 제3의 인물, 즉 자신과 상대방에게 의미 있는 어떤 사람에게 중재를 요청함으로써 갈등을 줄여 나갈 수도 있다. 또한 문제를 줄여 나갈 수 있는 긍정적인 측면을 찾아 지속적인 강화를 하고, 긍정적 측면을 극대화시켜 갈등의 원인들을 점차 감소시킬 수도 있다. 상대방이 나에게 저항을 보일 때 나에 대한 도전으로 받아들이고 있는 것은 아닌지, 상대방의 주장이 옳을 때 나의 주장을 내세우지 않고 상대방의 주장을 잘 수용하는지, 아주 중요한 가치에 대해서는 서로 대화를 통해 상대방을 설득하고 있는지, 또는 나와 다른 세대와 문화적 차이를 인정하고 이해하고 있는지에 대한 물음을 지속적으로 함으로써 갈등 상황이라고 생각하는 것들에 대해 좀 더 넓은 시각을 가지고 다양한 자원과 대처 방식을 검토하여 활용할 수 있는 문제해결 능력을 갖추어야 할 것이다.

3) 효과적인 갈등관리를 위한 노하우

가정 · 학교 · 직장 · 사회 생활에서의 크고 작은 갈등, 그리고 지역 · 인종 · 종교 갈등까지, 갈등의 상황은 삶의 곳곳에서 생길 수밖에 없다. 특히 학생들은 대학에서의 자유스러운 분위기에서 생활하다가 취업을 하게 되면, 조직생활의 초기에 직장의 위계적인 인간관계 구조에 적응하기가 쉽지 않다. 따라서 직장의 조직 구조의 특성을 잘 파악하여 그에 맞는 적절한 행동을 하는 것이 중요하다. 상사와 선배 및 동료에 대한 존중과 업무에 대한 열정을 가지고 직장생활을 하는 태도를 갖추어야 한다. 또한 눈에 보이거나 혹은 보이지 않는 명시적이며 암묵적인 기대와 규칙을 잘 지키는 것도 중요하다. 어떤 직장이든 고용주나 직장상사는 부하직원에 대해서 여러 가지 기대를 가지고 있다. 이러한 기대를 잘 파악하여 그에 부응하는 노력이 필요하다. 흔히 부적절한 옷차림으로 출근을 하거나, 근무시간을 어기거나, 예의 없는 말투로 상대방을 대하거나, 지나치게 개인주의적인 행동 등의 미숙한 처신은 직장에서의 인간관계 적응에 어려움을 초래할 수 있다.

(1) 조직에서의 갈등 이해하기

직장은 인생의 보람을 얻는 곳인 동시에 스트레스의 근원이기도 하다. 직장인이 직장생활에서 경험하는 스트레스는 매우 다양하지만, 크게 직무 스트레스와 인간관계 스트레스로 구분될 수 있다. 직무 스트레스(jop stress)는 직책과 관련된 업무를 수행하는 과정에서 경험하는 다양한 스트레스를 의미한다. 예를 들면, 과중한 업무, 업무 완수를 위한 시간적 압박, 업무 성과에 대한 책임, 업무 성과에 대한 부정적 평가나 부당한 평가, 일에 대한 보상 부족이나 불공정한 승진, 열악한 업무환경 등이 직무 스트레스에 속한다.

또한 직장인은 업무 수행 과정에서 상하, 좌우의 상사 및 동료 직원들과 교류하는 과정에서 갈등을 경험하게 된다. 직장에서의 인간관계 스트레스는 이처럼 업무보다는 직장 구성원과의 공적·사적 인간관계 속에서 경험하게 되는 심리적 부담과 갈등을 의미한다(Cooper, 1986). 일반적으로 직장에서의 인간관계 스트레스는 직무 스트레스보다 더 고통스럽게 느껴지며, 직장 부적응의 주요한 원인이 되고 있다. 직장인이 직장에 불만을 느끼고 전직이나 이직을 고려하는 주요한 이유 중의 하나가 직장에서 느끼는 인간관계의 갈등과 스트레스다. 또한 이러한 인간관계 스트레스는 직무 동기를 저하시키고 업무 수행의 효율성을 떨어뜨려 직무 스트레스를 야기하기도 한다. 직장에서 느끼는 인간관계 스트레스는 매우 다양하다. 이러한 스트레스는 개인이 근무하는 직장의 전반적 분위기, 직장 구성원의 특성, 직장에서의 지위 등에 따라 그 내용이 다르다. 직장에서의 인간관계 갈등에는 상사와의 갈등, 동료 직원과의 갈등, 직장과 가정과의 갈등, 직장 문화 부적응 등을 들 수 있다.

직장에는 상사와 부하직원 간의 갈등이 많다. 직장은 업무 수행을 위한 위계적 조직사회이기 때문에 업무를 지시하는 상사와 이를 수행하는 부하 간에 갈등이 생겨나기 쉽다. 부하직원이 불만을 느끼는 상사의 유형에는 부당하고 무리한 업무를 강요하는 상사, 평소 업무 지시나 언행에 있어서 부하를 비인격적으로 대하는 상사, 부하직원의 능력을 무시하고 부하직원의 업무 수행에 대한 정당한 평가나 보상을 해 주지 않는 상사, 특정한 부하직원을 편애하거나 홀대하는 상사 등이 있다. 이러한 상사와 불편한 관계를 맺은 채 직장생활을 지속하는 것은 매우 고통스러운 일이다.

이에 비해 상사가 불만을 느끼는 부하직원에는 지시한 일을 제대로 수행하지 못하는 부하, 사사건건 이의를 제시하고 저항하는 부하, 상사에 대한 예의나 존중하는 태도가 없는 부하, 조직의 규율을 지키지 않고 제멋대로 행동하는 부하, 조직에 대한 소속감이 없이 개별적으로 행동하는 부하 등이 있다. 흔히 상사에게 불만을 지닌 부하직원은 직접적으로 불만을 표현하기 어렵기 때문에 업무를 소홀히 하거나 다른 일에서 이의를 제기하는 등 간접적으로 불만을 표현하는 경우가 많다. 상사 역시 부하의 이러한 태도에 불만을 느끼게 되어 더욱 비판적인 행동을 보이게 됨으로써 상사와 부하직원의 관계가 점점 더 악화되는 악순환을 형성할 수 있다.

상사와 부하의 관계는 상호작용적이다. 대부분의 상사는 부하직원의 태도에 따라 그를 대하는 태도가 달라진다. 마찬가지로, 부하직원의 행동은 상사가 어떻게 그를 대하느냐에 달려 있다. 원만한 상사-부하의 관계를 위해서는 상사는 부하를 존중하고 부하는 상사를 존경하는 태도가 필수적이다.

동료와의 갈등관계에서 동료는 흔히 나이나 지위가 비슷하기 때문에 매우 친밀한 동료관계를 맺을 수 있지만, 상사의 업무 지시를 공동으로 수행하는 경우, 업무 배분과 수행 과정에서 업무가 공정하게 배분되지 못하거나 업무를 수행하는 방식에 차이가 있어 갈등이 유발되기도 한다. 동료는 협력자인 동시에 경쟁자이기도 하다. 직장에서는 진급과 승진이 커다란 보상이다. 그러나 승진할 수 있는 직위는 제한되어 있기 때문에 동료직원과의 상대적 평가에 의해 자신의 업무 성적이 평가되고 승진 여부가 결정되는데, 이때 동료직원의 우수한 업무 성적은 자신의 승진 가능성이 감소함을 의미할 수 있다. 이러한 관계에서 흔히 동료는 상사에게 자신의 능력을 증명하기 위해 업무 수행이나 상사와의 개인적 유대관계를 형성하기 위해 충성 행동을 경쟁적으로 하게 되다 보니 갈등이 생겨나게 된다. 뿐만 아니라, 업무를 수행하는 과정에서는 흔히 다른 부서의 직원과 도움을 주고받는 관계를 맺게 되는데, 이러한 과정에서 다른 부서 직원과 갈등이 유발될 수 있으며, 이러한 갈등으로 인해 부서 간의 협조가 잘 이루어지지 않는 경우도 있다.

또한 직장생활에 전념하다 보면 가정생활이 소홀해지고, 가정생활에 충실하다 보면 업무 수행이 저하되기도 한다. 이처럼 직장생활과 가정생활 간의 갈등을 직장-가정 갈등(work-family conflict: WFC)이라고 한다(장재윤, 김혜숙, 2003). 예를 들면, 야근으로 가사를 하지 못하거나 자녀와 함께 지내지 못하는 경우, 자녀나 배우자의 질병으로 인해 결근하는 경우 직장-가정 갈등을 심하게 경험하게 된다. 직장과 가정에서의 역할로부터 나오는 요구들 간의 균형을 잡는 일은 개인뿐만 아니라 조직에게도 중요한 과제다.

모든 조직은 특정한 조직 구성원들이 공유하고 있는 언어, 가치, 태도, 신념, 관습 등을 가지고 있는 조직문화가 있다. 예를 들어, 군대 조직은 독특한 군대문화를, 기업체는 각기 독특한 기업문화를 가지고 있다. 어떤 직장은 직원 간의 위계질서가 매우 강하여 상사의 지시에는 무조건적으로 순종해야 하며 상사의 업무지시가 매우 권위적이고 공격적인 경우, 어떤 직장은 직원들 간의 정서적인 유대를 형성하기 위해 자주 회식, 술자리, 오락, 유흥을 하며 모든 직원이 이에 참여하기를 강요하는 경우도 있다. 이러한 직장 문화가 개인의 성격이나 가치관에 맞지 않으면 적응하기 어려우며 스트레스를 유발하기도 한다. 이 밖에도 직장의 인사이동에 의해 새로운 부서나 낯선 근무지로 옮겨 새로운 인간관계를 맺어야 하는데, 작은 부서이동이나 전근은 새로운 인간관계의 형성이라는 스트레스를 주게 될 뿐만 아니라 먼 근무지로 옮겨야 하는 경우에는 가족 전체가 이사를 하거나 가족과 떨어져 지내야 하는 경우 가정생활이나 가족과의 관계에 많은 변화를 가져올 수 있다. 이처럼 대부분의 직장에는 구성원 간의 인간관계에 영향을 미치는 나름대로의 독특한 문화가 있다. 그러나 새로운 직장에서 이러한 직장문화에 적응하지 못하여 어려움을 겪는 사람들이 있다.

직장인의 스트레스와 인간관계 갈등은 우연이든 필연이든 발생될 수밖에 없다. 따라서 발생되는 갈등상황을 효과적으로 관리하기 위해서는 우선 갈등을 수용하고 효과적으로 관리하는 것이 중요하다.

현대 조직의 모순은 사람들이 조직에서 개인적 성장, 기술개발, 타인과의 교류 기회를 가지면서도 한편으로는 불안전성, 모호성, 타인과의 경쟁, 일로부터의 무자비한 압박감을 겪는다는 것이다(Parker & Sprigg, 1999).

(2) 갈등을 다루는 다섯 가지 방법

루로프(Lulofs, 1994)는 사람들이 보통 갈등 상황에 처하게 되면 다음과 같은 다섯 가지 갈등 해결 방법 중 하나를 선택하여 사용한다고 말한다. 루로프는 갈등 해결 방법을 자신에 대한 만족 차원과 타인에 대한 관심 차원이 있다고 보고, 이 두 가지 차원을 조합하여 갈등해결 방법을 회피/철회, 조정, 경쟁과 강요, 협력, 타협으로 분류하였다.

- 회피/철회: 갈등은 나쁜 것이며 가능한 한 피하는 것이 좋다는 신념을 가지고 있을 때 사용
- 조정: 갈등을 불편해하지만 갈등을 무시하지 않고 최대한 빨리 종결지으려고 노력. 상대방의 주장이나 권리를 쉽게 받아들이고 항복하듯이 갈등 해결
- 경쟁과 강요: 타인의 안정과 이익보다는 자신의 것이 더 중요하며 상대방과 경쟁하고 힘을 사용해서 강요 · 강압하려는 것
- 타협: 갈등이 생길 때 서로가 원하는 것을 듣고 서로 부분적으로 만족할 수 있는 부분을 찾으려는 성숙한 노력
- 협력: 서로의 이득이 최대가 되도록 하기 위해 서로 양보하고 포기해야 할 문제를 찾는 것보다는 서로에게 가장 좋은 방법을 찾기 위해 노력

회피/철회는 자신과 타인에 대한 관심이 낮은 사람들의 갈등 대처 방식이다. 갈등은 나쁜 것이며 가능한 한 피하는 것이 좋다는 신념을 가지고 있을 때 사용하는 방식이다. 사람들은 갈등이 생길 때 여러 가지 방법으로 갈등을 회피하는데(화제 바꾸기, 웃기는 말과 행동으로 초점을 흐리고 넘어가기, 자리를 뜨거나 뭔가 다른 것에 몰두해 있는 것처럼 보이면서 넘어가기 등), 이는 갈등이 드러나지 않기 때문에 조용해 보이고 관계가 잘 유지되는 것처럼 보일 수 있으나 결과적으로 서로에게 '패'가 되는 방법이다.

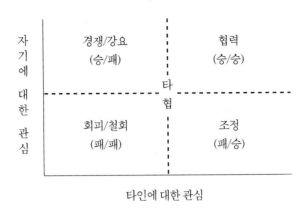

[그림 11-2] 대인 갈등을 다루는 다섯 가지 방법(Lulofs,1994)

조정은 자신에 대한 관심은 낮고 타인에 대한 관심이 높은 사람이 보이는 갈등 대처 방식이다. 이 방법을 사용하는 사람 역시 갈등을 불편해하지만 갈등을 무시하지 않고 최대한 빨리 종결지으려고 노력한다. 자신의 주장이나 권리를 내세우기보다는 상대방의 주장이나 권리를 쉽게 받아들이고 항복하듯이 갈등을 해결하고 자신은 '패'하고 상대방은 '승'하는 갈등해결 방법이다. 초기에는 유용할지 모르지만 관계가 진척되고 이런 갈등 방법이 자주 사용될수록 관계에서 불균형이 초래된다.

경쟁과 강요는 자신에 대해서는 관심이 높고 타인에 대해서는 관심이 낮은 사람이 보이는 갈등 대처 방법으로 타인의 안정과 이익보다는 자신의 것이 더 중요하다고 보고 상대방과 경쟁하고 힘을 사용해서 강요·강압을 사용한다. 경쟁자인 이들은 자신의 주장과 권리를 관철하기 위해 상대방을 항복시키려는 방법을 사용하여 자신은 '승'하지만 타인은 '패'하게 함으로써 게임에서 이기려고 한다. 그러나 친밀한 관계에서 이런 방식이 자주 사용되면 '패'한 사람은 자존감이 떨어질 뿐만 아니라 관계의 불균형을 초래하게 된다.

타협은 나에 대한 관심과 타인에 대한 관심이 적당한 사람이, 서로 간의 욕구 차이를 인정할 때 사용하는 방법이다. 갈등이 생길 때 서로가 원하는 것을 듣고 서로 부분적으로 만족할 수 있는 부분을 찾으려는 성숙한 노력이다.

협력은 자신과 타인에 대한 관심이 매우 높은 사람이 채택하는 방법이다. 이들은 갈등을 상호 간에 해결되어야 할 '우리' 문제로 인식하기 때문에 서로의 이득이 최대가 되도록 하기 위해 성실하게 노력해야 한다. 서로 양보하고 포기해야 할 문제를 찾는 것보다는 서로에게 가장 좋은 방법을 찾기 위해 노력하며 서로에게 '승–승' 할 수 있는 방법이다.

(3) 갈등을 효과적으로 관리하기

갈등을 효과적으로 관리하면 갈등의 순기능이 작용하여 '우리'에게 도움이 된다. 갈등을 효과적으로 다루기 위해서는 다음과 같이 노력해야 한다.

첫째, 갈등 상황에서 의심스러운 점이 있을 때 그것을 상대방에게 유리한 방식으로 해석해 주려고 노력한다.

둘째, 상대방을 동등한 위치로 생각하고 접근한다. 상대방을 힘으로 내리누르려고 한다거나, 권위를 가지고 압력을 가한다거나 하는 것은 갈등 해결에 도움이 되지 않는다. 존중하는 태도로 상대방에게 동등하게 접근한다.

셋째, 갈등을 이기려고 경쟁하는 태도로 접근하기보다는 문제를 협동적으로 해결해야 할 상호적 문제로 규정한다.

넷째, 충분한 시간을 갖고 갈등 해결에 임한다. 갈등에 대해서 서로 얘기를 나눌 때는 전화나 타인의 등장, 업무로 방해받지 않고 충분히 대화할 수 있는 시간과 장소를 정해서 임하는 것이 도움이 된다.

인간관계에서의 갈등을 더 효과적으로 다루는 데 도움이 되는 지침을 살펴보면 다음과 같다.

첫째, 갈등 관계에 있는 사람과 대화할 때는 정직하게 개방적으로 한다.

둘째, 상대방의 문제에 대해 언급할 때는 문제가 된 특정한 행동만을 언급한다. 그 사람의 성격적인 문제와 과거에 있었던 문제까지 싸잡아서 언급하지 않도록 주의한다.

셋째, 상대방을 자극할 수 있는 단어 사용을 피한다. 갈등 상황에서는 한마디 단어로도 격앙될 수 있다. 화해적인 몸짓을 사용한다.

넷째, 상대의 체면을 살려 주어야 한다. 우리나라는 '체면' 문화를 가지고 있다. 그러므로 막다른 길로 몰지 말라.

다섯째, 나 전달법을 사용한다. "당신 때문에 내가 미칠 것 같아요." 라는 말 대신 "당신이 나에게 그렇게 말씀하실 때 저도 어떻게 해야 할지 몰라 무척 화가 나기도 해요."라고 말하는 것이 좋다. 갈등해결을 위한 노력은 갈등을 완전히 피할 수는 없지만 최소한 그로 인한 부정적 결과는 최소화할 수 있음을 명심하라.

만약 당신이 관리자라면 갈등을 효과적으로 해결하는 것은 더욱더 중요한 과제다. 관리자로서 갈등을 효율적으로 관리하는 지침을 살펴보면 다음과 같다.

첫째, 조직에 속한 사람들과 평상시 관계를 긴밀히 할 필요가 있다. 서로에 대한 신뢰감이라는 감정통장 계좌에 잔고를 많이 남겨야 한다. 갈등이 생겼을 때 그것을 해결하려고 노력하는 것은 많은 시간과 노력이 필요하지만 성과는 상대적으로 적다. 갈등이 생기기 전에 좋은 관계를 맺어서 신뢰를 높여 놓는 것이 무엇보다 중요하다고 볼 수 있다. 그러기 위해서 평상시 그들의 장점과 잘하는 것 등을 관찰하고 긍정적인 피드백을 하는 것이 좋다.

둘째, 동료들끼리 갈등을 겪고 있을 때, 또는 조직과 갈등에 있을 때 언제든지 찾아와 이야기할 수 있는 분위기를 만든다. 갈등은 초기에 발견되고 효과적으로 대처하게 되면 더욱 쉽게 해결 될 수 있다. 산불의 초기 진압이 중요한 것과 같다. 갈등을 혼자서만 다 해결하려고 노력하기보다는 관리자인 당신에게 가지고 와서 의논하는 것이 더 나은 방법이라는 것을 알도록 도와주는 것은 아주 좋은 방법이다.

셋째, 갈등의 원인을 직간접적으로 분석하여 갈등에 대한 이해를 높인다. 갈등에 대해 충분히 이해할수록 더욱 효과적으로 해결할 수 있다.

(4) 갈등해결 관리를 돕는 전략

하나의 문제에는 여러 개의 해결방안이 있을 수 있다. 심리적 고민에 싸여 있는 사람들은 그 순간에 여러 각도에서 해결할 수 있는 다양한 대안들에 대해 생각해 볼 겨를이 없다. 따라서 앞에서도 제시했듯이 두 사람 중 한쪽에서 문제를 제기한 당사자에게 갈등 상황을 해결할 수 있는 다양한 대안을 탐색해 보도록 중지수렴(衆智收斂), 즉 브레인스토밍의 기회를 제공할 수 있다. 상대방에게 브레인스토밍의 기회를 줄 때 고려할 사항은 다음과 같다.

첫째, 어떤 문제를 해결하기 위한 대안을 다양한 각도에서 탐색해 보도록 촉구하기 위하여 질문자가 엉뚱하고 기발한 한두 가지의 대안을 먼저 제시하여서 대안 탐구에 대한 동기와 호기심을 유발한다.

둘째, 상대방이 도출해 낸 대안에 대하여 좋다, 나쁘다는 평가를 하지 않는다. 도출한 대안에 대하여 평가적 발언을 하게 되면 다양한 아이디어의 산출이 감정적으로 위축되어 더 이상 이야기를 하지 않기 때문이 도출된 대안들 중에서 현실적이고 유익하고 실용 가능한 것을 선택하는 일은 최후에 이루어져야 한다.

예를 들어, "자, 당신은 힘겹고 지친 ○○상황을 극복해 나가기 위해서는 무엇을 해야 한다고 생각하시나요? 어떤 좋은 방법들이 있을까요? 우리 함께 생각해 볼까요? 우선은 ○○의 면을 검토해 보고 나서, 다음에는 △△의 면을 생각해 볼까요?"라고 질문할 수 있다.

한쪽은 도움을 요청하는 입장이고 다른 쪽은 도움을 제공하는 입장에서는 대안 탐색의 과정이 비교적 쉽게 이루어진다. 그러나 이때 이야기를 주고받는 두 사람 사이에 이해 상관과 욕구가 서로 다르면, 쌍방이 모두 만족할 만한 해결 방안을 찾아가도록 대화를 이끌어 가기가 쉽지 않다. 각자의 욕구와 가치관이 다를 때 서로 만족할 만한 해결방안을 모색하고 합의를 이끌어 내는 데는 그만큼 성숙한 인격과 고도의 의사소통의 기술이 필요하다. 두 사람이 서로에 대한 차이가 많다고 하더라도 두 사람의 차이점에만 주의를 집중하는 것보다는 공유하는 삶의 목적, 우선순위와 욕구가 무엇인지를 망각하지 않아야 한다. 공통의 목적을 달성하기 위하여 서로 다른 생활양식, 취미, 가치관을 조정하도록 노력해야 한다. 이것은 두 사람이 상호 창조적으로 갈등을 풀어 나가는 행위이자 갈등 상황을 포용하여 효과적으로 대처하는 것이다. 두 사람이 합의점을 찾는 대화 방법이란 진지한 이야기를 통하여 두 사람의 견해, 욕구, 감정상의 차이점과 더불어 자신들이 가지고 있는 공통점을 찾아내는 것이다.

합의를 도출하기 위한 대화를 잘 이끌어 가는 전략으로는 대화 시간을 정하고, 상대방에게 자기의 소신과 감정을 피력할 기회를 주며, 자기 자신의 감정을 표현하게 하는 자세가 필요하다. 대화를 시작하여 두 사람이 비교적 만족스러운 합의점을 이끌어 내기까지는 서로가 상대방의 이야기를 잘 들어 주고 그의 마음을 잘 이해하려는 자세가 필요하다. 어떤 문제를 논의하기 전에 상대방과 내가 마음을 안정시키고 생각해 볼 시간을 갖는 것은 지혜롭고 현명한 처사다. 따라서 문제가 발생하면 곧바로 그 자리에서 해결하려 하기보다는 먼저 서로가 대화할 의사가 있는가를 확인하고 나서 대화의 시간을 정해야 한다. 또한 상대방이 말할 때는 도중에 말을 중단시키거나 끼어들지 않도록 해야 한다. 상대방의 말을 듣고 그것을 비평하거나 자기 본위로 해석하거나 '위선자' '거짓말' 등의 말로 비난하지 않는 것도 중요하다. 그리고 당신이 상대방의 이야기를 제대로 이해하고 있다는 것을 알려 주는 것도 중요하다. 상대방의 말을 앵무새처럼 그대로 따라 하는 '앵무새 노릇하기'의 기법이나 "내가 당신 말을 제대로 이해했나요?"와 같은 지각 확인의 질문을 하도록 하는 것이 좋다.

우리는 상대방이 내가 일일이 말해 주지 않아도 잘 알고 있을 것이고 내가 요구하기 전에 자기 쪽에서 알아서 잘 응대해 줄 것이라는 기대를 갖지만, 이것은 매우 비현실적인 기대다. '사랑하는 사람의 마음은 눈빛만 보아도 다 알 수 있다.'라는 것은 사실이 아니므로 자신의 생각과 느낌을 반드시 표현하는 것이 중요하다. 이때 조심할 것은 차분한 태도와 안정된 목소리로 말하고, 사건이 발생하면 그날 전후로 가까운 시간 또는 시일 안에 그 문제를 짚고 넘어

가도록 한다. 한 번에 한 가지 주제만 이야기하고, 고함이나 위협, 폭력은 사용하지 않고, '항상' '절대로'라는 말 대신에 '대부분' '되도록이면'이라는 표현을 함으로써 극단적인 단어 사용을 자제한다. 심각한 갈등 상황에 처해 있다 하더라도 일단 대화를 시작하게 되면 상대방의 인간적 가치를 존경해 주는 입장에서 마무리하도록 하고, 가능한 한 공통점을 찾아 합의점에 이르게 하며, 대화에 응한 사실에 대하여 감사를 표시하는 것으로 마무리하는 것이 좋다.

☞ 생각하고, 활동하고, 느끼기

◆ 갈등사례를 활용한 문제해결 연습하기

1. 자신의 문제해결 행동을 탐색해 봅시다.

갈등이 생기면 어떻게 하시나요?	나	타인
자신의 생각이 옳다고 주장하기		
별일이 아닌 것처럼 행동하기		
소리 지르기		
때리기		
울기		
이야기 주제 바꾸기		
다른 측면을 보려고 시도하기		
지인에게 불평하기		
다른 사람에게 도움 요청하기		
물건 집어 던지기		
그냥 내버려 두기		
농담하기		
사과하기		
타협점을 찾으려고 노력하기		
감정이 상하지 않은 것처럼 행동하기		
피하거나 무시하기		
그 자리를 피하기		
둘 다 동의할 수 있는 방법 찾기		

2. 다양한 상황에서의 갈등해결을 연습해 봅시다.

최근 일어났던 갈등 상황을 떠올려 보세요.	나의 생각과 감정과 행동은?	다르게 대처했었다면 어떻게 되었을까요?

3. 교양 있고 세련되게 부탁하고, 거절하기, 칭찬하기를 연습해 봅시다.

• 교양 있고 세련되게 부탁하기

누군가에게 당신이 원하는 것을 부탁하려면 즉흥적으로 말하기 전에 부탁할 때 어떤 말을 할 것인지 준비해야 합니다. 미리 분명하고 세련된 말을 적어 보고 거울 앞에서 연습해 봅시다. 그리고 상대방과 대화하는 시간을 정하고 실제로 주장하고 표현하고 싶은 말을 나누어 봅시다.

• 다음의 표에 부탁하고 싶은 말을 미리 적어 보세요.

상황	내용
누구에게	
내가 원하는 것은	
언제	
어디서	
관련된 사람	

◆ 부탁하기 요령 및 유의사항

- '나-전달법'의 형태로 전달하도록 하며, 끝의 어구를 다음과 같은 질문 형태로 요청하는 것이 세련된 기술이다.

"…하고 싶은데, 함께 …해 보실 수 있을까요?(How about…?)"

"…해 주시겠습니까?(Could you…? Would you please…?)"

"…해도 좋을까요?(May I…?)"

- 요청은 분명하고 직접적이고 무비판적인 형태로 말할 수 있을 때까지 연습-연습-연습을 거듭한다. 그런 다음에 시도하라.
- 상대방과 대화하기 편한 시간과 장소를 정하라.
- 상대방이 할 수 있는 한두 가지의 구체적인 행동을 요청함으로써 부담감이나 저항을 피하라.
- 비난하거나 공격하는 방식은 지양하라.
- 신체언어를 사용하라. 시선을 부드럽게, 앉거나 설 때는 반듯하게, 팔다리를 꼬지 말고 정돈된 자세 유지는 기본이다. 불만스럽거나 변명적이 어투가 아닌, 분명하고 확실한 어조로 말하라.
- 원하는 것을 말함으로써 얻을 수 있는 긍정적인 결과와 부정적인 결과에 대해 먼저 상기해 보라.
- 만약 당신의 요청이 거절되면 그에 대한 대안을 가지고 있어야 한다. 타인으로부터 부탁을 거절당하면 그 거절을 받아들일 준비가 되어 있어야 한다.
- 상대방의 대답에 당신의 감사, 수용, 실망 등의 태도를 표현한다.
- 상대방이 당신이 요청을 거절한다고 해서 그 상황과 일만을 거절하는 것이지 당신 자체를 거부하는 것은 아니라는 것을 명심하라.
- '미안하다.' 혹은 '죄송하다.'는 말은 꼭 그렇게 느낄 때 진심으로 이야기하라.
- 상대방이 당신의 부탁을 거절했음에도 불구하고 당신의 생각을 이야기하고 싶을 때는 먼저 상대방이 한 말을 '앵무새 노릇하기'로 따라 하면서 동의를 표명하고, 이어 당신의 요구 사항을 말하고 그 이유를 간단하게 덧붙이는 것이 좋다.
- 상대방의 침묵도 존중하고, 필요할 때 침묵하라.

◆ 거절하는 요령 및 유의사항

- 상대방의 자존심을 상하게 하지 않는 방법으로 거절하기란 쉬운 일이 아니라는 것을 생각하라. 완곡하고 배려적이되, 간결한 말로 거절하는 것이 중요하다.
- 자신의 의견을 확실히 밝힌다. 상대방의 요청을 들어줄 것인지 거절할 것인지 밝히기 어려울 때는 생각할 시간을 가지도록 한다. 그리고 나서 솔직하려고 노력한다.
- 일단 자신의 의견을 밝혔어도 당신의 마음은 바꿀 수 있는 권리가 있다.

- 대답은 간단히 한다. 그리고 변명하지 않는다.
- '미안하다.'라는 말은 꼭 그렇게 느낄 때만 사용하며, 지나치게 사과하지 않도록 한다.
- 대안을 제시할 수 있도록 한다. "다음에 만날까요?" "저는 불가능한데 다른 분을 소개시켜 드릴까요?" 등
- 거절했음에도 불구하고 상대방이 계속해서 부탁하면 담담하고 단호하고 간결하게 거절하면 된다. "제가 불가능하다고 말씀드렸는데 계속 부탁을 하시니, 마음이 너무 불편합니다. 안 됩니다."

◇ 칭찬하는 요령과 칭찬받는 요령
- 진심으로 칭찬하라.
- 듣고 싶어 하는 말이 무엇일까를 생각해 보고 상대방의 장점과 개성을 발견하여 칭찬하라.
- 상대방이 당신에게 미친 영향력이 있다면 감사함을 표하고 자문을 구하는 것도 칭찬이 된다. "너랑 같은 조원이 되어서 마음이 편하고 기분이 너무 좋구나. 이번 에는 어떻게 그룹 과제를 해 볼까?"
- 즉시 구체적으로 칭찬하라. "넌 참 예쁘구나."보다는 "오늘 헤어스타일과 메이크 업이 정말 잘 어울리는구나."가 더 구체적이다.
- 간결하게 하라.
- 기분 좋은 신체언어로 칭찬하라. 다정한 사람을 대하듯이 미소와 시선을 맞추면 서 칭찬하라.
- 결과보다는 과정에 대하여 칭찬하라.
- 가끔씩 여러 사람 앞에서 공개적으로 칭찬하라. 그것이 인정받는 첩경이다.
- 대상의 나이, 지위, 성격에 따라 칭찬하는 방식을 달리한다.
- 칭찬을 받을 때는 감사로 수용한다.
- 상호 간에 칭찬을 주고받는 관계가 중요하다.

◇ 상대방의 충고나 비평을 받아들이는 요령
- 인정하라. 비평자의 말에 간단히 동의하는 것을 의미한다. 그 목적은 비난을 즉시 멈추게 하는 데 있다.
- 비평이 타당하다면 그 사람에게 감사하라.
- 필요한 경우에는 상대방에게 설명을 하라.
- 지혜롭게 비난을 인정하게 되면 비난을 오히려 구체적인 대안을 모색하는 수단으로 이용할 수 있다.

- 비평을 인정하되, 당신의 감정을 표현하는 것이 좋다. "당신 말은 일리가 있습니다. 그런데 여러 사람 앞에서 평을 듣는다는 것이 나로서는 무척 당황스럽습니다. 이왕이면 제게 조용히 이야기해 준다면 기분이 더 좋을 것 같습니다."
- 상대방의 비난 중 어느 한 부분만을 인정하는 부분적으로 동의할 수도 있다. "당신이 말한 ~중에 ○○은 맞아요."
- "당신 말이 옳을 수 있어."라고 가능성에 동의할 수도 있다.
- 비평을 하는 사람이 구체적으로 자신에게 무엇을 원하는지 탐색적인 질문을 할 수도 있다.

출처: 홍경자(2006).

4. 상대방에게 충고와 비평을 하는 방법을 연습해 봅시다.

우리는 누군가에게 좀 더 좋아지기를 바라는 마음에서 충고하거나 비평하는 경우가 있습니다. 그러나 상대방은 상대방을 생각해서 하는 나의 충고와 비평을 자신에 대한 비난으로 받아들이고 오해하는 경우가 많습니다. 누군가에게 충고한다는 것은 그만큼 어려운 일입니다. 충고와 비평을 지혜롭게 할 수 있도록 연습해 봅시다.

• 다음의 표에 제시된 요령에 따라 연습해 봅시다.

요령	예	연습
충고와 비평을 하고자 할 때는 미리 그 장면을 머릿속에 그려 보고 비평할 사항에 대하여 글로 써 본다.	상상 속에서 연습하기	
상대방에게 미리 예고를 한다.	"약속을 잘 지키는 것에 대해 저녁에 잠깐 이야기해 보자."	
야단치거나 질책하지 말고 건설적으로 비평한다.	"넌 항상, 매번, 자주 늦더라." 대신 "조금만 더 노력해야 되겠구나."	
행동에 대해 이야기하되 인간 됨됨이를 평가하지 않는다. Be-Message 대신 Do-Message 사용하기	"이 게으름뱅이야." 보다는 "많이 늦었구나."	
여러 사람 앞에서 비평하기보다는 단 둘이 있을 때 비평하는 것이 좋다.		
나 전달법을 사용한다.	"룸메이트로 함께 살면서 방청소도 하지 않고 입던 옷을 쌓아 두고 정리하지 않을 때마다 나는 무척 짜증 날 때가 많더라. 앞으로 우리가 정한 당번 일에는 방청소를 하고 네가 입었던 옷을 매일 정리해 주거나, 만약 바쁘면 주말에라도 20~30분이라도 청소하도록 하자. 네가 청소할 때 나는 간식을 준비할게!	

제12장

생명의 존엄성과 생태교육

1. 생명존중사상과 인성교육

우리가 살고 있는, 또는 앞으로 살아가야 할 지상의 최대 과제는 전(全) 지구적 생태위기를 극복하는 문제일 것이다. 전 지구적 생태위기에 대한 대응을 위해서는 근대 서구의 이념 속에 뿌리 깊게 자리 잡고 있는 자연지배에 대한 관점을 넘어서야 한다. 인간성 도야의 교육으로서 인성교육에서 무엇보다도 '생명' 중심의 생태주의를 모든 교육의 기반으로 삼아야 할 것이다. 인간의 잘삶(well-being)을 위한 도구로서 생태계가 아니라 그 자체의 권리를 인정하고 보호할 필요가 있다.

환경은 독일어로 'Umwelt'인데 '인간을 에워싸고 있는(um)' '세계(Welt)'라는 뜻을 갖는다. 환경이라는 말 자체 속에 이미 인간중심주의의 색채가 깊게 스며들어 있다. 이 점에서 환경(Umwelt)이라는 말 대신에 '함께 더불어 살아가는(mit)' 세계라는 의미에서 'Mitwelt'를 제창하고 있는 마이어-아비히(Meyer-Abich, 1990)라는 독일 학자의 견해는 우리에게도 시사해 주는 바가 크다. 그의 견해에 따르면, 인간뿐만 아니라 지구상에서 동물은 물론 식물들도 자신의 고유한 권리를 갖는다. 그들의 권리는 인간의 권리 못지않게 중요하며, 마땅히 존중되어야 한다. 최근 미국 동물원에서 사살된 고릴라 '하람베' 사건은 인권과 동물권 사이의 논쟁을 보여 준다. 동물원 우리에 떨어진 아이를 구하기 위하여 멸종 위기에 놓인 고릴라를 무차별 사살한 것은 신중한 처사가 아니라는 의견이 널리 확산되고 있다. 우리는 과연 이 문제를 어떻게 보아야 할까?

생명교육은 더 정확하게 말하면 생명윤리교육이다. 생명에 대한 윤리적 입장을 잘 대변하는 인물이 바로 슈바이처(Schweitzer) 박사다. 그에게 있어 윤리란 '자기 안에 있는 생명의지뿐만 아니라 자기 밖에 있는 생명의 의지에 대한 외경심'을 나타내는 말이다(Schweitzer, 1990). 그는 분명 문명의 타락에서 '생명외경(Lebensehrfurcht)'을 인류를 구원해 줄 유일한 희망의 씨앗으로 보았다. 그의 윤리학의 핵심은 다른 생명의 해침이 필연적이고 불가피하다 하더라도 그에 대한 책임을 자각해야 한다고 보는 '책임의 자각'에서 찾을 수 있다. 우리 전통에서도 화랑도의 세속오계에서 '살생유택(殺生有擇)'이라는 계율은 우리 조상들이 얼마나 생명을 소중하게 여겼는지를 짐작하게 만든다.

유사한 맥락에서 과학기술 시대에 생명윤리의 방향을 탁월하게 제시하고 있는 한스 요나스(Hans Jonas)는 미래를 책임의 대상으로 확장하여 '미래윤리'를 제시하고 있다. 그가 미래윤리에서 주장하는 핵심은 미래 인류의 존속과 인류의 유일한 터전으로서의 자연 혹은 지구 파괴를 방지할 수 있는 책임의 계발, 현대 과학기술이 지니고 있는 가공할 힘과 그것이 야기하는 가능한 위협에 대처하는 것이었다. 자기 자신의 선이나 이웃의 고통에 주로 관심을 쏟아 온 기존의 윤리학이 그 대상을 '인간'에게만 초점을 둔 것에 반하여, 요나스는 윤리학의 범위를 지구상의 생태계 전체와 그 안에 존재하는 모든 생명체로 확장해야 한다고 주장한다.

지구상에 으뜸가는 힘을 소유한 자로서 인간은 더 이상 오직 자기 자신만을 생각해서는 안 된다(Jonas, 1987).

요나스는 '외경'의 대상을 인간 외적 자연에 국한시키지 않는다. 그는 인간의 몸을 자연의 일부로 보아 '책임의 원칙'이 단지 인간 밖에 있는 자연에 머무르지 않고, 현재적 자신은 물론이고 다가올 미래 세대로까지 확장되어야 한다고 본다. 그 어떤 행복의 윤리나 동정의 윤리도 존재의 윤리보다 더 시급하고 절박한 것은 없다.

> 인류의 존재는 간단히 말해서 인류의 생존을 의미한다. 잘 산다는 것은 그
> 다음 문제다(Jonas, 1994).

이처럼 인류의 지속적인 생존은 지속 가능성의 첫 번째 계명이 된다. 삶의 질의 고양과 잘삶의 문제는 인류의 생존이 보장되지 않는 한 그 의미를 상실하게 된다. 미래 인류의 존속에 대한 우리의 의무는 칸트의 정언명령을 '미래의 세대가 지속적으로 생존케 하라.'와 같은 계명으로 새롭게 바꿈으로써 정당화될 수 있다. 생명사태의 긴박성은 '여기 이 순간에' 인간을 '묶어 두는' 책임의 감정을 더욱 긴급하게 요청한다. 책임의 감정은 생명의 보존을 위하여 더욱 강렬하게 인간을 구속하기 때문에 그만큼 강조되는 것이다. 발생학적·유전학적·인식론적으로 가장 원형이 될 수 있는 책임은 부모의 자식에 대한 책임이다. 부모는 미래에 대한 염려, 즉 자식의 생명이 예측할 수 없는 미래에 노출되어 있기 때문에 부모의 책임도 미래의 지평으로 열려 있다. 이러한 책임을 다른 생명공동체로까지 확장하는 일이 쉽지는 않겠지만, 인간은 최선을 다하여 자연과 다가올 세대의 생명에 대한 책임을 다할 필요가 있다.

그런 의미에서 생명의 총체적 위기로부터 단 하나뿐인 지구를 구하기 위해서는 '인간중심적'인 관점에서 근본적으로 탈피하여 이제까지와는 전혀 다른 새로운 관점에서 '생태학적 문화와 세계관'(박이문, 1996)을 창출해 내지 않으

면 안 된다. 우주 안에서의 인간의 위치, 자연과 인간의 관계설정에서 총체적 패러다임의 변환이 수반되어야 하는 것이다.

> 우리는 생물계와 하나로 이어져 있다는 사실을 인정할 때 비로소 우주의 지배자가 되고자 하는 프로메테우스의 꿈을 포기하고 이 지구에서 더불어 살아가고자 하는 열망을 키워 나갈 수 있을 것이다(고영림 역, 1996).

생태적 세계관에서 인간과 자연은 분리될 수 없는 동일성의 관점에서 파악된다. 인간은 무한한 자연 혹은 우주의 자그마한 일부분에 지나지 않으며, 더불어 살아가는 생태공동체 내에서 그 어떤 특권도 달리 부여될 수 없다. 따라서 자연을 단순히 인간의 욕구 충족의 수단이나 도구로 인식하는 것이 아니라 자연과의 공생과 화해를 최고의 가치로 삼는다.

같은 맥락에서 "진정한 생명 교육은 바로 자기 교육"(김지하, 1996)이라는 말을 되새겨 볼 필요가 있다. 김지하는 이 시대를 '영성 고갈의 시대'로 보고 있다. 영성의 고갈은 전 우주적 · 전 사회적 · 포괄적 통합력의 상실을 의미하며 총체적 인식과 세계와 삶에 대한 이해의 결핍을 가져오게 된다. 영성은 다시 말하면 우주에서의 인간의 자리를 볼 수 있는 능력이며, 인간의 삶이 인간 외적 삶과 긴밀하게 하나의 고리로 연결되어 있음을 인식하고 자각할 수 있는 깊은 통찰력과 이해력이다. 영성은 생명의 내부에 살아 있는 마음이며, 그 능력의 배양은 다양한 직관, 명상, 적극적 상상력과 함께 예리한 분석과 검증, 관찰, 추측 등의 과학적 지식과 기술의 습득으로 가능하다. 자기 교육으로서 영성 교육은 피교육자의 내부로부터 자발적인 창의력과 협동심을 유발하여 우주, 자연, 이웃과의 진정한 교감을 이루려는 것이다.

자연 생명과의 진정한 공경에 입각한 깊은 공감과 교감 능력을 개발하는 일이야말로 교육의 제1원리가 되어야 한다. 생명의 원리를 교육 자치에 접목했을 때 생명 교육은 '살림의 교육'으로 거듭난다. 이는 피교육자와 아동 · 청년 내부에 생동하는 생명력을 살리고 발현시키기 위한 교육의 대전환을 말한다. 이때 비로소 피교육자의 개인 내부에 신령 무궁한 창조력을 발휘하여 자기를 조직화하고, 창조적으로 진화하는 우주생명의 끊임없는 생성과 유출이 가능해진다. 김지하가 생명사상의 아이디어를 얻고 있는 곳은 바로 동학이다. 우리 전통 안에 고귀한 생명사상이 살아 숨쉬고 있다니 놀랍지 아니한가.

2. 환경교육

과학기술의 덕택으로 인류는 오늘날과 같은 대량생산, 대량소비의 시대를 맞이했고, 인간의 생활은 물질적으로 보다 풍요롭고 윤택하게 되었다. 그러나 인간은 자신의 편리와 욕구에 눈이 멀어 자연을 남획하고 파괴해 왔다. 그 결과 자연생태계는 심각한 위기에 처하게 되었다. 과거에는 홍수와 지진, 기아와 빈곤, 불평등과 전쟁 등이 인류를 위협했으나, 오늘날에는 지구촌 곳곳에서 온난화, 오존층의 파괴, 열대우림의 감소, 대기오염, 수질오염, 폐기물 문제, 소음, 토양오염 등 환경문제가 인류를 위협하고 있다.

이러한 환경문제를 해결하는 데는 교육의 역할이 중요하다. 그것은 교육이 인간 의식의 변화와 관련되기 때문이다. 환경문제 해결에 대한 접근방법은 크게 두 가지의 대립되는 입장이 있다. 기술중심주의(technocentrism)와 생태중심주의(ecocentrism)가 그것이다.

1) 기술중심주의

근대 서구 문명은 이성(reason)이라는 기초 위에 과학(science)이라는 집을 지어 현대문명이라는 삶의 양식을 마련한 것으로 흔히 비유된다. 근대문명은 베이컨(Bacon), 데카르트(Descartes), 뉴턴(Newton)의 기계론적 사고에 기초를 두고 있다. 이들에 따르면 자연은 한낱 인간의 지배대상에 불과하다. 따라서 인간은 자연을 마음대로 조종할 수 있다. 베이컨의 "아는 것이 힘이다."라는 말 속에는 인간이 과학의 힘을 빌어 자연을 정복할 수 있다는 신념이 내포되어 있다. 기술중심주의의 특징은 바로 인간중심주의, 과학낙관론에 있다. 기술중심주의는 기술적·과학적 합리주의에 토대로 두고 있다. 따라서 자연과학의 법칙을 동원한 객관적 분석과 고도로 발달된 기술력으로 환경문제를 풀어 나가고자 한다. 환경문제가 시급히 해결되어야 한다는 사실에 동의는 하지만, 기술중심주의의 궁극적 관심은 여전히 우리가 과학기술문명의 혜택 속에서 얼마나 물질적으로 풍요로운 삶을 사느냐에 있다.

2) 생태중심주의

기술중심주의가 인간중심주의라면, 생태중심주의는 자연중심주의다. 자연은 여기서 단순히 우리를 에워싼 환경만을 뜻하는 것이 아니라 우리와 함께 공존하는 세계(Meyer-Abich, 1990)를 뜻한다. 생태중심주의에 따르면, 인간과 자연의 관계는 더 이상 지배와 복종의 관계가 아니라 동반자적 관계다. 따라서 환경문제의 접근에서도 기술중심주의와는 근본적으로 다른 입장을 취한다. 생태중심주의는 생태계의 구성 부분을 나누어 연구하는 것이 아니라, 자연환경의 각 부분이 서로 다른 나머지 부분과 어떻게 유기적으로 관계하는가에 초점을 맞춘다. 생태론자들은 단순히 환경을 보호하고 과학기술의 힘으로 환경문제를 해결하는 데 머무를 것이 아니라, 근본적으로 환경에 대한 인간 의식을 바꿔야 한다고 주장한다. 그들은 또 인간과 자연의 관계를 '대인윤리'에서 '대물윤리'로 전환할 것을 요청한다. 이는 환경문제가 결국 인간 자신에 달려 있다고 보는 것이다. 이제 대인윤리는 인간의 올바른 행위에 관한 철저한 사고와 그것을 실천해야 하는 과제를 갖는다. 이처럼 환경문제의 해결을 위해서는 의식전환이 필연적이다. 의식전환을 위해서는 교육이 중요한 역할을 한다.

환경교육이 필요한 이유 가운데 가장 중요한 것은 인간과 자연과의 관계를 잘 이해하는 데 있다. 그러기 위해서는 먼저 환경을 구성하고 있는 모든 요소들은 서로 관련되어 상호 작용하며, 인간 역시 이들의 한 부분임을 이해하여야 한다. 또한 환경에 대한 인간의 영향이 궁극적으로는 환경과 인간 전체에 미치게 됨을 교육을 통하여 인식시킬 필요가 있다. 따라서 환경을 바라보는 시각도 단순한 자연보호나 환경보존의 차원을 넘어, 자연과 인간이 상호 공존하면서 조화를 이루어야 한다는 근본적인 의식전환이 필요하다.

그렇다면 환경교육의 본질은 어디서 찾을 수 있을까? 먼저 윤리성을 들 수 있다. 이러한 윤리성을 잘 보여 주고 있는 〈환경윤리 종교인 선언〉을 살펴본다. 1993년 5월 31일에 있었던 이 선언은 환경보전을 위한 삶의 윤리로서 다음 네 가지를 들고 있다(한국 종교인 평화회의, 1993).

- 물질의 집착에서 벗어나 정신적 풍요를 소중히 여기는 삶이 되어야 한다.
- 인간중심적인 사고에서 벗어나 자연과의 조화를 먼저 생각하여야 한다.
- 지역에 한정된 생각에서 벗어나 범세계적 사고로 전환하여야 한다.
- 우리 세대만의 생각에서 벗어나 후손의 삶을 함께 생각하여야 한다.

이 선언에 따르면, 인간윤리의 가장 기본적인 원칙인 '책임(responsibility)'이 지금-여기의 다른 인간과의 관계에 머무를 것이 아니라, 인간생존의 바탕인 자연 또는 인간의 미래에까지 적용되어야 할 것을 강조한다. 자연생태계의 파괴 그리고 인류생존의 위기라는 시대적 요청에 따라서 인간은 책임의 대상을 지금 여기에 살고 있는 인간뿐 아니라 인간 이외의 자연으로 확대할 필요가 있다는 것이다. 인간 외적 자연도 그 자체의 존재가치를 충분히 가지고 있기 때문이다.

환경문제 해결을 위한 환경교육, 곧 인류 삶의 방식의 전환을 일으킬 수 있는 환경교육을 하기 위해서는 인식의 전환으로부터 삶의 양식의 변화에 이르기까지 실로 총체적인 접근방식이 요구된다. 미래 환경교육은 전통적인 교육의 그것과는 다른 새로운 교육적 노력으로 채워져야 할 것이다. 환경문제의 특성만큼이나 복잡한 구조, 관계, 내용을 잘 포괄한 교육과정의 개발과 적용도 중요하지만, 무엇보다도 중요한 것은 환경교육이 삶의 한 양식으로서 우리의 일상 속에서 이루어져야 한다는 점이다. 또한 그것은 지식전달의 교육뿐 아니라 머리와 가슴, 손발이 모두 동원되는 교육이 되어야 할 것이다. 적어도 미래의 환경교육은 다음과 같은 방향으로 나아가야 할 것이다.

첫째, 환경교육은 환경문제의 구조적 인식은 물론 그것에 대한 비판적 성찰과 실천적인 환경운동의 전체적인 맥락에서 비롯되어야 한다. 문명의 위기로 다가온 환경위기의 극복은 바로 오늘날 교육의 최우선의 과제다. 교육은 인간중심주의, 기술과학지상주의로 멍든 현대문명에 대한 비판적 성찰에서부터 출발해야 한다.

둘째, 환경교육은 환경문제를 극복하는 적극적인 새로운 교육운동의 차원으로 승화되어야 한다. 환경이라는 주제는 기존의 교육과정에 추가되는 것이 아니라 기존의 교육 자체를 바꾸고 개혁하는 새로운 이념으로 받아들여야 한다. 시민운동의 한 차원으로서 '녹색운동'(이영호, 1996)으로 승화될 필요가 있다.

셋째, 환경교육은 생명을 존중하는 생명의 교육, 살림의 교육을 실천하는 한 방식이며, 생태주의 교육학이 되어야 할 것이다. 또한 환경교육은 전인교육으로서 머리뿐만 아니라 가슴, 손발이 함께 어우러진 통합교육이 되어야 한다. 환경교육은 환경문제의 해결이나 환경의 보전에 그칠 것이 아니라 결국 인간성을 회복하는 인성교육이 되어야 하는 것이다.

현재 생태위기를 극복하려는 노력은 국가적 차원을 넘어 전 지구적으로 확산되고 있다. 앞으로 교육은 생태위기를 시대적 요청으로 받아들이고, 생태계의 보호는 물론 파괴된 생태계를 복구하고, 자연생태계와의 조화와 균형을 유지해 나가야 한다. 과학기술에 기반하고 있는 인간중심주의를 극복하고 생태

지향주의적인 방향으로 근본적인 전환이 요구된다. 그리고 생명을 중시하는 '생명존중교육'을 적극적으로 실천해 가야 한다. 우리에겐 현재의 인류문명을 환경과의 조화 속에서 지속적으로 발전시켜 나가야 할 책임과 동시에 인간 외적 환경과 다가올 세대들의 삶을 더불어 생각해야 할 책임이 있기 때문이다.

3. 지속가능발전교육(ESD)

20세기 후반 들어 인류는 자원고갈, 환경오염, 사회적 불평등의 심화와 같은 시대적 과제를 안게 되었다. 그 이유는 인류가 계몽과 산업혁명 이후 인간의 행복만을 추구한 나머지 성장 위주의 정책으로 자연환경을 개발하고 이용하였기 때문이다. 생태계의 파괴와 근시안적 개발은 지속가능한 발전으로 이어지지 못하고 도처에서 인류를 극단적인 위기 상황으로 내몰고 있다. 이런 상황에서 지구는 하나이며, 자연의 혜택은 한정되어 있다는 평범한 진리를 깨닫는 일이 인류의 절실한 과제가 되었다.

지속가능발전에 대한 논의가 공식화된 것은 1987년 '환경과 개발에 관한 세계위원회(World Commission on Environment and Development: WCED)'에서 「우리의 공동의 미래(Our Common Future)」가 제출되면서부터다. WCED(1987)는 지속가능발전의 개념을 "미래세대의 요구를 충족시킬 수 있는 능력을 저해하지 않으면서 현 세대의 요구를 충족시키는 발전"으로 정의하였다. 이 보고서는 이러한 목적이 달성되기 위해서는 오직 부유한 국가의 소비 유형이 바뀌어야 한다는 전제를 깔고 있다. 특히 환경이 현재와 미래의 요구를 충족할 수 있는 범위, 즉 지속가능성을 바탕으로 전개되어야 함을 강조하였다. 이 보고서는 부자의 빈자에 대한 의무와 현 세대의 다가올 세대에 대한 책무성을 일깨워 준 점에서 의의가 있다.

이 보고서를 근간으로 1992년 브라질의 리오에서 개최된 '환경과 개발에 관한 유엔회의(UNCED)'에서 '의제 21(Agenda 21)'을 의결하였다. '리우회의 의제 21'에서 파악되는 지속가능발전교육(Education for Sustainable Development: ESD)은 교육과 학습을 통하여 사람들이 지속가능한 발전(Sustainable Development: SD)에 의미를 부여하거나 그 발전에 기여할 역량을 계발하도록 하고, 소외된 이들을 포함한 사람들의 다양성을 SD 관련 문제나 위기의 혁신적 해결책 발견에 활용하는 것을 의미한다. 여기서는 ESD가 현재 및 미래의 발전적 필요와 환경적 필요가 동등하게 충족되는 것으로 파악됨으로써 발전보다는 '환경보전'에 초점을 두던 종래의 관점에서 질적인 진전을 보여 주고 있다. 「리우 보고서」는 SD의 문제를 단지 환경 문제로 국한시키지 않고 사회 전체의 지속가능성 유지와 발전을 전체적으로 고려하는 폭넓은 관점을 취하고 있다. SD는 경제적 요소, 환경적·생태적 요소, 사회적 요소의 유기적 연결을 강조한다.

ESD는 교육에 '지속가능한'이란 형용사를 덧붙여 만든 신조다. 교육에 단지 새로운 형용사가 부과됨으로써 기존의 교육이 쉽게 바뀌지는 않을 것이다. 우선 지속가능성을 교육 체제와 교육과정에 접목하는 일이 쉽지가 않다. '지속가능한 발전'은 끊임없이 진화하는 개념이다. 인간과 환경의 관계는 고도로 복잡하고, 역동적이다. 사람과 조직들은 시시각각 변화하는 환경에 적응하기 위해서 매 순간 학습하지 않으면 안 된다. 환경은 인간의 행동변화에 즉각적인 반응을 한다. 이러한 과정을 일반적으로 사회와 환경의 공진화(co-evolution)로 부를 수 있다. 다시 말해서, ESD는 연구와 교육에 일정한 방향성을 제시할 수 있으며, 이미 정해진 틀이 아니라 하나의 발견적 구조(heuristic structures)로서 의미 있는 질문이 생성되고, 문제가 제기되는 구심점이 될 수 있다.

결국 인성교육으로서 생태교육은 인간과 우주의 생명을 존중하는 교육이어야 하며, ESD의 지속적인 발전을 위하여 다음과 같은 관점을 보다 분명히 하는 데 일조할 수 있을 것이다.

첫째, 지속가능한 미래가 가능하도록 '지속가능성'을 저해하는 현재의 관행을 비판적 시각에서 볼 수 있도록 촉구한다. 계몽 이래 우리가 젖어 온 개발과 진보의 신화는 이제 종지부를 찍어야 한다. '소비가 미덕'이라는 소비주의의 환상에서도 깨어나지 않으면 안 된다. 인간의 제도와 삶의 방식이 근본적으로 개선되지 않는 한 인류가 안고 있는 전 지구적 위기를 극복해 나가는 일은 불가능에 가깝다. 생태적 관점은 당면한 인류의 위기를 다가올 미래와 연관 지어 인식하고 해결책을 강구할 수 있도록 대비하게 해 준다. 예를 들어, 기후변화, 오존층의 파괴, 부존자원의 고갈, 물 부족, 생물종의 멸절 등의 문제는 개인의 잘못된 생각이나 생활방식과 밀접하게 관련된 문제들이며, 지금 나의 생각과 행동이 지속가능한지를 '미래'의 관점에서 되짚어 보는 태도를 갖게 할 수 있다.

둘째, 지속적인 발전과 삶의 질 향상을 논하기 이전에 인간존재, 즉 인류의 지속적인 생존가능성에 관심을 갖도록 한다. 지속가능성의 발전에 있어서 미래 세대의 생존가능성과 지속가능성은 최우선적으로 고려되어야 할 문제다. '생명외경'과 '확대된 책임의 원칙'은 환경보존, 경제적 번영, 사회적 안정을 추구하는 ESD의 기본 철학으로 굳건하게 자리매김해야 한다. 그 이유는 '지속가능성'과 '개발' 혹은 '발전'이 태생적으로 양립 불가능함에도 불구하고 이질적인 두 요소의 결합으로 말미암아 ESD는 언제라도 숨겨 놓은 경제적 욕망을 드러낼 수 있기 때문이다. 삶의 질에 대한 담론이 지금-여기의 인간에 머물러서는 안 되며, 인간 외적 자연과 다가올 미래 세대로까지 적극적으로 확장되어야 한다.

셋째, ESD가 '하나뿐인 지구의 생명을 살리는 교육'에 최상의 가치를 두어야 함을 일깨워 준다. 인간은 지구에 태어나서 잠시 살다가 흙으로 되돌아가는 유한한 존재다. 대자연(하늘, 별, 나무, 바위 등)에서 잠시 머물다 가는 존재치고 인간만큼 지구에 해악을 끼치는 존재도 드물다. 인간이 온갖 세포와 혈관으로 이루어진 하나의 생물체인 것처럼 지구 혹은 '온생명'도 작은 생명의 촘촘한 그물망으로 연결되어 있다. 풀 한 포기, 나무 한 그루가 소중하며, 우리가 무심코 개발하는 도로건설 현장에서 잘려 나간 산허리는, 곧 지구의 정맥을 자르는 일에 비유될 수 있을 것이다. 인간의 생명뿐만 아니라 그 안에 함께 더불어 사는 생명공동체의 모든 생명은 존귀하며, 그 고유한 생명이 지속가능하도록 보살피고 돌보아질 필요가 있다. 인간은 자기 존재의 범위를 넘어서 사유할 수 있는 힘을 지니고 있는 만큼 인간 외적 대상에 대해서도 무한한 책임이 있다. 이것이 바로 사람에 대한 윤리를 넘어 '대물윤리(對物倫理)'가 생명존중교육의 근간으로 굳건하게 자리를 잡아야 하는 이유다.

☞ 생각하고, 활동하고, 느끼기

◆ 선진국 사례와 생태 시 감상을 통한 생태의식 고양하기

1. 다 함께 생각해 보기

• 인간과 자연에 대한 당신의 생각은?	
• 쓰레기 분리수거와 벼룩시장에 대한 생각은?	
• 아나바다 운동에 대한 생각은?	
• 생태 시 감상 후 자신만의 생태 시를 지어 봅시다.	

2. 환경선진국 독일의 실천 사례

21세기에 접어든 현시점에서 인류에게 당면한 가장 큰 문제는 무엇일까? 여러모로 답이 가능하겠지만 아마 가장 근본적인 문제는 환경이 아닐까 한다. 누군가 잘 이야기했듯이, 21세기는 어쩌면 '환경의 세기'로 불러도 무방할 것이다. 독일에서 실제 살면서 필자가 인상 깊게 느꼈던 점은 바로 독일인은 일상생활 속에서 환경문제를 잘 실천해 나간다는 것이다. 독일인의 환경실천 사례 몇 가지를 살펴보면 다음과 같다.

첫째, 철저한 쓰레기 분리수거다. 이제 우리나라에서도 쓰레기 분리수거가 일상화되었지만, 독일은 이미 수십 년 전부터 이를 실천해 왔다. 동일한 실천이지만 질적인 면에서 차이가 난다. 우리와는 달리, 그들은 철저하게 쓰레기를 분리수거한다. 음식물 쓰레기, 폐휴지, 빈병, 다 쓴 건전지 등 거의 전국적으로 규격화된 통이 있어 쓰레기 종류별로 구분해서 담는다. 재활용 시설도 잘 되어 있어 거두어진 쓰레기는 철저하게 기능에 따라 새로운 제품으로 만들어진다. 예를 들어, 빈병을 수거할 때 심지어는 색깔에 따라 모으는 경우도 있다. 흰색, 갈색, 청색 등 병의 색깔에 따라 빈병 처리 쓰레기통이 따로 마련되어 있다. 중요한 것은 빈병을 색깔별로 따로 모은다는 사실이 아니라 독일인이 양심에 따라 철저하게 쓰레기를 분리한다는 점이다. 철저한 분리수거가 필요한 이유는 간단하다. 만일 음식물 쓰레기에 양심을 저버리고 병조각을 함께 넣었다 치자. 음식물 쓰레기가, 예컨대 돼지의 사료

로 쓰일 경우 병조각을 먹은 돼지는 어떻게 되겠는가? 더 단순한 예로, 음식을 먹은 후 쓰고 난 나무 이쑤시개를 음식물에 버려 그것이 돼지의 먹이로 주어졌다 치자. 적어도 양심을 저버린 나의 행위가 어떤 결과를 가져올 것인가는 너무나 사소하다. 그런 점에서 쓰레기 분리수거는 좀 더 철저하고, 지속적으로 실천되어야 문제다.

둘째, 벼룩시장의 활성화다. 독일인은 검소한 것으로도 정평이 나 있다. 그 단적인 예가 벼룩시장이다. 그곳은 한마디로 만물시장이다. 벼룩시장엔 남녀노소가 따로 없이 훈훈한 정이 넘쳐 난다. 70대의 할아버지도 물건을 가지고 나와 팔고, 8세의 아이도 자신의 낡은 장난감과 헌책을 가지고 나와 아이들의 시선을 끈다. 오래 전에 쓰던 그릇, 옷, 책, 레코드판, 인형, 장식물 등을 여기저기 진열해 놓고 사고판다. 가격은 저렴한 편이어서 잘만 고르면 백화점 물건 못지않은 좋은 제품을 살 수도 있다. 온갖 종류의 물건이 한꺼번에 나오니 시장을 제대로 구경하기 위해서는 도시락을 싸들고 나와야 할 정도다. 우리나라처럼 중고차가 홀대받는 나라도 없을 것이다. 무조건 새 차, 지위고하를 막론하고 큰 차를 원하는 것이 상례가 되어 있다. 적어도 독일에서는 중고차가 나름의 가치를 인정받고 있다. 그래서 가격도 만만치 않고, 그만큼 중고차라도 오래 안전하게 탈 수 있다. 그와는 달리 우리의 경우 어떤 물건을 막론하고 중고품은 폐기처분의 대상으로 인식되고 있다.

물건은 나름의 생명이 있다. 그것을 어떻게 활용하느냐에 따라 그 생명은 길어질 수도, 짧아질 수도 있을 것이다. 벼룩시장은 물건을 조금 쓰고 곧바로 쓰레기로 처분하지 않아 그 가치를 최대한 보존하도록 하는 장점이 있다. 중고품을 재활용함으로써 사람들로 하여금 근면, 검소함 등을 몸소 체험할 수 있도록 해 주고, 자원 재활용에 대한 중요성도 깨닫게 해 준다. 유행이 지난 와인 잔, 오래되어 집에서 쓰지 않는 촛대, 투박하지만 실용적인 양념통, 유아용 피아노, 그리고 여러 종류의 인형들. 아무리 낡은 물건이라도 그것을 필요로 하는 사람에게는 보물과도 같은 소중한 가치를 발하게 된다.

셋째, 녹색식품의 일상화다. 인간은 흙에서 나와서 흙으로 돌아간다. 이것은 어느 누구도 부인할 수 없다. 구체적으로 인간은 흙에서 나온 곡류, 채소, 과일 등을 먹고 산다. 인간의 기본주식이라 할 수 있는 흙의 산물들이 얼마나 건강할까? 온갖 농약과 비료로 흙은 황폐화되었고, 거기서 나온 산물 또한 안심하고 먹을 수 없는

것이 오늘날의 현실이다. 더구나 우리는 첨단생명과학으로 유전자 식품들이 판을
치고 있는 삭막한 현실에 살고 있다. 식탁의 먹거리가 불안한 것은 어제 오늘의 일
이 아니다.

　이러한 현실에서 인간의 먹거리 개선을 통해서 인간의 생명을 살리고, 삶의 토대
인 흙을 살리자는 운동이 독일의 녹색식품운동이다. 주식이라 할 수 있는 빵부터
오염되지 않은 재료로 구운 것들이 진열되어 있다. 이름하여 '에코빵'이다. 부식가
게에서도 마찬가지 현상을 볼 수 있다. 감자부터 파, 당근, 양파, 상치 등에 이르기
까지 농약과 비료를 쓴 제품에 비해 볼품은 그다지 없지만 녹색식품은 훨씬 비싸게
팔리고 있다. 그들에게 있어서 녹색식품에 대한 관심과 선호도가 비단 자신의 욕구
충족에 국한되는 것은 아니다. 적어도 자연의 생명력이 온전해야 인간의 삶도 온전
할 수 있다는 생각이 삶의 기저에 자리 잡고 있다. 환경문제에 대한 근본적 인식도
없이 그저 자연산, 청정미, 무공해, 유기농을 외쳐 대는 우리의 현실과는 사뭇 대조
되는 현실이다. 농민들은 가능하면 흙의 자연성을 살려서 농사를 짓고, 소비자인
국민은 그러한 산물을 설령 가격이 높더라도 사 주어야 하며, 정부는 그러한 농민
을 보호하고 자연식품이나 유기농산물에 대해서 거래가 활성화될 수 있도록 많은
배려를 해야 한다. 우리 사회의 경우 유기농에 편승하여 그것을 속여 파는 행위를
근절하는 일이 선행되어야 할지도 모른다.

　넷째, 헝겊 시장바구니와 환경컵 사용이다. 비닐은 땅속에 파묻혀도 수백 년 이
상 동안 썩지 않는다. 오늘날 환경문제의 주범 중의 하나로 비닐이라는 화학물질이
꼽힌다. 태우면 엄청난 다이옥신을 토해 내고, 흙에서 썩힐 수도 없고, 그렇다고 재
생도 그리 쉽지 않으니 문젯거리가 아닐 수 없다. 이 문제를 어떻게 해결해야 할 것
인가? 단순하게 생각하면 비닐의 생산을 줄이고, 소비를 하지 않으면 된다. 하지만
그것이 현실적으로 불가능하다면 실제적인 대안을 강구해야 한다.

　그 대안의 하나로 독일에서 널리 사용되는 것이 헝겊으로 된 시장바구니다. 소위
'환경주머니'라는 것인데, 간편하고 편리하다. 물건을 조금 많이 살 때도 튼튼하여
찢어지거나 구멍 날 걱정을 하지 않아도 된다. 책을 담고 다니는 책 보퉁이로도 손
색이 없을 정도로 책을 많이 넣을 수 있을 정도로 튼튼하다. 이렇게 단순하면서도
기발한 아이디어가 독일인의 생활 속에 자리 잡게 된 배경에는 환경에 대한 사람들

의 인식전환도 한몫하였지만, 현실적인 문제로서 비닐봉투를 시장바구니로 살 경우 소비자에게 부담을 지우는 방식이 유효했다는 점이다. 우리의 경우도 시장 본 후 비닐 용지를 돈을 주고 구입하는 것이 일상사가 되어 있지만 소비자들이 얼마나 철저히 환경문제를 의식하고 있는지는 여전히 의문이 간다.

그다음이 환경컵이다. 인스턴트 문화가 생활의 구석구석까지 파고들어 오늘날 우리들은 편리함과 안락함을 구가하며 살고 있다. 자판기 문화도 그중의 하나라 할 수 있다. 돈을 넣으면 원하는 음료수가 척척 나온다. 이때 환경을 생각한다는 종이 컵에 커피나 음료수가 담겨져 나오는 것이 보통이다. 종이컵도 환경을 생각해서 나온 것이라지만, 따지고 보면 엄청난 나무를 벌목해서 만든 것이니 환경파괴의 산물인 셈이다. 그렇다면 종이컵보다도 더 근본적으로 환경을 생각하는 대안은 없을까?

그것이 바로 휴대용 환경컵이다. 앞서 말한 헝겊으로 된 시장바구니와 같은 원리로 종이컵 대신에 뚜껑 달린 환경컵을 각자가 하나씩 지니고 다니도록 하는 아이디어다. 필요할 때 커피나 음료수를 마시고 바로 물에 세척하여 언제든지 다시 사용할 수 있으니 아예 종이컵 쓸 일이 없다. 만일 종이컵으로 커피나 음료수를 마실 경우 컵에 대한 비용을 지불하게 되어 있다. 이는 대학식당의 카페테리아에서도 마찬가지다. 종이컵을 따로 돈을 주고 사서 커피를 마시려는 학생은 많지 않기 때문에 이러한 '환경컵'을 활용하게 되고 사람들은 점차 환경친화적인 사고와 행동을 저절로 터득할 수 있게 된다.

환경의 실천과 교육은 어려서부터 가정에서 시작되어야 한다. 우선 환경문제를 자라나는 우리 아동에게 의식화하는 일이 중요하다. 이때 자연자원이 가까운 장래에 고갈될 것이라는 사실을 주지시키고, 동시에 오늘날의 환경문제가 인간의 그릇된 세계관에서 비롯된 것임을 알려 주어야 한다. 특히 소비를 억제하고, 일상에서 환경친화적으로 실천할 수 있도록 여러모로 배려를 아끼지 말아야 한다. 환경실천은 어쩌면 일상생활 속에서 쓰레기를 최소화하거나 전기와 수돗물을 아끼는 사소한 일에서 시작되는지도 모른다.

3. 상생과 공존의 생태 시 감상

문학의 장르 가운데 생태문학이 있다. 그중에서도 생태 시는 생태위기에 대한 경고음과 묵시론적 예언을 통해 환경에 대한 의식을 일깨우기도 하고, 인간과 자연의 공생이 얼마나 중요한지를 몇 마디 시어를 통하여 함축적으로 보여 준다. 우리의 경우 1990년대 이후 환경문제가 사회적 이유로 부각되면서 생태 시가 하나의 장르로 자리를 잡아 왔다. 그 중심에는 일찍이 생명사상에 눈을 뜬 시인 김지하가 있다.

환경파괴에 대한 경종을 울리는 시부터 그 실상을 적나라하게 파헤치는 시를 포함하여 인간과 자연의 공존과 생명의 소중함을 일깨우는 시 몇 편을 제시하여 나와 나를 둘러싼 생태계를 진지하게 돌아볼 계기를 갖도록 하자. 이 지구상의 생명체가 한데 어우러져 아름답게 살아가는 상생과 공존의 모습은 아마 성경 속의 생태적 유토피아에서 찾을 수 있을 것이다.

'생명체에 관하여' 중에서

인간도 언젠가는 멸종하리라는 것
그 숱한 생명체를 멸종시킨 죄로

지구는 도는데 나는 사라지고 없으리
지구는 도는데 나는 무덤 속에 누워 있으리
지구는 도는데 나는 흙먼지가 되어 날리고 있으리
언젠가는 반드시

이승하, 『공포와 전율의 나날』(2009).

'한 숟가락 흙 속에' 중에서

한 숟가락 흙 속에
미생물이 1억 5천만 마리래!

왜 아니겠는가, 흙 한 술,
삼천대천세계가 거기인 것을!

알겠네 내가 더러 개미도 밟으며 흙길을 갈 때
발바닥에 기막히게 오는 그 탄력이 실은
수십억 마리 미생물이 밀어 올리는
바로 그 힘이었다는 걸!

정현종, 『정현종 시전집 2』(1999).

참고문헌

강선보, 박의수, 김귀성, 손순재, 정윤경(2008). 인성교육. 경기: 양서원.

고미숙(2014). 동의보감. 서울: 북드라망.

교육개혁위원회(1995). 세계화 · 정보화를 주도하는 신교육 체제 수립을 위한 교육개혁 방안. 제2차 대통령 보고서(1995. 5. 31.).

구현정(2009). 대화의 기법. 서울: 경진문화사.

국립국어원(2016). 표준국어대사전.

권석만(2005). 젊은이를 위한 인간관계의 심리학. 서울: 학지사.

김규식, 고기홍, 김계현, 김성희, 김인규(2013). 상담학개론: 한국상담학회 상담학총서 1. 서울: 학지사.

김길웅(2013). 문화적 인간학을 위한 몇 가지 개념: 몸과 정신의 이원론. 성신학보 575호.

김선현(2016). 누구나 상처를 안고 살아간다. 서울: 웅진지식하우스.

김영애(2004). 사티어 의사소통 훈련프로그램. 서울: 김영애가족치료연구소.

김영환, 김지혜, 오상우, 임영란, 홍상황(2001). 성격평가질문지 실시요강. 서울: 학지사.

김영환, 문수백, 홍상황(2005). 심리검사의 이론과 실제. 서울: 학지사.

김정택, 심혜숙(1990). MBTI. 서울: 한국심리검사연구소.

김정택, 심혜숙(2009). MBTI Form K 안내서. 서울: 어세스타.

김정택, 심혜숙, 제석봉(1994). MBTI 개발과 활용. 서울: 한국심리검사연구소.

김지하(1996). 생명과 사상 – 생명사상 · 생명운동이란 무엇인가. 서울: 솔.

김혜숙, 장재윤(2002). 여성 공무원리더의 효율성, 성정체성, 삶의 만족도와 조직의 성차별문화. 한국심리학회지: 사회문제, 8(1). 191-208.

박민수(2012). 마음을 움직이는 커뮤니케이션기법. 서울: 시그마북스.

박성희(2001). 동화로 열어가는 상담이야기. 서울: 학지사.

박성희, 김광수, 김혜숙, 송재홍, 안이환, 오익수, 은혁기, 이한종, 임용우, 조붕환, 홍상황, 홍종관, 황매향(2006). (한국형) 초등학교 생활지도와 상담. 서울: 학지사.

박영숙(1994). 심리평가의 실제. 서울: 하나의학사.

박이문(1996). 문명의 위기와 문화의 전환. 서울: 민음사.

박종현 역(2003). (플라톤의 네 대화편) 에우티프론, 소크라테스의 변론, 크리톤, 파이돈. 서울: 서광사.

서울대학교 행복연구센터(2011). 행복교과서: 청소년들의 행복수업을 위한 첫걸음. 서울: 김영사.

손승남(2011). 인문교양 교육의 원형과 변용. 경기: 교육과학사.

신채호(1948). 조선 상고사. 박기봉 역(2006). 조선 상고사. 서울. 비봉출판사.

양정실, 조난심, 박소영, 장근주, 은지용(2013). 교과교육을 통한 인성교육 구현 방안. 교육과정평가원 연구보고. RRC2013-6.

우재현(2000). 에니어그램 성격유형검사. 대구: 정암서원.

윤가현, 권석만, 김문수, 남기덕, 도경수, 박권생, 송현주, 신민섭, 유승엽, 이영순, 이현진, 정봉교, 조한익, 천성문, 최준식(2012). 심리학의이해 4판. 서울: 학지사.

윤동주(2016). 하늘과 바람과 별과 시(1955년 증보판). 인천: 소와다리.

윤운성(2002a). 에니어그램 이해. 서울: 한국에니어그램연구소.

윤운성(2002b). 에니어그램 이해와 적용. 서울: 학지사.

윤홍식(2014). 양심이 답이다. 서울: 봉황동래.

이부영(1999). 그림자. 서울: 한길사.

이부영(2001a). 아니마와 아니무스. 서울: 한길사.

이부영(2001b). 자기와 자기실현. 서울: 한길사.

이부영(2006). 분석심리학. 서울: 일조각.

이상대(2008). 나눔의 미학. 서울: 함께 사는 사회.

이석우(1998). 대학의 역사. 서울: 한길사.

이승하(2009). 공포와 전율의 나날: 이승하 시선집. 서울: 문학의 전당.

이영호(1996). 시민교육의 녹색화. 한국교육연구, 제3권1호. 한국교육연구소.

이지영(2014). 정서조절 코칭북. 서울: 시그마프레스.

장재윤, 김혜숙(2003). 직장-가정간 갈등이 삶의 만족 및 직무태도에 미치는 효과에 있어서의 성차: 우리나라 관리직 공무원을 대상으로. 한국심리학회지: 사회문제. 9(1), 23-42.

전광(2007). 평생감사. 서울: 생명의말씀사.

정문자(2007). 사티어 경험적 가족치료. 서울: 학지사.

정문자, 정혜정, 이선혜, 전영주(2007). 가족치료의 이해. 서울: 학지사.

정태혁(2004). 명상의 세계. 서울: 정신세계사.

정현종(1999). 정현종 시선집2. 서울: 문학과 지성사.

조세희(1976). 난장이가 쏘아 올린 작은 공. 서울 :문학과지성사.

진교훈 외(2012). 양심 : 고대로부터 현대에 이르기까지의 양심의 의미. 서울: 서울대학교 출판문화원.

한국 종교인 평화회의(1993). 종교인 '환경윤리' 선언. 매일경제신문(1993. 6. 1.).

한국청소년상담원(2002). 자녀의 힘을 북돋우는 부모 지도자 지침서.

한국청소년상담원(2006). 초 · 중 · 고 또래상담 지도자 지침서.

한국청소년상담원(2013). 솔리언 또래상담 지도자 지침서.

한국학술협의회(2007). 인문정신과 인문학. 서울: 아카넷.

한비야(2005). 지도 밖으로 행군하라. 서울: 푸른숲.

한승주(2012). 의사소통기술 그 이론과 실제. 서울: 청목출판사

한정선(1997). 한스 요나스(Hans Jonas)의 생명이해. 신학과 세계34집, 261-287.

함석헌(2010). 뜻으로 본 한국 역사. 경기: 한길사.

행정자치부(2015). 2015 외국인주민 현황. 행정자치부 통계센터.

홍경자(2006). 자기주장과 멋진대화. 서울: 학지사.

홍경자(2007). 대인관계의 심리학. 서울: 학지사.

Allport, G. W. (1937). *Personality: A Psychological interpretation*. New York: Holt, Rinehart & Winston.

Arai Mann(2003). 青春とは. 김수경(2006). 청춘이란. 서울: 새터.

Banmen, J. (2002). The Satir Model: Yesterday and Today. *Contemporary family Therapy An International Journal. 24* (1), 7-22.

Bertrand Russell, B. (1930). *The Conquest of Happiness*. 오제운 역(1987). 행복의 정복. 서울: 시사영어사.

Blake, W. (1790). *The Marriage of Heaven and Hell*. 김종철 역(1992). 천국과 지옥의

결혼. 서울: 민음사.

Blanchard, K., & Stoner, J. (2003). *Full steam ahead*. 조천제 역(2006). 비전으로 가슴을 뛰게 하라. 서울: 21세기북스.

Carr, E. H. (1961). *What is History*. 황문수 역(1993). 역사란 무엇인가. 서울: 범우사.

Carr, E. H. (1961). *What is History*. 박종국 역(1993). 역사란 무엇인가. 서울: 육문사.

Claude, M. Bristol (1947). *Magic of believing*. 최영순 역(2007). 신념의 마력. 서울: 비즈니스북스.

Cooper, C. L. (1986). Job distress: recent research and the emerging role of the clinical occupational psychologist. *Bulletin of the British Psychological Society. 39*, 325-331.

Duhl, F. S., Kantor, D., & Duhl, B. S. (1973). Learning Space and action in family therapy: A primer of sculpting. In D. Bloch (Ed.), *Techniques of family psychotherapy: A primer*. New York: Grune & Stratton.

Gordon, J. (2003). *Energy addict : 101 physical, mental, and spiritual ways to energize your life*. 전제아 역(2007). 열정. 서울: 바이탈북스.

Hall, C .S. M., & Nordby, V. J. (1973). *A primer of Jungian Psychology*. 김형섭 역(2006). 융 심리학 입문. 서울: 문예출판사.

Helen, P., & Brown, P. B. (1998). Enneagram Advantage. 윤운성 외 역(2001). (성공하는 사람의) 성격관리 : 에니어그램을 통한 자기분석. 서울: 학지사.

Jonas, A. (1994). The scale politics of spatiality Environment and Planning. *D: Society and Space, 12*, 257-264.

Jonas, H. (1979). *Prinzip Verantwortung*. 이진우 역(1994). 책임의 원칙: 기술시대의 생태학적 윤리. 서울: 서광사.

Jonas, H. (1984). *Das Prinzip Verantwortung. Versuch einer Ethik fuer die thechno-logische Zivilisation*. Frankfurt am Main: Suhrkamp.

Jonas, H. (1987). *Technik, Medizin und Ethik: Praxis des Prinzips Verantwortung*. Frankfurt am Main.

Jung, C. G. (1984). *Grundfragen zur praxis*. 융저작번역위원회 역(2001). 융 기본 저작집. 1권. 정신요법의 기본문제. 서울: 솔 출판사.

Jung, C. G. (1984a). *Archetypund unbewußtes*. 융저작번역위원회 역(2002). 융 기본 저작집. 2권. 원형과 무의식. 서울: 솔 출판사.

Jung, C. G. (1984b). *Traumsybole des individuationsprozesses*. 융저작번역위원회 역

(2002). 융 기본 저작집. 5권. 꿈에 나타난 개성화 과정의 상징. 서울: 솔 출판사.

Jung, C. G., Hall, C. S. M., & Nordby, V. J., & Jacoby, J. (1972). *Interpreting Jung Psychology*. 설영환 역(2007). 융 심리학 해설. 서울: 선영사.

Lelord, F. (2004). *Voyage d'Hector ou la recherche du bonheur*. 오유란 역(2004). 꾸뻬 씨의 행복여행. 서울: 오래된 미래.

Lulofs, R. S. (1994). *Conflict: From Theory to Action*. Boston: Allyn & Bacon.

Lulofs, R. S. (1994). *Conflict: From theory to action*. Scottsdale, AZ. Gorsuch Scarisbrick.

Luskin, F. (2003). *Forgive for Good*. 장현숙 역 (2014). 용서. 서울: 알에이치코리아.

Maddi S. R. (1989). *Personality theories: A comparative analysis(6th ed.)*. Pacific Grove, CA: BrooKs/Cole.

Mark, G. (2010). *Global citizens : how our vision of the world is outdated, and what we can do about it. London: Rider*. 김영규 역(2010). 당신은 세계 시민인가: 국가, 대륙의 경계를 넘어 세계 시민으로 살아가는 네 가지 단계. 서울: 에이지21.

Mehrabian (1971). A. *Silent Messages*. Belmont, CA: Wadsworth.

Meyer-Abich, K-. M. (1990). *Aufstand für die Natur. Von der Umwelt zur Mitwelt*. München: Hanser Verlag.

Mihaly Csikszentmihalyi(1990). *Flow : The Psychology of Optimal Experience*. 최인수 역(2005). 몰입, 미치도록 행복한 나를 만난다. 서울: 한울림.

Morin, E. (1999). *Les Sept Savoirs Necessaires a L'education Du Futur*. 고영림 역(2006). 미래의 교육에 반드시 필요한 7가지 원칙. 서울: 당대.

Nussbaum, M. (2005). Beyond the Social Contract: Capabilities and global justice, in G. Brock and H. Brighouse(eds). *The Political Philosophy of Cosmopolitanism*. Cambridge: Cambridge University Press, 196-218.

Pang, V. O. (2005). *Multicultural education: A caring-centered, reflective approach (2nd ed.)*. Boston: McGraw-Hill.

Parker, S. K., & Sprigg, C. A. (1999). Minimizing strain and maximizing learning: The role of job demands, job control, and proactive personality. *Journal of Applied Psychology*. 84, 925-939.

Robert, E. (2007). *Thanks!: How the New Science of Gratitude Can Make You Happier*. 이창희 역(2008). Thanks: 마음을 여는 감사의 발견. 경기: 위즈덤하우스.

Sampson, J. (1980). Attachment and experience of emotions in romantic relationship:

A developmental perspective. *Journal of Personality and Social Psychology.* *92,* 355-367.

Schneider, B. (1987). The people make the place. *Personnel Psychology. 40,* 437-453.

Schweitzer, A. (1990). *Kultur und Ethik.* München: C. H. Beck Verlag.

Shorris, E. (2000). *Riches for the Poor? -The Clemente Course in the Humanities.* New York: Norton Paperback.

Tal Ben-Shahar, 王滟明(2012). 在哈佛听积极心理學. 김정자 역(2014). 행복이란 무엇인가: 하버드대 샤하르 교수의 긍정과 행복 심리학. 서울: 느낌이있는책.

Tolstoy, L. (1885). *What Men Live By, and Other Tale.* 이순영 역(2015). 사람은 무엇으로 사는가. 서울: 문예출판사.

WCED(1987). Our common future. Report of the World Commission on Environment and Development. G. H. Brundtland, (Ed.). Oxford: Oxford University Press.

찾아보기

저자 소개

손승남(Son, Seung Nam)
순천대학교 사범대학 교수

김권욱(Kim, Kwon Wook)
순천대학교 사범대학 교수

이수진(Lee, Su Jin)
전북대학교, 순천대학교, 전주교육대학교 강사

인성교육

Personality Education

2017년 5월 15일 1판 1쇄 발행
2021년 9월 25일 1판 3쇄 발행

지은이 • 손승남 · 김권욱 · 이수진
펴낸이 • 김 진 환
펴낸곳 • ㈜ **학지사**

04031 서울특별시 마포구 양화로 15길 20 마인드월드빌딩 5층

대표전화 • 02) 330-5114   팩스 • 02) 324-2345

등록번호 • 제313-2006-000265호

홈페이지 • http://www.hakjisa.co.kr
페이스북 • https://www.facebook.com/hakjisabook

ISBN 978-89-997-1253-1 93370

정가 **17,000원**

이 도서의 국립중앙도서관 출판시도서목록(CIP)은 서지정보유통지원시스템
홈페이지(http://seoji.nl.go.kr)와 국가자료공동목록시스템(http://www.nl.go.kr/kolisnet)
에서 이용하실 수 있습니다.
(CIP제어번호: CIP2017010413)

출판 · 교육 · 미디어기업 **학지사**

간호보건의학출판 **학지사메디컬** www.hakjisamd.co.kr
심리검사연구소 **인싸이트** www.inpsyt.co.kr
학술논문서비스 **뉴논문** www.newnonmun.com
원격교육연수원 **카운피아** www.counpia.com